跨境电商专业理实一体化活页式教材

跨境电商直播

主　编：熊淑丽　卢山红　方　舟
副主编：顾伟康　莫梦笔　杨　凡　方若钰

厦门大学出版社　国家一级出版社
XIAMEN UNIVERSITY PRESS　全国百佳图书出版单位

图书在版编目（CIP）数据

跨境电商直播 / 熊淑丽，卢山红，方舟主编；顾伟康等副主编. -- 厦门：厦门大学出版社，2024. 12.
ISBN 978-7-5615-9438-4

Ⅰ. F713.365.1

中国国家版本馆 CIP 数据核字第 2024X4D432 号

跨境电商直播
KUAJING DIANSHANG ZHIBO

策划编辑	张佐群
责任编辑	胡 佩 张 洁
美术编辑	蔡炜荣
技术编辑	许克华

出版发行　厦门大学出版社
社　　址　厦门市软件园二期望海路 39 号
邮政编码　361008
总　　机　0592-2181111　0592-2181406（传真）
营销中心　0592-2184458　0592-2181365
网　　址　http：//www.xmupress.com
邮　　箱　xmup@xmupress.com
印　　刷　厦门集大印刷有限公司

开本　787 mm×1 092 mm　1/16
印张　23
字数　476 千字
版次　2024 年 12 月第 1 版
印次　2024 年 12 月第 1 次印刷
定价　58.00 元

本书如有印装质量问题请直接寄承印厂调换

厦门大学出版社
微信二维码

厦门大学出版社
微博二维码

"跨境电商直播"是跨境电商专业的岗位核心课，是依据《国家职业教育改革实施方案》提出的"三教"改革与产教融合理念，并依照现代商贸专业群人才培养方案要求，以培养复合型技术技能人才为目标，通过开展行业调研和企业实践专家访谈会，将提取到的典型工作任务进行转化形成的专业一体化课程知识体系。课程内容紧密结合思政元素，做到理实一体、德技并修。

本书基于跨境电商专业必备岗位技能课程标准要求，以跨境电商直播为立足点，遵循活页式、工作手册式的教材开发逻辑，帮助学生快速、系统地掌握跨境电商直播知识与技能，侧重学生的应用能力。全书共10个模块，主要内容包括跨境直播环境搭建、跨境直播平台操作、跨境选品分析、跨境产品规划、跨境供应链管理、跨境直播策划、跨境直播带货、跨境售后处理、跨境直播推广、跨境直播数据优化，可以作为适用专业的岗位核心课程教材使用。

特色创新

一、采用一体化技能人才培养模式，科学构建知识技能体系

本书严格按照人力资源和社会保障部印发的《推进技工院校工学一体化技能人才培养模式实施方案》的要求，由开发团队经过多次研讨、论证，确定核心知识与技能体系，形成了融教、学、做、测、评为一体的教材内容和体系。

二、采用活页式、工作手册式设计方式，并配备丰富的教学资源

本书以学生为中心、以工作过程为导向，将企业的岗位要求和工作过程有机融入其中。此外，本书还配备丰富的教学资源，包括课前微课、PPT课件、电子教案、教学大纲、章节小测等，方便教师使用及参考。

三、创新教学评价体系，多方面、多层次进行综合评价

本书在编写过程中，综合考虑教学活动的具体实施情况，按评价主体分为学生自评、小组互评和教师评价，按评价维度分为课前预习、专业知识、学习态度、团队素养、任务实施、复盘总结和课后拓展，即形成"四主体七维度"教学评价体系。通过对学生课前、课中和课后三个阶段的综合评价，全过程多元化考核学生的知识、技能和素养目标的达成程度。

四、采用"三段课、七环节"教学实施策略，有效达成学习目标

为有效达成学习目标，本书将教学流程设计为"三段课、七环节"。"三段课"分别是课前导学、课中研学和课后拓学。"七环节"分别是学、导、教、测、做、评、拓。

- 学——课前学习：学生课前自主预习新课内容，完成课前测试，检验预习效果。
- 导——课程导入：教师导入工作情景，提高学生的学习兴趣，并明确本课的学习目标和重点内容。
- 教——混合教学：教师运用多种教学方法及手段展开对课程内容的讲解。采用问题引导，激发学生对本课内容的思考，达到探究式学习目的；通过知识讲授，将本课重难点与探究问题形成呼应，帮助学生吸收内化。
- 测——课堂小测：随堂检验学生知识掌握情况，及时查缺补漏。
- 做——任务实训：各小组根据任务实训要求实施任务。实训操作过程与企业任务趋同，能提前让学生感知企业工作，培养职业意识。
- 评——评价反馈：召开复盘会，各小组进行成果展示，并进行综合评价。
- 拓——巩固拓展：课后引导学生自主探究，学以致用，延伸教学时空，实现知识迁移，帮助学生拓展视野。

五、坚持立德树人，落实思政及素养教学

本书将思政及素养教学与职业技能相融合，充分挖掘"跨境电商直播"课程中所蕴含的德育元素，在专业知识中融入与社会主义核心价值观、创新思维、服务意识、责任意识和社会责任感等相关的内容，以润物无声的方式将正确的价值观传递给读者。

使用场景

本书可作为中职、高职和本科院校的电商类、经贸类、语言类、新闻传播类等相关专业的教材使用，同时也可供广大跨境电商从业人员和社会人士阅读参考使用。

编　者
2024 年 11 月

目录

模块一 跨境直播环境搭建 /1

学生工作页 // 2

获取信息 // 5

制定计划 // 9

做出决策 // 10

实施任务 // 10

过程控制 // 14

评价反馈 // 15

信息页 // 17

学习任务1　跨境直播场景搭建 // 17

　　活动1　直播设备配置 // 17

　　活动2　直播间布光 // 19

　　活动3　直播间布景 // 21

学习任务2　跨境直播物料准备 // 24

　　活动1　物料清单制作 // 24

　　活动2　样品与道具准备 // 26

　　活动3　品牌展示物品准备 // 27

模块二 跨境直播平台操作 /31

学生工作页 // 32

获取信息 // 35

制定计划 // 38

做出决策 // 39

实施任务 // 39

过程控制 // 42

评价反馈 // 43

信息页 // 45

学习任务 1　跨境直播间开通　// 45
　　活动 1　直播平台选择　// 45
　　活动 2　直播权限开通　// 47

学习任务 2　跨境直播后台管理　// 49
　　活动 1　直播后台设置　// 49
　　活动 2　直播间设置　// 51
　　活动 3　商品上架操作　// 55

模块三
跨境选品分析 /63

学生工作页 // 64

获取信息　// 67

制定计划　// 70

做出决策　// 71

实施任务　// 72

过程控制　// 75

评价反馈　// 77

信息页 // 79

学习任务 1　跨境选品调研　// 79
　　活动 1　目标市场分析　// 79
　　活动 2　目标用户分析　// 81
　　活动 3　竞品分析　// 84

学习任务 2　跨境选品思路与定价　// 88
　　活动 1　选品思路　// 88
　　活动 2　产品定价　// 95

目 录

模块四 跨境产品规划 /101

学生工作页 // 102

获取信息 // 105

制定计划 // 108

做出决策 // 109

实施任务 // 109

过程控制 // 111

评价反馈 // 113

信息页 // 115

学习任务1 店铺产品线规划 // 115

　　活动1 产品结构划分 // 115

　　活动2 产品组合规划 // 116

学习任务2 直播排品策划 // 120

　　活动1 单品直播间排品 // 120

　　活动2 过款直播间排品 // 123

模块五 跨境供应链管理 /129

学生工作页 // 130

获取信息 // 133

制定计划 // 137

做出决策 // 137

实施任务 // 138

过程控制 // 141

评价反馈 // 143

信息页 // 145

学习任务 1　跨境直播品控管理　// 145
　　活动 1　产品质量把控　// 145
　　活动 2　供应商审查　// 147
学习任务 2　跨境直播库存管理　// 152
　　活动 1　库存分析及跟踪　// 152
　　活动 2　库存风险管理　// 157

模块六
跨境直播策划
/161

学生工作页 // 162

获取信息　// 166

制定计划　// 168

做出决策　// 169

实施任务　// 170

过程控制　// 171

评价反馈　// 172

信息页 // 175

学习任务 1　内容规划与产品定位　// 175
　　活动 1　直播方案策划　// 175
　　活动 2　商品卖点提炼　// 178
学习任务 2　直播脚本与话术设计　// 184
　　活动 1　直播脚本撰写　// 184
　　活动 2　直播话术设计　// 186

模块七
跨境直播带货
/195

学生工作页 // 196

获取信息 // 200

制定计划 // 203

做出决策 // 204

实施任务 // 205

过程控制 // 207

评价反馈 // 208

信息页 // 211

学习任务1 跨境直播销售 // 211

  活动1 产品讲解与展示 // 211

  活动2 促单技巧运用 // 216

学习任务2 跨境直播场控 // 219

  活动1 直播间暖场 // 219

  活动2 直播间管理 // 223

模块八
跨境售后处理
/229

学生工作页 // 230

获取信息 // 235

制定计划 // 237

做出决策 // 238

实施任务 // 239

过程控制 // 242

评价反馈 // 243

信息页 // 245

学习任务1　跨境订单发货　// 245
　　活动1　订单管理与发货　// 245
　　活动2　物流跟踪与反馈　// 252

学习任务2　跨境订单售后　// 254
　　活动1　退换货处理　// 255
　　活动2　异常订单处理　// 257
　　活动3　纠纷处理　// 258

学习任务3　跨境客户维护　// 261
　　活动1　老客户维护　// 261
　　活动2　流失客户挽回　// 263

模块九
跨境直播推广
/269

学生工作页 // 270

获取信息　// 273

制定计划　// 277

做出决策　// 278

实施任务　// 279

过程控制　// 282

评价反馈　// 283

信息页 // 285

学习任务1　跨境直播促销推广　// 285
　　活动1　直播促销活动策划　// 285
　　活动2　商品促销活动设置　// 294

学习任务 2　跨境直播预热推广　// 303

　　活动 1　直播预告　// 303

　　活动 2　短视频预热　// 305

学习任务 3　跨境直播付费推广　// 307

　　活动 1　付费推广分析　// 307

　　活动 2　付费广告投放　// 312

　　活动 3　广告投放优化　// 316

模块十
跨境直播数据优化
/321

学生工作页　// 322

获取信息　// 325

制定计划　// 331

做出决策　// 331

实施任务　// 332

过程控制　// 336

评价反馈　// 337

信息页　// 339

学习任务 1　跨境直播流量诊断　// 339

　　活动 1　流量数据指标　// 339

　　活动 2　直播流量分析　// 341

学习任务 2　跨境直播转化诊断　// 345

　　活动 1　转化数据指标　// 345

　　活动 2　直播转化数据分析　// 347

学习任务 3　跨境直播方案诊断　// 351

　　活动 1　直播复盘　// 352

　　活动 2　直播方案优化　// 353

Module 1

模块一　跨境直播环境搭建

学生工作页

任务描述

【任务情景】

小兰是某跨境电商企业直播部门的一名实习生,她的主要工作之一就是协助直播部门的其他同事做好直播运营。但是由于没有相关经验,小兰感到无从下手。于是她查阅了相关的书籍和文章,并积极向主管请教,了解了自己需要承担的任务:协助完成直播间场景的搭建、协助主播做好直播销售、完成直播物料准备、推进直播进程、协助直播圆满结束。

【任务要求】

根据任务的情景描述,通过与班组长沟通,以独立或小组合作的方式,制定工作计划,在规定工期内,按照技术规范完成直播间搭建。

【任务资料】

完成上述任务时,可以使用所有的教学资料,如工作页、信息页、实训任务书、个人笔记以及网络资料等。

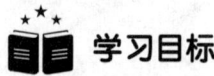
学习目标

序号	学习环节	学时	学习目标
1	获取跨境直播环境搭建信息	2	了解常用的直播设备配置要求
			能概述直播间光源的类型、作用及常规位置
			理解跨境电商直播间布光、布景
			能列举品牌展示物品相关物料

续表

序号	学习环节	学时	学习目标
2	制定跨境直播环境搭建计划	0.5	能根据直播主题，制定直播间搭建计划
			能拟定跨境直播所需物料
3	做出跨境直播环境搭建方案决策		能讨论已制定的工作计划并做出决策
			能提升分析和处理问题的能力
4	实施跨境直播环境搭建任务	2	能根据直播主题搭建合适的直播间场景
			能制作物料清单，并准备直播物料
5	跨境直播环境搭建过程控制		能根据镜头画面调整直播间布光布景
			能对直播物料进行分类，并整理放置
6	评价反馈	0.5	能按分组情况，派代表展示工作成果，正确规范地撰写工作总结（心得体会）
			能够辩证地看待问题，从多角度思考并做出独立的判断，养成独立思考的习惯

学习路径

序号	学习环节	学习步骤	学习活动
1	获取跨境直播环境搭建信息	跨境直播场景	获取直播设备信息
			获取直播间布光信息
			获取直播间布景信息
2		跨境直播物料	获取直播物料清单制作信息
			获取样品与道具准备信息
			获取品牌展示物品准备信息
3	制定跨境直播环境搭建计划	制定计划	制定搭建跨境电商直播间的计划
4	做出跨境直播环境搭建方案决策	做出决策	小组讨论计划可行性，确定最优方案
5	实施跨境直播环境搭建任务	搭建跨境直播场景	配置直播设备
			直播间布光
			直播间布景
6	实施跨境直播环境搭建任务	准备跨境直播物料	制作物料清单
			准备样品与道具
			准备品牌展示物品

续表

序号	学习环节	学习步骤	学习活动
7	跨境直播环境搭建过程控制	工作质量控制	观察及优化直播间镜头效果
8		工作过程控制	任务清单检查
9	评价反馈	评价与反馈	展示任务成果
			记录意见建议
			书写心得体会
			考核计分

 任务工单

任务名称	跨境直播间搭建		
任务负责人		任务接收时间	
任务下达者	直播部主管	要求完成时间	1天内
工作任务说明： 以"Christmas Joyful Shopping"（圣诞欢乐购）为直播主题，选择合适的直播设备，完成跨境直播间的搭建，并根据镜头展示效果，调整优化直播间的布景、布光。			
情况记录：			
任务等级	□重要且紧急　　□重要但不紧急　　□紧急但不重要　　□不重要且不紧急		
完成时间	□提前完成　　□按时完成　　□延期完成　　□未能完成		
完成质量	□优秀　　□良好　　□一般　　□差		

 任务分组

将学生按每组4～6人分组，明确每组的工作任务。

班　级		组　号		指导老师	
组　长		学　号			

续表

	姓　名	学　号	姓　名	学　号
组员				
任务分工				
例如：＿＿＿＿＿同学，主要负责＿＿＿＿＿工作。				

获取信息

根据引导问题，从信息页的相关学习任务中获取对应的信息，回答引导问题并在空白处填写答案。

步骤1　跨境直播场景

学习活动1　获取直播设备信息

● 引导问题1：表1-1所示为直播间常用的直播设备，请写出对应的设备名称。

表1-1　直播设备判断

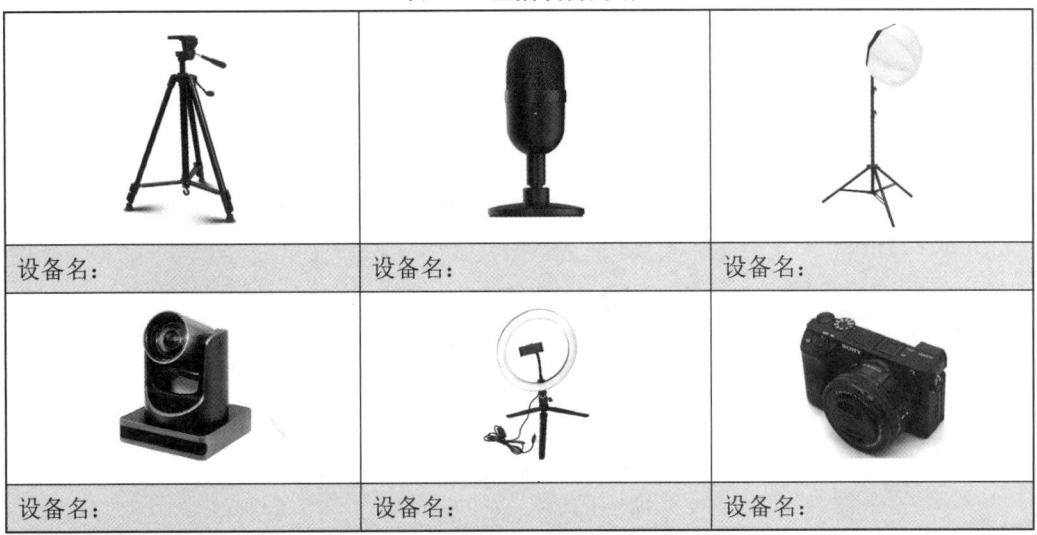

引导问题 2：请简述下列设备在直播中所起的作用。

提词器：_____

声卡：_____

补光灯：_____

手机支架：_____

引导问题 3：判断表 1-2 中所示的不同直播场景应该选择哪种麦克风设备。

表 1-2 直播设备选择判断

直播场景 1	直播场景 2
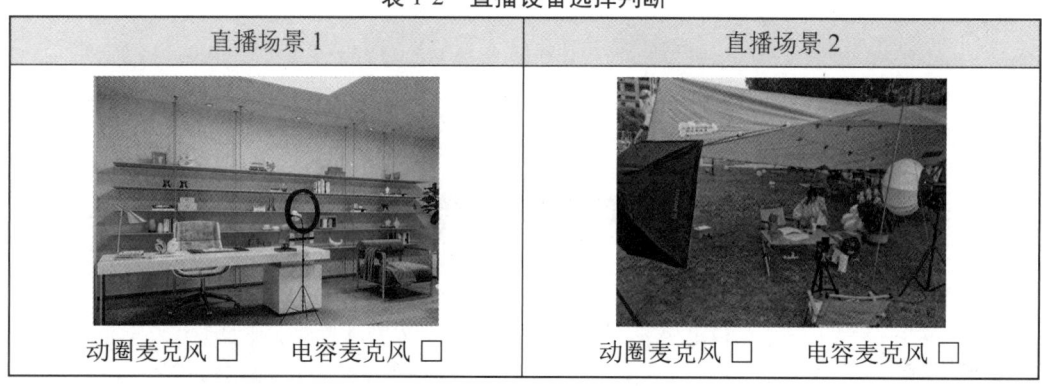	
动圈麦克风 □ 电容麦克风 □	动圈麦克风 □ 电容麦克风 □

学习活动 2 获取直播间布光信息

引导问题 4：简述不同光源的作用。

主光源：_____

辅助光：_____

轮廓光：_____

顶光：_____

背景光：_____

引导问题 5：根据不同的要求，选择合适的光源，以主播为中心位置，画出光源位置，完成表 1-3。

表 1-3 光源选择判断

要　　求	选择光源	光源位置
增强产品立体感	主光源 □ 辅助光 □ 轮廓光 / 逆光 □ 顶光 □	

续表

要　　求	选择光源	光源位置
使产品表面均匀受光	主光源 □ 辅助光 □ 轮廓光/逆光 □ 顶光 □	
给背景和地面增加照明	主光源 □ 辅助光 □ 轮廓光/逆光 □ 顶光 □	

学习活动 3　获取直播间布景信息

● 引导问题 6：判断表 1-4 所列的类目应该选择哪种直播间展示类型。

表 1-4　直播间展示类型选择判断

类　目	直播间展示类型	类目	直播间展示类型
珠宝	半无人式直播 □ 坐姿半身式直播 □ 全身式直播 □	食品	半无人式直播 □ 坐姿半身式直播 □ 全身式直播 □
美妆护肤	半无人式直播 □ 坐姿半身式直播 □ 全身式直播 □	服装	半无人式直播 □ 坐姿半身式直播 □ 全身式直播 □
母婴	半无人式直播 □ 坐姿半身式直播 □ 全身式直播 □	手机配件	半无人式直播 □ 坐姿半身式直播 □ 全身式直播 □

● 引导问题 7：观察图 1-1 中直播间，在方框中写出直播背景的内容呈现方式。

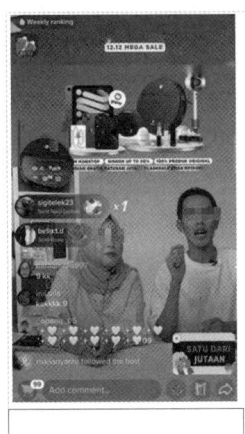  

图 1-1　直播间示例

步骤 2　跨境直播物料

学习活动 1　获取物料清单制作信息

● 引导问题 1：根据直播主题"圣诞欢乐购",请你为女装直播间规划道具及品牌展示物品。

_____

_____

● 引导问题 2：请根据上方所规划的物料,补全表 1-5 所示直播物料清单。

表 1-5　直播物料清单

物料名称	物料详情	备　注

学习活动 2　获取样品与道具准备信息

● 引导问题 3：在筹备阶段和开播检查阶段,需要如何跟进直播所需样品与道具?

_____

_____

● 引导问题 4：关于直播样品与道具的准备,有哪些注意事项?

_____

_____

学习活动 3　获取品牌展示物品准备信息

● 引导问题 5：请列举常见的品牌展示物品。

● **引导问题** 6：图 1-2 所示直播间中出现了哪些品牌展示物品？请在图中标注出。

图 1-2　直播间示例

制定计划

确定完成工作的途径、步骤和所需的工具材料，制定任务实施的计划。

● **引导问题** 1：根据任务工单中限定的直播主题，分析：直播间布置应有哪些元素？直播间背景颜色搭配方案是什么？

● **引导问题** 2：参考国内电商直播间，假设直播类目为女装，请在表 1-6 中罗列出直播所需的直播设备及物料。

表 1-6　直播设备及物料清单

直播设备	直播物料

引导问题3：观察女装直播间，结合所学知识，在下列方框中画出女装直播间的布光图。

做出决策

组内就实施计划进行深入探讨，确定实施重点和难点并提出解决方案。再根据表1-7所列的几方面进行评分，选定分值最高的计划作为最终的任务实施方案。

表1-7 方案评价表

评价内容	评价细则	评分（1～5分）
目标和需求	① 计划制定与工单目标需求一致； ② 搭建的直播间能达到任务要求的标准	
时间和资源	① 能够在工期要求内完成计划； ② 硬件设备、道具符合计划实施需求	
技术可行性	有足够的技术能力和专业知识来执行计划	
风险管理	对潜在的技术难题、时间延误等风险做了应对备案	
综合得分		

结论（组内最终决策）：
例：选择＿＿＿＿＿同学提出的方案，同时调整了＿＿＿＿＿处。

实施任务

根据制定的工作计划，按照下方步骤完成任务实施。如果无法独立完成，可以参考配套实训任务书及微课视频。

步骤 1 搭建跨境直播场景

学习活动 1 配置直播设备

● 引导问题 1：假设预算为 30 000 元，请根据预算和需求，在电商平台（淘宝、京东、拼多多等）挑选合适的直播设备，完成表 1-8。

表 1-8 直播设备清单

设备名称	价格 / 元	店铺名称
合　计		

● 引导问题 2：依靠现有的直播设备（如手机、电脑等），模拟完成一场直播，记录你在直播中发现的设备问题，将直播设备调试的注意事项填入表 1-9 中。

表 1-9 设备问题及调试

设备问题	调试注意事项

学习活动 2 直播间布光

● 引导问题 3：根据"制定计划"环节中绘制的布光图，选择合适的灯具，并根据实际情况，调整直播间灯光，并完成表 1-10。

表1-10　灯具选择

灯 具	布光要求	指导步骤
	布光效果不会改变服装本身色调	① 观察并记录房间的灯光效果照在身上和服装表面的情况； ② 根据布光方案使用灯具，并根据实际情况，调整直播间灯光
操作是否完成		是 □　　否 □

学习活动3　直播间布景

引导问题4：请选择一处室内场地作为直播场地，勘察直播场地并记录现场情况，给出解决方案，并将调查结果及方案填入表1-11中。

表1-11　直播场地信息反馈表

项　目	场地情况说明	解决方案
场景		
面积		
光线情况		
收声状况		
网络情况		
其他		

步骤2　准备跨境直播物料

学习活动1　制作物料清单

引导问题1：表1-12是某品牌直播活动物料表，参考该品牌宣传直播物料清单，结合"圣诞欢乐购"的直播主题，试着为该直播间列出一份直播物料清单，填至表1-13中。

表1-12　某品牌直播物料

序　号	物料名称	配置数量	物料陈列标准
1	直播背景板	1	直播间背景墙
2	单品POP（购买点）促销信息	5	直播间陈列的商品展示区
3	空中吊牌	1	直播间正上方
4	热销商品宣传图片	3	讲解时使用
5	小黑板	1	讲解时使用
6	铃铛	1	促单时营造抢购氛围

表 1-13　服装品类"圣诞欢乐购"主题直播物料

序　号	物料名称	配置数量	物料陈列标准
1			
2			
3			
4			
5			
6			

学习活动 2　准备样品与道具

● 引导问题 2：对于没有库存或需要补充的样品与道具，该如何获取？请在表 1-14 中写出对应的获取流程。

表 1-14　获取样品与道具流程

获取方式	获取流程
采购	
租赁	

学习活动 3　准备品牌展示物品

● 引导问题 3：规划在"圣诞欢乐购"主题直播中你所需的品牌展示物品，并备注使用时机和使用方式，填入表 1-15 中。

表 1-15　品牌展示物品

品牌展示物品	使用时机	使用方式
品牌的介绍演示素材	产品讲解时	图片素材，以幻灯片放映的形式投放在大屏上

过程控制

根据以下任务检查清单，小组合作进行必要的最终任务检查，并根据任务实施过程和结果的实际情况，优化改进工作计划。

步骤1 工作质量控制

观察镜头中展示的直播间效果是否合格，若发现存在问题，请分析原因并提出解决方案，填写在表1-16中。最终对问题进行解决，直到直播间展示效果达到标准。

表1-16 直播间镜头展示效果问题解决方案

直播间镜头展示效果是否合格	是□ 否□
直播间常见问题对照	任务分析
网络不稳定、卡顿	原因：
	解决方案：
直播画质模糊或延迟	原因：
	解决方案：
背景杂乱	原因：
	解决方案：
光线不足或过亮	原因：
	解决方案：
背景过于空旷或单调	原因：
	解决方案：

步骤2 工作过程控制

请进行必要的任务完成情况的最终检查，并填写表1-17。

表1-17 任务检查清单

序号	检查事项	检查结果
1	直播间中的样品展示区域能完整展现在镜头中，没有被评论互动展示区遮盖	符合□ 不符合□
2	网速能支持直播顺利完成，不会出现卡顿现象	符合□ 不符合□
3	直播摄像头的清晰度满足要求，确保直播清晰、流畅，不会出现图像花屏或图像变形等现象	符合□ 不符合□

续表

序 号	检查事项	检查结果
4	音效的清晰度满足要求,包括麦克风的声音清晰,不存在回音、啸叫等问题,确保可以正常听清主播的讲解	符合 □ 不符合 □
5	直播间灯光明亮,光线均匀、柔和,观感舒适	符合 □ 不符合 □
6	直播间背景整洁	符合 □ 不符合 □
7	直播物料按照物料清单准备齐全,无遗漏	符合 □ 不符合 □

评价反馈

1. 各组派代表上台展示成果,并介绍任务的完成过程。
2. 其他组同学给你们提供了哪些意见或建议?请记录在下面。

_____
_____
_____

3. 本任务的心得体会:

_____
_____
_____

4. 评价方式采用多元化评价,评价主体由学生、小组与教师构成,评价标准、分值及权重如下所示:

(1) 学生进行自我评价,并将结果填入表1-18中。

表1-18 学生自评表

班级:_____ 组名:_____ 日期:_____年___月___日

评价项目	评价标准	分 值	得 分
信息检索	能有效利用网络资源、配套资料查找有效信息	10	
知识掌握	能准确理解学习任务中讲述的知识内容	15	
技能训练	能按任务书要求,按计划完成工作任务	15	
感知工作	认同工作价值,在工作中能获得成就感	10	
团队素养	教师、同学之间相互尊重、理解,平等交流	10	

续表

评价项目	评价标准	分 值	得 分
职业素养	能严格遵守相关工作守则和法律法规	10	
思维状态	能发现问题、分析问题并解决问题	10	
参与状态	能发表个人见解，倾听他人意见和看法	10	
创新意识	能在工作过程中做出创新点	10	
合 计		100	

（2）学生以小组为单位，对学习任务的实施过程与结果进行互评，将互评结果填入表 1-19 中。

表 1-19 小组互评表

班级：_____　　被评组名：_____　　日期：____年___月___日

评价项目	评价标准	分 值	得 分
团队素养	该组小组成员间合作紧密，能互帮互助	15	
	该组的工作计划周密，组织有序	15	
	该组态度端正，有较强的吃苦耐劳精神	10	
工作情况	该组的工作效率突出	20	
	该组的工作成果完整且质量达标	30	
	该组严格遵守相关工作守则和法律法规	10	
合 计		100	

（3）教师对学生工作过程与工作结果进行评价，并将评价结果填入表 1-20 中。

表 1-20 教师评价表

班级：_____　　组名：_____　　姓名：_____

评价项目	评价标准	分 值	得 分
考 勤	无无故迟到、早退、旷课现象	10	
工作过程	能正确回答引导问题并填写答案	20	
	能制定详细的工作计划	10	
	能按任务书要求规范实施工作活动	20	
项目成果	能按时完成任务	10	
	项目实施过程中态度认真、细致、严谨	10	
	任务成果完整且质量达标	20	
合 计		100	
综合评价	自我评价（20%）　　小组互评（30%）　　教师评价（50%）	综合得分	

信息页

学习任务 1　跨境直播场景搭建

直播画面的整体呈现效果取决于直播间的场景布置，影响着用户对直播活动的视觉体验。美观得体的直播间场景，能够让用户沉浸在直播间的氛围中，大大提高直播成效。

本任务将从以下三方面展开讲解：

➤ 直播设备配置

➤ 直播间布光

➤ 直播间布景

活动 1　直播设备配置

时下，一部智能手机即可随时随地开启一场直播。那跨境电商直播团队该如何保障用户舒适的购物体验呢？清晰、稳定的直播画面少不了设备的支持，下面从两点展开对直播设备配置的讲解。

一、直播设备准备

设备配置是直播带货的基础，手机、电脑、镜头、麦克风……每个要素都会影响整场直播观看的体验。一个成熟的直播间主要包含主设备和辅助设备配置。

1. 主设备

目前，跨境电商直播团队主要通过手机和电脑相结合的方式进行直播，在选择手机 / 电脑时，主要考量以下因素，如表 1-21 所示。

表 1-21　手机/电脑选择注意事项

设备名	注意事项
手机	设备内存是否充足？手机摄像头是否清晰？性能是否良好？
电脑	主板不低于 i5（Intel）系列，最好是 i7（Intel）系列

2. 辅助设备

在手机/电脑设备的基础上，跨境电商直播团队可根据自身的需求和预算，添置相应的辅助设备。表 1-22 所示为常见的辅助设备及其说明。

表 1-22　常见的辅助设备及说明

设备名	说　明
摄像头	摄像头的分辨率在 1 080P 以上，最好能支持 4K
支架	建议选用三脚支架，方便后续手机数据线连接，装备补光灯等
麦克风	① 动圈麦克风，适用于大型直播现场或户外直播等场地较大的环境； ② 电容麦克风，适用于室内直播间
声卡	提供丰富的伴奏和特效声音，活跃直播间气氛
灯光	弥补直播间光照效果差的不足，主要有补光灯和灯箱
网络	建议尽量使用 100 Mbit/s 及以上的网络，保证直播时网速的流畅性

 小贴士

在进行跨境电商直播之前，不仅要做好设备准备，还需要关注其他事项，如语言和文化差异、法律法规等。在进行直播之前，要对所在国家或地区目标市场的相关规定进行充分了解，并确保自己的直播内容和行为符合当地法律法规的要求。

二、直播设备调试

直播设备准备妥当后，跨境电商直播团队还需要对直播设备进行调试，以免在直播中出现纰漏，影响直播现场的效果。直播设备的调试内容及依据如表 1-23 所示。

表 1-23　直播设备调试内容及依据

检查事项	调试依据
镜头调试	摄像头位置是否摆放合理？ 是否符合本场直播的景别要求？

续表

检查事项	调试依据
网络测试	网络是否稳定？ 网络传输速率是否正常？
直播软件测试	不同渠道进入直播间是否可行？ 直播间画面是否清晰？声音是否正常？
灯光	直播间灯光是否足够明亮？ 主灯、辅灯、环境灯的布置是否符合直播间主题？
麦克风	麦克风的选择是否符合当前直播环境？
声卡	直播间声音采集效果如何？ 直播间用户是否能听清主播声音？
线路连接与归置	电源线、网线、音控线是否正常连接？ 是否做好线路归置？

活动 2　直播间布光

直播间的灯光布局是直播过程中不可忽视的重要环节，它能够让主播和直播间场景更加引人注目，给观众带来更好的视觉享受。一个好的直播间除了适当的装饰和合理的布局外，最重要的就是灯光。灯光明暗会影响直播效果，给用户不一样的视觉体验。

一、光源

一场合格的直播除了直播设备等硬件支持外，还需要对直播间的灯光进行调试。表1-24 所示为直播间不同类型光源的作用及常规位置。

表1-24　直播间不同类型光源作用及位置

光源类型	作　用	常规位置
主光源	① 均匀受光（主播脸部/产品表面）； ② 磨皮美白	主播的正面，与视频摄像头上的镜头光轴形成0°～15°夹角
辅助光	① 增强面部/产品立体感； ② 突出侧面轮廓	主播左右侧面呈90°照射，辅助光在左/右前方45°照射
轮廓光/逆光	① 将主播从直播背景中分离； ② 勾勒出主播轮廓	主播身后
顶光	① 给背景和地面增加照明； ② 瘦脸：拉长主播的颧骨、下巴、鼻子等部位的阴影	直播间顶部
背景光	平衡室内其他灯光效果，使直播间的各点亮度和谐	背景墙前方

部分光源摆放位置可参考图1-3。

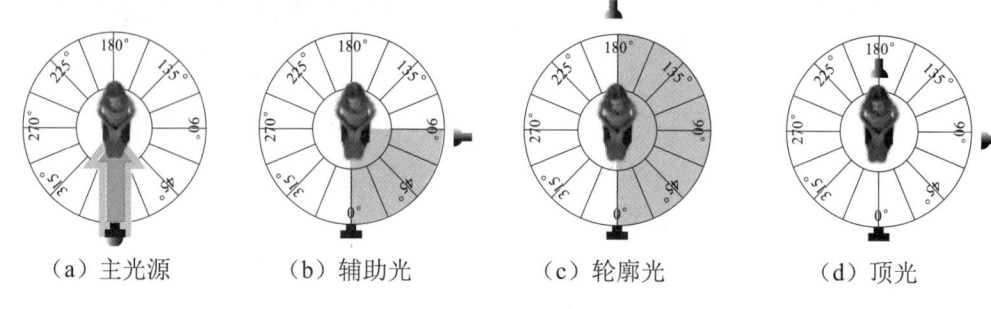

（a）主光源　　　（b）辅助光　　　（c）轮廓光　　　（d）顶光

图1-3　光源位置图

跨境电商直播团队在选择辅助光或轮廓光的灯具时，需选择可调节光源的产品，避免出现辅助光的光线太亮导致面部过曝、轮廓光的灯过亮导致画面主体部分过黑、摄像头入光产生耀光等情况。

二、布光

布光即通过人为干预，把被摄主体照亮且符合画面要求的操作。

随着直播间场景的变化，跨境电商直播间的布光也不是一成不变的。跨境电商直播团队需要根据实际情况，调整直播间的光源布置，如图1-4所示。

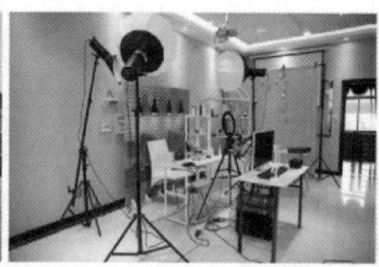

图1-4　不同场景下的直播间布光

关于布光，需要掌握以下内容：

1. 光的基本特性

在直播间进行布光时，少不了要考虑光的基本特性：

（1）光的明暗度：即在光线照射下物体的表面所呈现出的亮度，主要受光源发光强度、照射距离的影响；

（2）光的方向：即光源与被摄体连线方向与拍摄方向之间形成的角度；

（3）色彩：即灯的原有色温在被摄物质色彩的影响下折射出的样貌。

2. 灯光设计原则

灯光设计必须符合功能的要求，在选择灯具、设计灯光时，根据不同的空间、场合、对象选择不同的灯具和照明方式，并保证恰当的照度和亮度。灯光设计遵循如下三个原则：

（1）灯光明亮：暖白光照物，正白光照人；

（2）光线均匀：多方位的灯光布局；

（3）光线柔和：主播可长时间持续直播。

3. 布光技巧

对于直播带货，在布光过程中，要做到以下几点：

（1）选择合适的灯具：购买前了解直播间的空间大小、光线强弱以及自然光线主要来源等，避免浪费；

（2）突出主体：用不同色温的主光打亮主体大部分的轮廓，再用辅助光弥补主光不足，以突出主体、增加画面层次感；

（3）少即多：关闭不必要的环境光源；

（4）选择面积较大的光源：通过调节距离的远近或灯的亮度，避免光线过硬问题。

若做到以上几点，但色彩的还原度仍不高，可考虑灯具的显色指数以及质量问题。

活动 3　直播间布景

直播间是主播与用户交流互动、展示商品的场所。直播间的空间大小不同，产品大小不同，展示方式也有所不同，以下为常见的直播间展示类型：

（1）半无人式直播：多用于珠宝、手机配件等小物件等；

（2）坐姿半身式直播：多用于食品、母婴用品、美妆护肤用品、茶叶等；

（3）站姿半身/全身式直播：多用于服装、家纺、床上物品等。

选择合适的展示方式后，直播间的布景还需符合主播人设或品牌形象，匹配度越高，代入感越强。

下面将从以下两点展开直播间布景的讲解。

一、背景布置

对于电商直播而言，直播间的营销属性主要是通过背景来展现的。背景布置主要考虑以下两方面内容：

1. 背景色选择

关于直播间背景色，不建议使用大面积的白色，因为白光易反光。主播团队可使用灰色、米色、咖色等对视觉冲击力较低的色系。这些色系在灯光照射下易与环境融合。

若品牌视觉体系成熟，则可以使用品牌主打色系作为背景色，这会让直播间的视觉风格与品牌整体保持统一。

2. 内容呈现

直播背景的内容呈现方式有很多种，具体可分为以下三种，如图 1-5 所示。

图 1-5　直播间内容呈现形式

（1）虚拟背景：根据直播主题、品牌形象等因素，使用 LED 屏、电视、墙纸等道具，进行背景墙内容设计。此类背景墙内容可包含直播主题、产品详情及亮点、直播促销活动、品牌 logo 等。

（2）货架背景：以展示完整产品线的货架为背景墙，能够增强用户对品牌的认知。选择货架作为背景时，需要保持陈列商品的整齐性，避免造成背景墙杂乱无章。

（3）具体场景：选择不同的场景类型，如线下门店消费场景、运动场景、娱乐休闲场景、生产场景等作为直播带货背景，让观众更容易理解，也有利于帮助消费者近距离接触企业并了解相关场景运营规划。

 小贴士

背景布置应与品牌形象和直播内容相一致，并提供观众参与和互动的机会。吸引人且专业的背景布置可以增加直播的吸引力，提升观众体验，并促进销售和品牌推广。

二、前景布置

回顾整场直播带货活动,其核心的展示点在于产品。而前景是最能展现产品的地方,所以直播间的前景陈列要做到让新用户进来,一眼就能看到你讲的产品是什么。关于前景布置,需要注意以下两点:

1. 确定展示区域

确定商品展示区域前,跨境电商直播团队需要明确直播间的模块分布,确保展示区域不会被评论互动内容、宣传贴片、福利信息、公告等内容遮蔽。录制时,应注意把控拍摄距离、高度适中,保证产品展示区域能够完整地呈现在用户面前。

例: 图1-6所示为某美妆类直播间模块分布图,其产品展示区很好地避开了评论区、宣传贴片等内容。

图1-6 某直播间模块分布图

2. 产品摆放原则

确定产品展示区域后,如何摆放产品,让用户能够一眼就知道你展示的产品是哪个呢?关于产品的摆放,需要遵循以下原则:

(1) 整齐有序:录制过程中,产品一定要摆放得整齐有序,抛掉不必要的装饰品;

(2) 突出重点:把当前介绍的主要产品放在直播画面的正中间或离镜头最近的位置进行讲解,可以让观众对直播间的情况一目了然,更有利于售卖产品。

学习任务 2　跨境直播物料准备

跨境电商直播前进行跨境直播物料准备，可以帮助跨境电商更好地筹备直播所需的物品，确保直播过程顺利进行，并展示品牌形象和专业度。这有助于提升观众的体验，增加他们对品牌的兴趣和信任，最终促进销售和品牌推广。

本任务主要从以下三方面展开讲解：

➤ 物料清单制作

➤ 样品与道具准备

➤ 品牌展示物品准备

活动 1　物料清单制作

一场成功的跨境电商直播活动离不开完善的物料支持。直播前，主播助理需要根据活动策划，制作物料清单，根据物料清单准备相关物料，并跟进物料的情况。

一、物料规划

直播前，需要提前规划好物料，主要包含以下两方面：

1. 样品与道具规划

主播通过现场展示并体验商品，可以有效地增强产品功能的可信度。因此，为了确保商品的展示效果，主播助理需要提前准备商品样品并进行检查，包括其功能、材质、外观、型号等，避免直播过程中出现商品不存在、商品型号不对或产品功能演示失误等情况。

为了使直播更加生动形象，主播可以借助一些辅助道具，如提示牌、手牌等，带动用户参与直播活动，活跃直播间整体氛围。

例："黑色星期五"大促，为了带动用户参与抢购活动，许多主播使用了锣鼓、铃铛、喇叭等道具，用非常夸张的形式来提醒观众及活跃气氛。

2. 品牌展示物品

企业要借助直播进行品牌推广、信息传播，那就必须准备相应的宣传道具，这类道具种类繁多，凡是能出现在直播镜头中的道具，均可算在此类。宣传道具按照使用场景划分，可分为以下两种：

（1）线下物料：背景板、台标、胸卡、贴纸、展板等；

（2）线上物料：直播间封面图、贴片、预热海报、预热视频等。

线上贴片样式如表 1-25 所示。

表 1-25　线上贴片样式

贴片样式参考	用　　词
	×% OFF Lowest Prices（打 × 折，最低价） Exclusive Discounts（独家折扣）
	Free shipping（包邮） Flash Sale（秒杀）
	Height（身高） Weight（体重） Bust（胸围） Waist（腰围） Hip（臀围）

二、物料清单制作

确定好直播所需物料之后，就可以根据规划制作物料清单。制作直播物料清单可以帮助直播运营人员整理和准备所需的物品和材料，确保直播过程中没有遗漏或混乱。以下是制作物料清单的步骤：

（1）确定直播内容：明确直播内容，确定将在直播中展示、演示或提及的产品、主题和要传达的信息。

（2）列出所需物料：根据直播内容，开始列出所需的物品和材料。这可能包括产品样品、道具、装饰物、文案、展示架、背景板等。确保考虑到所有需要的物品，并根据其功能或类别进行归类。

（3）明确物料详情：对于每个物品，提供详细的描述和规格，包括物品的名称、数量、尺寸、颜色、特殊要求等信息。这有利于准备和采购物品时更加明确，避免混淆。

（4）确定物料来源：对于每个物品，确定其来源和获取方式。可以是已经拥有的物品，也可以是从供应商处购买或租赁的物品，还可以是需要准备和制作的物品。记录下每个物品的来源和获取计划。

（5）考虑备用物品：在制作物料清单时,考虑是否需要备用物品。这可以是备用样品、备用道具或备用装饰物等。备用物料可以在需要时提供替代或补充,确保直播顺利进行。

（6）确保品牌一致性：如果直播涉及品牌展示，应确保物料清单中的物品与品牌形象和标准一致。这包括品牌 logo、标识牌、海报等，确保它们符合品牌的颜色、字体和风格要求。

（7）定期更新和复查：在准备和实施直播之前，定期更新和复查物料清单，确保清单中的物品和信息是最新的，并进行必要的调整和修改。

例： 某 TikTok 小店计划 3 月上市一批新品，店铺计划月初举办一场新品宣传类的直播活动，该店铺工作人员为保证直播期间不出差错，需根据物料跟进单，核实每项物件在直播前是否到位，如表 1-26 所示。

表 1-26 物料清单

项目名称	3 月份新款推介会		
物料类别	具体内容	跟进内容	完成情况（完成则画"√"）
辅助工具	充电宝 ×2	电量是否满格	
	提词器 ×2（手卡/白板）	是否到位	
	铃铛 ×2	是否到位	
	计算器 ×2	是否到位	
宣传物料	直播贴片 ×2	是否到位	
	背景板	是否到位	
	预告图和封面图	是否到位	
	印有店铺 logo 的手牌	是否到位	
样品	新品 1	是否到位	
	新品 2	是否到位	
	新品 3	是否到位	
	新品 4	是否到位	
	新品 5	是否到位	

活动 2 样品与道具准备

观众看到的直播，只有屏幕前短短的几小时，但一场完整的直播，离不开直播团队幕后的准备工作。直播助理需要根据制作好的物料清单，准备好样品和道具。

一、准备阶段

样品与道具的准备主要包括以下两个阶段：

（1）筹备阶段：宣传物料制作（品牌 logo、预告封面图等）、样品是否已寄到；

（2）开播检查：道具物料是否就位、待播商品是否有变动、商品样品是否已就位。

二、样品与道具准备

在制作好物料清单后,需要根据清单上的样品与道具需求进行物料准备。检查已经拥有的库存,确定是否已有需要的样品和道具。对于已有库存的物品,确认其数量、质量和可用性。记录清单上已有的物料,并标注其状态和位置。

对于没有库存或需要补充的物料,根据清单中的需求进行采购或租赁。与供应商联系,获取报价和交付时间。选择合适的供应商,并确保与他们协商好交付细节。

1. 样品准备

如果涉及产品样品,准备好需要展示的样品。确保样品的质量良好,并根据需要进行清洁、调整或标识。将样品放置在易于使用、展示的位置,方便在直播中使用和展示。

2. 道具准备

对于需要使用的道具,进行相应的准备工作。这可能包括装饰道具、演示道具或互动游戏道具等。根据需要进行装饰、组装或调整,并确保道具的质量良好。同时,考虑是否需要备用物品,如备用样品或备用道具。备用物品可以在需要时作为替代或补充,以应对可能出现的意外情况。

在准备好样品和道具后,进行储存。为每个物品分配合适的位置或储存容器,并使用标识或标签进行标记。确保物品有序存放,易于查找和使用。在直播前,复查清单,确保所有物品都准备就绪。进行必要的测试,如检查设备、样品的可用性和道具的功能性。

在直播过程中,及时跟进物品的使用情况。如有需要,及时补充或更换物品,以保证直播的顺利进行。

活动3 品牌展示物品准备

品牌展示物品是跨境电商直播中重要的一部分,是国外消费者认识、了解品牌的重要标识。以下是常见的品牌展示物品:

(1)品牌logo和标识牌:准备品牌的logo和标识牌,包括公司的logo、口号、品牌名称等。可以与专业的设计师合作,确保logo和标识牌的设计符合品牌形象。

(2)海报和宣传资料:根据品牌形象和直播主题,制作相应的海报和宣传资料。这些资料可以包括产品介绍、品牌故事、活动信息等,以便在直播中展示和分享给观众。

(3)视频和演示素材:制作品牌的介绍视频或演示素材,以便在直播中播放或展示。这些素材可以展示品牌的特色、产品的使用方法或品牌活动的精彩瞬间。

(4)品牌礼品和小样:准备品牌礼品或小样,用于直播中的互动游戏或用作观众奖励。这些礼品可以是品牌产品的新品、爆款、限量版或定制版,以提高观众的参与度,提升品牌形象的推广效果。

（5）品牌背景板和装饰物：设计和制作适合品牌形象的背景板和装饰物。背景板可以展示品牌 logo（标志）、口号或元素等，装饰物可以增添直播场景的美感和品牌特色。

（6）品牌合作伙伴或代言人：如果有品牌合作伙伴或代言人，与他们进行沟通，确保在直播中能够使他们的形象和品牌关联。

（7）品牌故事和口播准备：了解品牌的故事和核心价值，准备好相关的口播内容。在直播中，通过讲述品牌故事和传达核心价值，增强品牌的认知和观众的情感共鸣。

 延伸拓展

扫码阅读以下学习资源，拓展自己的知识和视野：

文章 1：如何搭建高转化率直播间

文章 2：直播间开播物料与设备

文章 1　　　　文章 2

 **思政园地**

TikTok Shop 无人直播违规案例

思政元素：平台规则、遵纪守法。

无人直播指的是视频素材已经提前录制好，然后通过 OBS 软件（一款视频直播录制软件）或者硬改手机导入选定的 TikTok 账号进行直播。这类似于开直播间用事先准备好的视频进行录播。越来越多商家把国内电商平台的无人直播带到了 TikTok 直播上，在早期平台监管不严的情况下还取得了不错的投资回报率（ROI）。

这种情况自然也引起了 TikTok 平台的重视。为及时遏制违规经营行为、规范直播带货秩序，为商家创造良好发展环境，TikTok Shop 在 2023 年 5 月已更新内容规则，禁止预先录制和重新上传其他达人的直播内容。同时，平台制定了 360 度的全方位监控体系，严格感知、识别、处置录播盗播等违规行为，一经发现此类违规行为，平台将依据规则对账号采取额外的处罚行动，包括取消流量 / 曝光 / 平台推荐、移除商品链接甚至电商权限。

  2023年6月，浙江某跨境电商卖家在TikTok上开启直播，由于直播场地还未搭建完成，因此使用无人直播的形式开启多场直播。随着直播的进行，TikTok平台监测到了这个卖家的违规行为，并对其进行了处理。该卖家不仅被要求立即停止直播行为，还被永久取消了电商的权限。这意味着该卖家将无法在TikTok平台上进行任何电商活动，也无法从TikTok平台获得任何商业收益。

  这个案例也给其他跨境电商卖家敲响了警钟。作为跨境电商卖家，应该恪守相关规定，不仅要保护消费者的权益，还要遵守平台的规定，踏踏实实做好直播的每一步工作，才能够在TikTok上长期稳定地经营电商业务。

（资料来源：避雷必看，TikTok无人直播要不要碰？[EB/OL].（2021-03-11）[2024-12-18]. https://mp.weixin.qq.com/s/lwr55kMptp6uMTClk_wfmw）

思考与讨论

1. 以上案例给你带来了什么启示？
2. 在直播的过程中，商家应当如何避免被判定为无人直播？

Module 2

模块二　跨境直播平台操作

学生工作页

任务描述

【任务情景】

小李是一名跨境电商从业者,他一直想通过 TikTok 直播推广和销售自己的产品,将自己的业务拓展到更大的国际市场。然而,小李对跨境直播平台的操作和流程并不熟悉。他决定从现在开始学习跨境直播平台的操作。

小李知道,学习跨境直播平台的操作是一个持续的过程,而且要不断地学习和实践才能掌握更多的技巧和经验。他决心在接下来的日子里,继续努力学习和提升自己的跨境直播技能,以实现自己在国际市场上的销售目标。

【任务要求】

根据任务的情景描述,通过与班组长沟通,以独立或小组合作的方式,制定工作计划,在规定工期内,结合平台规则,完成跨境直播平台相关操作。

【任务资料】

完成上述任务时,可以使用所有的教学资料,如工作页、信息页、实训任务书、个人笔记以及网络资料等。

学习目标

序号	学习环节	学时	学习目标
1	获取跨境直播平台操作信息	2	认识跨境电商直播带货的平台类型
			能概述全球速卖通、TikTok 和 Instagram 三个主流平台的优势和带货模式
			理解全球速卖通、TikTok 和 Instagram 三个主流平台的直播权限开通条件
			能概述选择跨境电商直播平台需要考虑的因素
2	制定跨境直播平台操作计划	0.5	能根据现实因素,选择合适的跨境直播平台
			能根据任务工单要求,制定账户的名称、头像和简介的设置计划
3	做出跨境直播平台操作方案决策		能讨论已制定的工作计划并做出决策
			能树立持之以恒、精益求精的工作精神
4	实施跨境直播平台操作任务	2	能创建跨境直播平台账户
			能进行跨境直播平台后台设置
			能进行直播间上架操作
5	跨境直播平台操作过程控制		能根据直播类目、品牌调性优化账户设置
			能确保所有操作符合平台规范
6	评价反馈	0.5	能按分组情况,派代表展示工作成果,正确规范地撰写工作总结(心得体会)
			能辩证地看待问题,从多角度思考并做出独立的判断,养成独立思考的习惯

学习路径

序号	学习环节	学习步骤	学习活动
1	获取跨境直播平台操作信息	跨境直播间开通	获取直播平台信息
			获取直播权限信息
2		跨境直播后台管理	获取直播后台设置信息
			获取直播间设置信息
			获取产品上架操作信息
3	制定跨境直播平台操作计划	制定计划	制定跨境直播平台操作计划

续表

序号	学习环节	学习步骤	学习活动
4	做出跨境直播平台操作方案决策	做出决策	小组讨论计划可行性，确定最优方案
5	实施跨境直播平台操作任务	跨境直播间开通	直播平台选择
			直播权限开通
6		跨境直播后台管理	直播后台设置
			直播间设置
			产品上架
7	跨境直播平台操作过程控制	工作质量控制	直播账户优化
8		工作过程控制	任务清单检查
9	评价反馈	评价与反馈	展示任务成果
			记录意见建议
			书写心得体会
			考核计分

任务工单

任务名称	跨境直播平台操作		
任务负责人		任务接收时间	
任务下达者	直播部主管	要求完成时间	1天内
工作任务说明： 为面向20～35岁用户的女装商家选择合适的跨境直播平台，并针对女装这个类目，设计账号名称、头像和简介，完成产品上架。			
情况记录：			
任务等级	□重要且紧急　□重要但不紧急　□紧急但不重要　□不重要且不紧急		
完成时间	□提前完成　□按时完成　□延期完成　□未能完成		
完成质量	□优秀　□良好　□一般　□差		

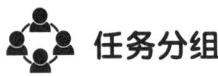 **任务分组**

将学生按每组 4～6 人分组,明确每组的工作任务。

班　级		组　号		指导老师	
组　长		学　号			
组　员	姓　名	学　号		姓　名	学　号
任务分工					
例如:_____同学,主要负责_____工作。					

获取信息

根据引导问题,从信息页的相关学习任务中获取对应的信息,回答引导问题并在空白处填写答案。

步骤 1　跨境直播间开通

学习活动 1　获取直播平台信息

● 引导问题 1:列举下列三类跨境直播平台。

传统电商平台:_____

视频类平台:_____

社交类平台:_____

● 引导问题 2:请简述 TikTok 平台的优势和带货模式。

● 引导问题 3：企业或个人选择合适的跨境直播平台需要综合考虑哪些因素？

_____

_____

学习活动 2　获取直播权限信息

● 引导问题 4：下列三个平台中还未开通直播权限的商家，需要满足哪些条件才可开通直播权限？请在表 2-1 中进行勾选。

表 2-1　直播权限开通条件

平　台	开通条件	
全球速卖通	填写申请信息 □ 年满 16 周岁 □ 销售产品为实物商品，且商品通过平台审核 □	账号粉丝≥1 000 个 □ 申请白名单 □
TikTok	填写申请信息 □ 年满 16 周岁 □ 销售产品为实物商品，且商品通过平台审核 □	账号粉丝≥1 000 个 □ 申请白名单 □
Instagram	填写申请信息 □ 年满 16 周岁 □ 销售产品为实物商品，且商品通过平台审核 □	账号粉丝≥1 000 个 □ 申请白名单 □

● 引导问题 5：请查阅网络资源，了解并概括亚马逊直播带货权限开通要求。

_____

_____

_____

步骤 2　跨境直播后台管理

学习活动 1　获取直播后台设置信息

● 引导问题 1：请列举账号名称的起名技巧。

_____

_____

● 引导问题 2：下方为 TikTok 账户头像，请在表 2-2 中写出这类头像能起到的作用。

表 2-2 账户头像及作用

头　像	作　用
希音（服装）	
华为（3C 产品）	
宠物博主	
动画片剪辑博主	

● 引导问题 3：简要概括编写账户简介的技巧。

_____
_____
_____

学习活动 2　获取直播间设置信息

● 引导问题 4：开播时需要填写哪些信息？

_____
_____
_____

● 引导问题 5：请写出开播步骤。

_____
_____
_____

学习活动 3　获取产品上架操作信息

● 引导问题 6：请简述店铺上架商品的步骤流程。

_____
_____
_____
_____

● 引导问题 7：要将店铺内的商品上架至直播间，则点击"_____"；如果想让正在讲解的商品卡片出现在直播间，则点击"_____"。

制定计划

确定完成工作的途径、步骤和所需的工具材料，制定任务实施的计划。

● 引导问题 1：面向 20～35 岁用户的女装商家适合选择哪些跨境直播平台？为什么？

_____
_____
_____

● 引导问题 2：为面向 20～35 岁用户的女装商家设置账户名称、头像、简介和背景图，请在表 2-3 中写出设计思路，要求符合产品特点及产品调性，能吸引潜在用户关注。

表 2-3　账户设计思路

账户名称	
头　像	
简　介	
背景图	

● **引导问题**3：面向国际用户，在参考国内电商直播平台的女装商家的账户名称、头像、简介和背景图时，应注意哪些问题？

___

___

___

___

做出决策

组内就实施计划进行深入探讨，确定实施重点和难点并提出解决方案。再根据表2-4所列的几方面进行评分，选定分值最高的计划作为最终的任务实施方案。

表2-4 方案评价表

评价内容	评价细则	评分（1～5分）
目标和需求	① 计划制定与工单目标需求一致； ② 直播后台相关设置符合产品调性	
时间和资源	① 能够在工期要求内完成计划； ② 软硬件符合计划实施需求	
技术可行性	有足够的技术能力和专业知识来执行计划	
风险管理	对潜在的技术难题、时间延误等风险做了应对备案	
综合得分		
结论（组内最终决策）： 例：选择_____同学提出的方案，同时调整了_____处。		

实施任务

根据制定的工作计划，按照下方步骤完成任务实施。如果无法独立完成，可以参考配套实训任务书及微课视频。

步骤1　跨境直播间开通

学习活动 1　直播平台选择

● 引导问题 1：扫描下方二维码，观看入驻操作教学视频，学习入驻 TikTok Shop 的操作流程，并归纳入驻步骤。

_____

_____

_____

入驻操作教学视频

● 引导问题 2：商家、达人、KOL、KOC 四类不同身份的群体，分别适合入驻哪些跨境直播平台？为什么？

_____

_____

_____

_____

学习活动 2　直播权限开通

● 引导问题 3：拥有 TikTok 电商权限的达人可以通过直播进行带货，请写出申请电商权限的步骤。

_____

_____

_____

_____

步骤2　跨境直播后台管理

学习活动 1　直播后台设置

● 引导问题 1：某女装商家已经在 TikTok 开通账号，现需要同学们帮忙设置账号名称、头像和简介，用英文写出账户名称和账户简介，并将做好的头像（须符合产品调性）截图附在表 2-5 中。

表 2-5　账号设置

账户名称	头　像
账户简介	

学习活动 2　直播间设置

● 引导问题 2：女装商家该如何设置"Christmas Joyful Shopping"（圣诞欢乐购）的直播活动开播信息？请用英文写出合适的标题、直播简介和直播标签，并写出封面设计思路（表 2-6）。

表 2-6　开播信息

标　题	
直播简介	
封　面	
直播标签	

学习活动 3　产品上架

● 引导问题 3：某女装店铺打算上架一款女装连衣裙。请为这件商品撰写商品标题和商品描述（表 2-7）。

表 2-7　商品信息

商品标题（15～255 个字符）
商品描述（33～999 个字符）

过程控制

根据以下任务检查清单，小组合作进行必要的最终任务检查，并根据任务实施过程和结果的实际情况，优化改进工作计划。

步骤1 工作质量控制

了解跨境直播平台相关规范，分析平台操作是否符合规范。若发现违规操作，请进行修改，并将修改后的内容填写在表2-8中。

表2-8 平台操作评估

平台操作是否符合规范	是 □ 否 □	
TikTok直播平台操作规范	任务分析	
账户名称包含敏感词汇	原因：	
	解决方案：	
头像图片违规，涉及妨害未成年人身心健康的信息	原因：	
	解决方案：	
账户简介过度引导关注或出现敏感词	原因：	
	解决方案：	
背景图片违规，涉及妨害未成年人身心健康的信息	原因：	
	解决方案：	

步骤2 工作过程控制

请进行必要的任务完成情况的最终检查，将结果填写在表2-9中。

表2-9 任务检查清单

序号	检查事项	检查结果	
1	产品调性与所选直播平台匹配	符合 □	不符合 □
2	了解所选平台的直播权限开通条件	符合 □	不符合 □
3	账号名称有辨识度	符合 □	不符合 □
4	账户头像吸引人且符合品牌形象	符合 □	不符合 □
5	账户简介简明扼要，突出重点，没有出现平台违规用语	符合 □	不符合 □
6	背景图能展示账号风格	符合 □	不符合 □

续表

序号	检查事项	检查结果	
7	了解开播及商品上架流程	符合 □	不符合 □
8	清楚创建直播互动券的步骤	符合 □	不符合 □

评价反馈

1. 各组派代表上台展示成果，并介绍任务的完成过程。

2. 其他组同学给你们提供了哪些意见或建议？请记录在下面。

_____

_____

_____

3. 本任务的心得体会：

_____

_____

4. 评价方式采用多元化评价，评价主体由学生、小组与教师构成，评价标准、分值及权重如下所示：

（1）学生进行自我评价，并将结果填入表2-10中。

表2-10 学生自评表

班级：_____ 组名：_____ 日期：____年__月__日

评价项目	评价标准	分值	得分
信息检索	能有效利用网络资源、配套资料查找有效信息	10	
知识掌握	能准确理解学习任务中讲述的知识内容	15	
技能训练	能按任务书要求，按计划完成工作任务	15	
感知工作	认同工作价值，在工作中能获得成就感	10	
团队素养	教师、同学之间相互尊重、理解，平等交流	10	
职业素养	能严格遵守相关工作守则和法律法规	10	
思维状态	能发现问题、分析问题并解决问题	10	
参与状态	能发表个人见解，倾听他人意见和看法	10	
创新意识	能在工作过程中做出创新点	10	
合　计		100	

（2）学生以小组为单位，对学习任务的实施过程与结果进行互评，将互评结果填入表 2-11 中。

表 2-11　小组互评表

班级：_____　　被评组名：_____　　日期：_____年____月____日

评价项目	评价标准	分　值	得　分
团队素养	该组小组成员间合作紧密，能互帮互助	15	
	该组的工作计划周密，组织有序	15	
	该组态度端正，有较强的吃苦耐劳精神	10	
工作情况	该组的工作效率突出	20	
	该组的工作成果完整且质量达标	30	
	该组严格遵守相关工作守则和法律法规	10	
合　计		100	

（3）教师对学生工作过程与工作结果进行评价，并将评价结果填入表 2-12 中。

表 2-12　教师评价表

班级：_____　　组名：_____　　姓名：_____

评价项目	评价标准	分　值	得　分
考　勤	无无故迟到、早退、旷课现象	10	
工作过程	能正确回答引导问题并填写答案	20	
	能制定详细的工作计划	10	
	能按任务书要求规范实施工作活动	20	
项目成果	能按时完成任务	10	
	项目实施过程中态度认真、细致、严谨	10	
	任务成果完整且质量达标	20	
合　计		100	
综合评价	自我评价（20%）	小组互评（30%）　教师评价（50%）	综合得分

学习任务 1　跨境直播间开通

随着跨境电商直播带货热度的高涨,越来越多的跨境电商希望通过开通直播带动产品销量,而个人主播则希望通过帮助跨境商家进行直播带货,获取不菲的佣金。入驻合适的直播平台并开通直播权限,就成为个人和跨境电商开启直播带货之旅的首要任务。

本任务将从以下两方面展开讲解:
➤ 直播平台选择
➤ 直播权限开通

活动1　直播平台选择

选择一个用户匹配度更高的平台,有利于直播带货活动的开展,让用户更容易发现你的直播间,从而促进直播预期效果的达成。成功入驻平台后,一定要遵守平台规则,否则会有被封号的风险;在日常账号经营中,发布的营销内容要遵守知识产权保护法,禁止抄袭、盗用他人作品。

一、主要平台介绍

目前支持跨境电商直播带货的平台主要有以下三类:
(1) 传统电商平台:如亚马逊、全球速卖通等传统跨境电商平台引入直播模块。
(2) 视频类平台:如 TikTok、YouTube 等视频内容平台自建直播电商平台。
(3) 社交类平台:如 Facebook、Instagram。

以全球速卖通、TikTok、Instagram 为例,通过平台优势、带货模式及适合人群三个维度对三类平台进行对比,如表 2-13 所示。

表 2-13　全球速卖通、TikTok 及 Instagram 平台对比

平台	优势	带货模式
全球速卖通	用户跨度大，交易场景丰富；供应链、物流成熟，信用保障体系强；公域流量大，用户活跃度高	商家直播达人导购模式（适合商家、达人群体）
TikTok	用户规模大，获客成本低；用户群相对年轻、消费能力强，接受新事物能力强；算法推荐流量高，在平台上多个地方设置引流	短视频上热门＋直播带货种草转化＋内容为主（适合 KOC、KOL 群体）
Instagram	独家产品发布和 KOL 产品推荐，以最大限度地提高用户兴趣；分享属性强，转化率高，属于一站式成交闭环	达人导购模式＋种草转化（适合达人、KOL 群体）

注：KOC 为 key opinion consumer，关键意见消费者；KOL 为 key opinion leader，关键意见领袖。

二、平台选择因素

企业或个人又该如何判断哪个直播平台适合自己呢？主要需要综合考虑以下几点：

（1）受众和市场覆盖率：考虑目标市场和受众所在地，选择市场覆盖率高和用户基数大的跨境电商直播平台。平台的用户活跃度和观众数量对于产品推广和销售至关重要。

（2）平台特点和功能：了解不同跨境电商直播平台的特点和功能，包括直播工具、销售功能、互动功能等。根据自身业务需求，选择能够满足产品展示、推广和销售需求的平台。

（3）营销工具和推广支持：了解平台提供的营销工具和推广支持，如折扣优惠、广告位投放、社交媒体整合等。这些工具和支持有助于增加曝光度、吸引观众并提升销售效果。

（4）产品调性：平台的用户群和产品调性的匹配度。

（5）自身资源：个人或店铺在该平台的流量基础。

专家指导

除了以上因素，跨境电商直播平台的支付和结算方式，包括支付渠道的多样性、安全性以及结算周期等也是影响平台选择的重要因素。需确保平台提供方便、可靠的支付和结算解决方案。

模块二　跨境直播平台操作·信息页

活动 2　直播权限开通

一、直播权限开通要求

不同的平台对直播权限的开通要求各有不同,接下来以全球速卖通、TikTok、Instagram 为例来说明。如表 2-14 所示。

表 2-14　全球速卖通、TikTok、Instagram 直播权限开通要求对比

全球速卖通	TikTok	Instagram
商家：金银牌速卖通卖家已经在 2019 年 10 月 9 日统一开通直播权限,非金银牌的商家需填写申请信息,在 3～5 个工作日审核成功后开通直播权限	不论是达人还是商家,只要满足以下两个条件就可自动开通直播权限： ① 年满 16 周岁； ② 账号粉丝≥1 000 个。 商家如果想在直播间拥有挂 TikTok Shop 小店商品的权限,可以通过联系客户经理申请白名单	① 已开通 Instagram； ② 销售产品为实物商品,且商品通过平台审核
非商家：无法开通直播带货权限		

小贴士

相关开通条件来自网上搜集的公开信息,存在一定波动及滞后,具体参考平台官网。

二、达人电商权限开通步骤

拥有 TikTok 电商权限的达人可以通过以下方式在 TikTok 带货,从而实现内容变现：
（1）在个人资料页中展示商品；
（2）在视频内容中宣传和推广商品；
（3）在直播中推广商品。
达人可以在其个人资料页中申请电商权限：
步骤一：选择"Creator tools"（达人工具）,如图 2-1 所示。
步骤二：选择"TikTok Shop"进行申请,如图 2-2 所示。
步骤三：若申请成功,则达人将获得电商权限,如图 2-3 所示。

跨境电商直播

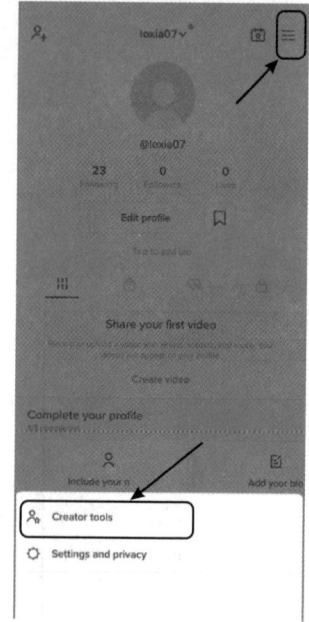
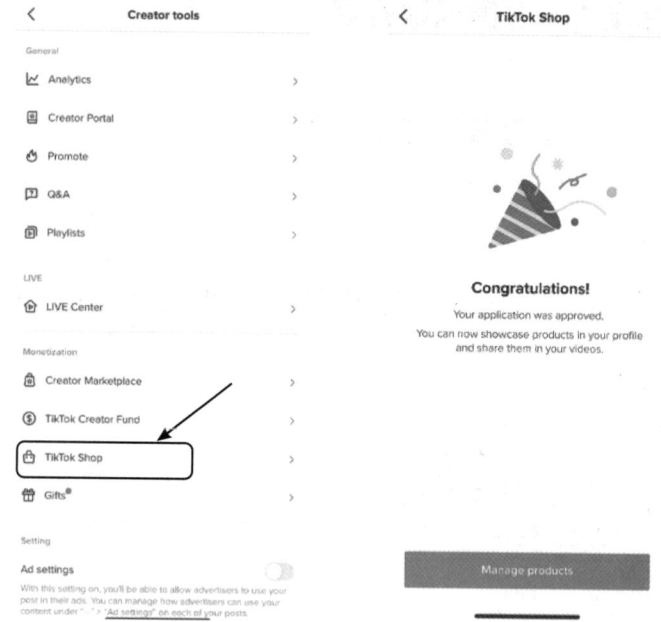

图 2-1　个人中心　　　　　图 2-2　达人工具　　　　　图 2-3　获取电商权限

 小贴士

开通 TikTok Shop

开通 TikTok Shop 有以下两个步骤：

（1）跨境商家账号注册

打开 TikTok Shop 官网注册链接：https://seller.TikTokglobalshop.com。输入手机号码、邮箱地址、手机验证码，以及设置好密码，然后提交。选择要开通的市场。目前只有两个市场——欧洲和东南亚，如图 2-4 所示，欧洲目前只能开通英国地区。有两种入驻方式：普通入驻和邀请码入驻。根据营业执照主体所在地，选择公司主体所在地，填写邀请码并提交（没有邀请码选择普通入驻即可）。

（2）资质审核

按要求上传公司营业执照，填写公司名称、社会信用代码、注册地址、日期，以及验证法人信息。

确认店铺名称类目：目前店铺名称修改比较严格，建议大家谨慎取名，最好是和自己想做的类目相关的名字。注意主营类目最多选择 3 个，卖家的营业执照需覆盖商家所售商品类目的经营活动。

填入发货地址（仓库信息）：不论是什么注册主体，都可以填写 1 或 2 个仓库。必须至少填写其中一个，如果选择中国大陆仓库，新增仓库仅能选择中国香港仓。（注：中国仓的手机号码对应区号 +86，中国香港仓的手机号码对应区号 +852。）

最后，完成以上入驻步骤后，审核结果将通过邮件告知，如果被拒按照要求修改即可。

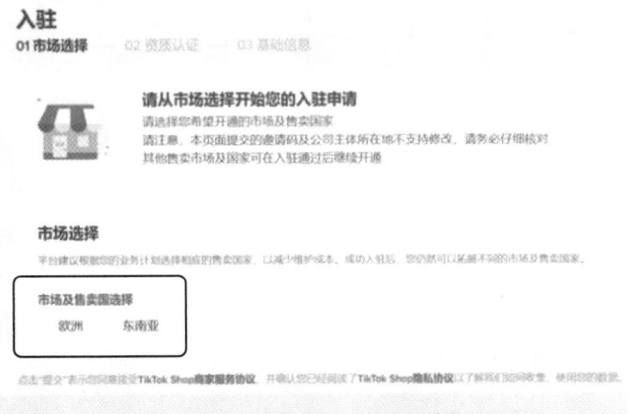

图 2-4　市场选择

学习任务 2　跨境直播后台管理

在正式开播前熟练掌握开播的基础操作是非常有必要的。
本任务将从以下三方面展开讲解：
➤ 直播后台设置
➤ 直播间设置
➤ 商品上架操作

活动 1　直播后台设置

完成账号注册后，跨境电商直播团队首先要对账号名称、头像、简介等内容进行完善，增强账号的专业性、吸引力和可信度，从而吸引更多观众关注和参与直播。这些信息可以加深观众对账号的第一印象，对于建立账号品牌形象和吸引目标受众至关重要。

主播通过主页信息给自己贴上标签，便于用户识别账户信息。平台界面存在些许差异，但大体内容包含账户名称、头像、账户简介。因此，下面将从这三点进行讲解。

一、账号名称

一个辨识度高的账号名称，可以为用户提示直播内容所具有的价值，降低推广成本。好的账户名称最重要的是简单、好记、好传播，以下介绍几种关于起名的技巧：

（1）简洁明了：选择简洁、易于记忆的账号名称。避免过长或复杂的名字，让观众能够轻松记住并搜索。

（2）与产品或行业相关：考虑将账号名称与所销售的产品或行业相关联，以便观众能够快速了解账号的主题和定位。这有助于吸引对该产品或行业感兴趣的观众。

（3）突出独特性：选择一个独特的账号名称，以在众多账号中脱颖而出。这种独特性可以与特定领域、特定风格或特定品牌形象相关联。

（4）使用关键词：考虑在账号名称中使用相关的关键词，这有助于提高搜索引擎的可见性。选择与产品或行业相关的关键词，使账号在搜索时更容易被找到。

（5）品牌一致性：确保账号名称与品牌形象和价值观相一致。如果已经建立了品牌，将品牌元素融入账号名称，以增强品牌识别度和连贯性。

（6）考虑国际化：如果目标是跨境销售，可以选择一个容易理解和发音的账号名称，适应不同语言和文化背景的观众。

> 例："FashionFusionLive"：突出时尚与融合的概念，适用于时尚产品。"petfriend"：简洁明了，突出友好的爱宠人士的形象，与宠物相关，适用于宠物用品。

二、头像

头像作为视觉语言是用户辨识账号的主要标准，决定着用户对账号的第一印象。选择一个吸引人的头像对于账号运营来说至关重要。接下来介绍几种常见的头像类型，如图 2-5 所示。

图 2-5　几种常见的头像类型

（1）真人头像：直观地向用户展示人物的形象，拉近其与用户的心理距离，同时有利于个人 IP 打造；

（2）图文 logo：以图文的形式向用户展示账户内容，强化品牌形象；

（3）动画角色：使用短视频中的动画角色做头像，能够强化角色形象，打造动画人物 IP；

(4)账号名称:通过纯色的头像背景,与账号名称的文字颜色形成鲜明对比,突出文字,强化账号的 IP;

(5)卡通形象:不同于用动画角色做头像,使用卡通形象做头像偏向于凸显账户的风格,如搞怪、俏皮等。

三、账户简介

账户简介可以辅助用户更好地了解自己账号的内容,既可以用于自我介绍,展示鲜活的人设,也可以当作公告使用,让用户清楚近期的相关直播活动内容。账户简介限定在 80 个字符内。

若创作者想引流,经营自己的私域流量,或者开通商业合作的渠道,就可以在账号简介中留下自己的联系方式,但尽量不要出现平台违规用语,防止被平台屏蔽(可用谐音词代替)。

可以通过以下技巧来编写账户简介:

(1)简明扼要:简介应该简洁明了,突出账户的主题和核心信息。避免冗长的描述,让观众能够快速了解账户的定位和价值。

(2)强调独特性:突出账户的独特之处和特色,使观众能够明确了解账户与其他类似账户的区别。强调账户所提供的特殊优势和价值,激发观众的兴趣。

(3)主张价值:清晰地传达账户所提供的价值和好处,如账户能够解决观众的问题、满足需求或提供特定的产品或服务,强调账户如何帮助观众获得价值和收益。

(4)应用关键词:在简介中使用与账户定位和关键词相关的术语和词汇。这有助于提高搜索引擎的可见性,并让观众更容易理解账户所涉及的内容。

(5)建立连接:在简介中添加商家/主播在其他社交媒体平台的访问链接或联系方式。

活动 2 直播间设置

一般直播营销活动的时间都比较长,熟练掌握开播的基础操作,可以有效地帮助主播把控直播节奏,保障直播的顺利进行。不同平台功能会有些许不同,但直播带货必须掌握以下几个操作:

一、开播信息设置

开播信息的设置,能够帮助观众了解本场直播的内容(图 2-6)。

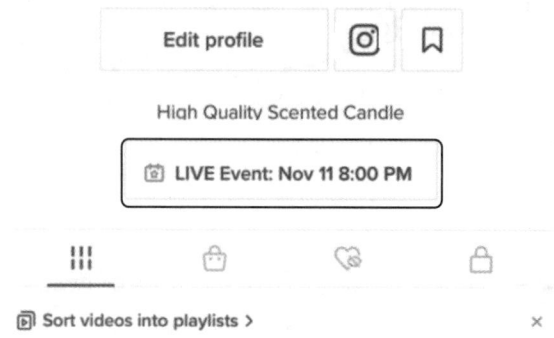

图 2-6　主页直播预告

在平台上，跨境电商直播团队可以在平台上方预告以下开播信息：

（1）标题：即用一句话形容你的直播间，并让用户通过标题产生兴趣，如图 2-7 所示；

（2）封面：用户正常都是先看封面，再看直播标题和简介，所以封面设计的吸引程度，是用户决定是否进入直播间的第一步；

（3）直播主题：对直播内容进行进一步划分，便于平台进行用户精准推送，如图 2-8 所示。

图 2-7　直播标题和封面设置

图 2-8　直播主题展示位置

模块二　跨境直播平台操作·信息页

开播操作

开播有以下步骤：

（1）在TikTok首页点击"+"号，选择"LIVE"。如图2-9所示。

（2）设置直播间标题/封面/标签，如图2-10所示。

（3）全部设置完成后点击"Go LIVE"开始直播，如图2-11所示。

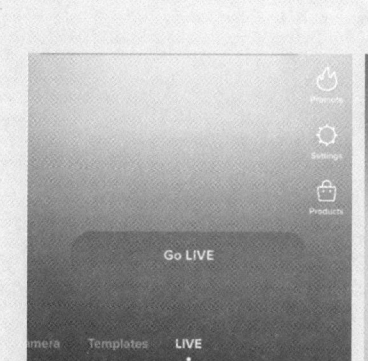

图2-9　开播页面　　　　图2-10　开播设置

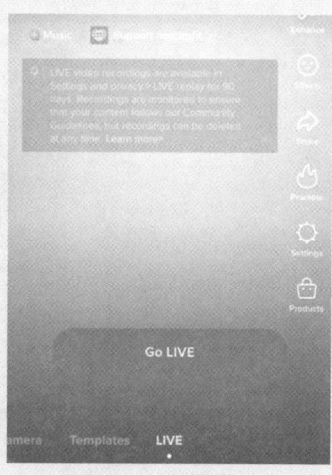

图2-11　开播

二、营销工具设置

新手主播在直播时经常会遇到这样的问题：直播间怎么留住用户？怎样提高直播间人气？这就凸显了营销工具的重要性。常见的营销工具类型主要有以下三种：

（1）虚拟道具设置：如贴纸、表情包、虚拟背景设置等。

（2）背景音乐设置：在特定的环节如在主播邀请嘉宾出场、离场时，播放音乐增加直播间氛围感和仪式感。

（3）平台福利设置：抽奖、免单、直播互动券等福利形式，很好地给了用户一个留在直播间的理由，可以有效地延长用户停留时间。

创建直播互动券APP端操作步骤

步骤一：在直播界面下方找到商品列表。

步骤二：进入"商品管理"界面，找到"优惠券管理入口"并打开。

53

步骤三：进入"优惠券管理"界面，并设置领取任务。任务包括三类：① 观看时长任务：如用户需要在直播间停留××分钟才能领取。② 关注主播 TikTok 账号：新用户在关注后可以领取一次优惠券。③ 无任务要求：消费者在看到后可以直接获得一张优惠券。

最终在直播间中的呈现形式如图 2-12 所示。设置步骤如图 2-13 所示，根据意向设置领取任务即可。

图 2-12　呈现形式

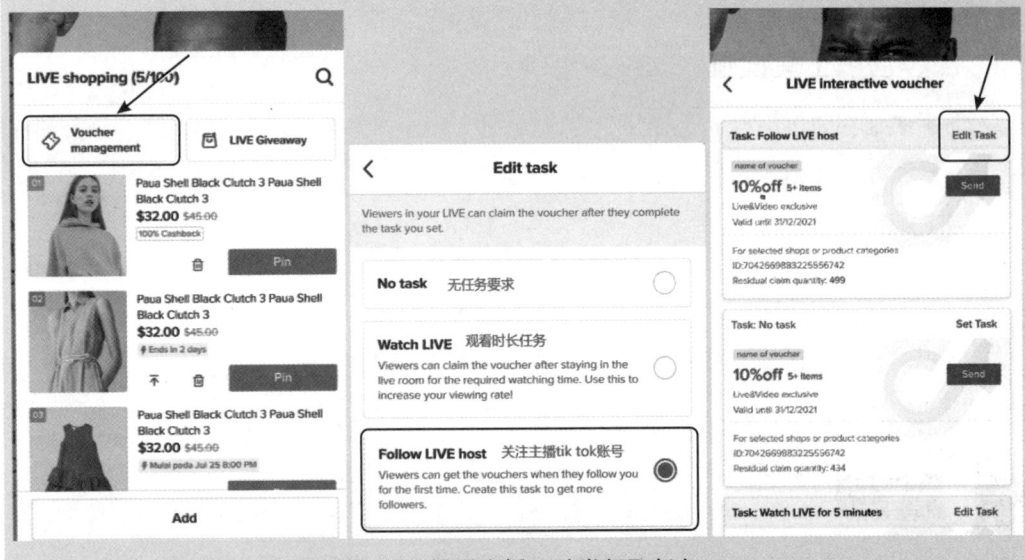

图 2-13　设置直播互动券领取任务

活动3　商品上架操作

开播前，跨境电商直播团队应将本场直播的商品提前上架，便于用户进入直播间后了解本场带货内容。TikTok Shop 商品上架分为两种情况：第一种是上架店铺内的商品，点击"Get started"开始上架；第二种是上架直播间的商品，点击"Manage Showcase"添加。

一、上架店铺商品

上架店铺商品主要有如图2-14所示的五个步骤。

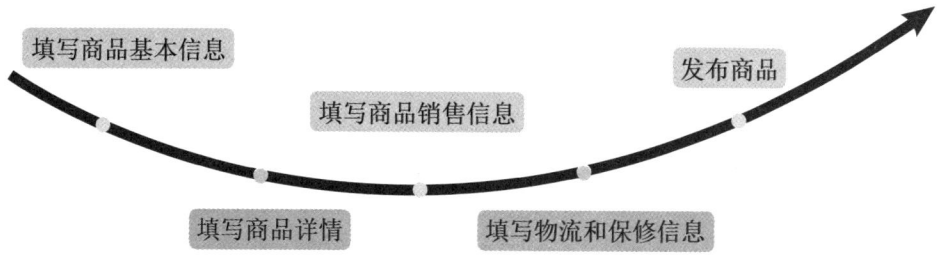

图2-14　上架店铺商品流程

1. 填写商品基本信息

进入小店的后台，点击"管理全球商品—添加全球商品"，填写商品的基本信息，如图2-15所示。

图2-15　填写商品基本信息

在填写商品基本信息时，需要注意以下几点：

（1）禁止标题中出现营销内容、促销或与产品特性无关的描述文字，如"discount ×%（打×折）"、卖家链接或姓名。未经授权允许，不能使用TikTok、其他电商平台或官网的标记、品牌冠名，不能出现符号或特殊字符等表意不清的信息。

（2）所有商品描述须包含相关法律法规规定的商品信息。必要的商品信息包括但不限于商品安全信息、商品规格和警告。

（3）卖家只能发布有效产品。选择错误商品品类容易审核不过。

2. 填写商品详情

如图 2-16 所示，这里的图片会作为产品的主图呈现，可上传 1～9 张，格式为 png、jpg 或 jpeg，分辨率大于 100×100，图片大小不超过 5 MB，宽高比为 1∶1。

图 2-16　填写商品详情

商品描述需要为消费者提供相关产品的有效信息，以便指导购买，最终消费者是否购买这个产品与产品详情页的描述有很大关系。商品描述需要在 33～999 个字符之间，最多可插入 30 张图片。视频为选填项，添加视频可以进一步介绍商品，便于顾客更好地了解商品。

例：如图 2-17 所示为某女装店铺中的裤子的主图。

图 2-17　女裤主图

商品描述注意事项

（1）卖家必须描述商品的主要特征。

（2）商品细节必须使用目标市场的官方语言描述，并有 TikTok Shop 的认证。

（3）卖家必须随产品附上完整的赠品和配件清单。例如，如果无线扬声器与 USB 充电器捆绑出售，则卖家必须分别列出每一项商品。

（4）所有商品包装的重量和尺寸必须准确说明。

（5）对于额外的"商品属性"，卖家需要提供特定商品发布所需的相关准确信息，如颜色、尺寸、图案等其他商品核心特点。

（6）对于"商品定价"，卖家必须避免可能有损消费者信任的不良做法。例如，设置明显高于市场价的商品价格。

3. 填写商品销售信息

填写商品的销售信息（图 2-18），如产品的尺寸、颜色、图片、价格等。需根据具体的样式、颜色等上传对应的图片。产品定价一定要直接写产品税前价，不能写本地展示价，因为：本地展示价 =（产品税前价 + 跨境物流成本）× 120%。

图 2-18 填写商品销售信息

（1）设置好属性词后，将自动生成 SKU[1] 清单，需填写第一个 SKU 信息。

（2）本地展示价为消费者看到的价格，包含关税和其他税费。

（3）本地完税价不含增值税，由于英国税收要求和 TikTok Shop 物流限制，请确保：本地化最终价格 + 运费 ≤ 134.5 GBP × (1+ 增值税 %)。

---

[1] SKU 全称为 stock keeping unit，意为"库存保有单位"，是用来区分不同商品的一个编号，一款商品对应一个 SKU。

（4）如 SKU 信息一致，支持将第一个 SKU 的价格、库存一键同步到所有 SKU。

（5）Seller SKU 指的是对不同变量商品的定义，可选填。

4. 填写物流和保修信息

写完商品详情后，需要填写物流和保修信息，如图 2-19 所示。保修服务为选填项，可以不写。物流信息是必填项，需要如实填写。物流信息包括：

（1）商品重量：包裹重量小于 100 kg。

（2）商品尺寸：长、宽、高均小于 1 000 cm。体积重：（长×宽×高）/8 000 ≤ 100 kg。

（3）服务期限和服务条款（选填）：为商品选择支持的售后服务期限，服务条款请使用英文填写。

输入商品信息后将展示预估费用，仅供参考，实际运费会随商品重量与尺寸改变而改变。

商品重量要如实填写或者稍微填大一点。如果填小了，商品总体价格就会低一些，买家付款也会少一些，但物流公司是按照实际重量收费的，多出来的物流费需要商家自己承担，可能会导致卖得越多亏得越多。产品尺寸也要如实填写，这里的尺寸一定是包装后的尺寸，也就是打包后包裹的尺寸。

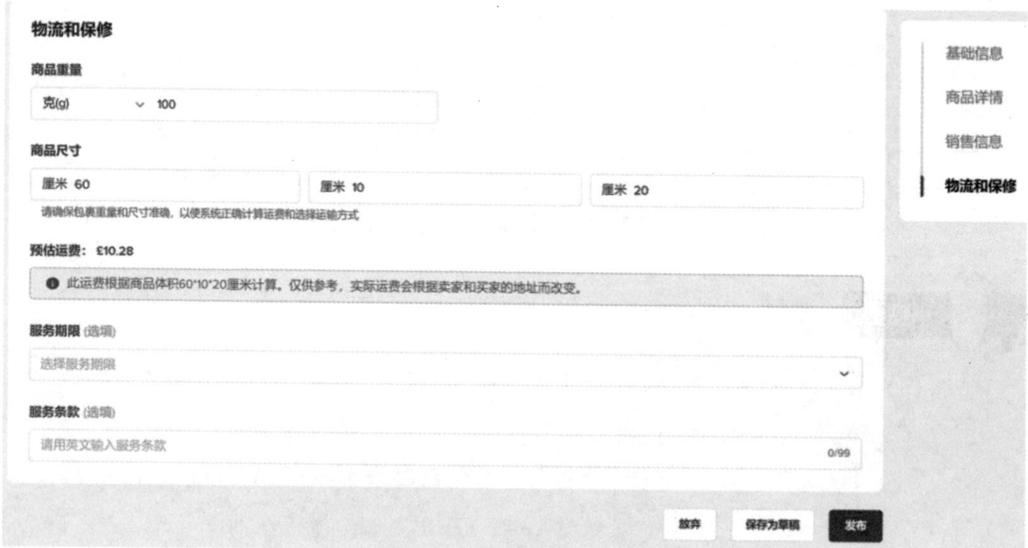

图 2-19 物流和保修信息

跨境物流成本和买家运费预估

首先要明白完整的跨境物流是商品从中国发货到配送至买家手上的整个过程，这个过程包含两个阶段：第一个阶段是商品从中国的集货仓跨境发到英国的仓库，第二个阶段是商品从英国本土的仓库配送到买家的手上。

第一阶段的运费会显示在跨境物流成本中，第二阶段的运费会显示在预估买家运费中。这两个运费商家都可以看到而买家看到的运费仅仅是从英国本土仓库配送到他手上这一段的运费，也就是预估买家运费，一般是英镑或美元。不同的物流渠道价格会不一样。

5. 发布商品

当上面所有信息都填写完毕，就可以点击右下角"发布"按钮，等待弹窗信息告知商品发布成功，这个时候就可以直接添加该商品至直播间。

二、上架直播间商品

TikTok 支持主播开播前、直播时从 TikTok Shop 店铺中添加商品。

1. 开播前添加商品

点击右侧菜单栏"Products"，选择要添加的商品，点击"Add"进行添加。

2. 直播时添加商品

在商家直播界面找到购物袋图标，并点击"Add from Showcase"为直播间添加商品，如图 2-20 所示。可以从商品橱窗或者店铺添加商品。

已添加到直播间的商品支持增加、置顶、删除，在主播讲解商品的过程中，可以选择置顶（Pin）/取消置顶商品。如果主播正在讲解 1 号商品，点击"Pin"后，1 号商品的商品卡片会出现在直播间，置顶一次商品卡片会持续 30 s，置顶下一个商品就取消了对上一个商品的置顶。如图 2-21 所示。

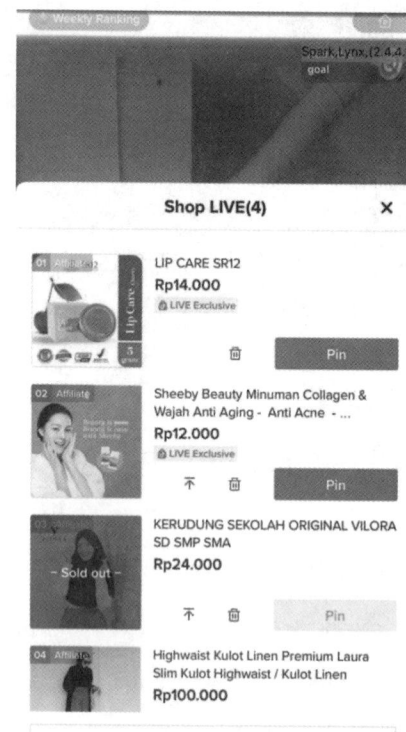

图 2-20 添加商品　　　　图 2-21 置顶/取消置顶商品

 **延伸拓展**

扫码阅读以下学习资源，拓展自己的知识和视野：

文章 1：TikTok 账号创建

文章 2：TikTok 促销工具介绍

　文章 1　　　　文章 2

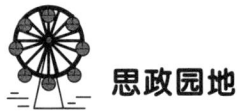
思政园地

冒用他人身份注册跨境电商店铺，商家被处理

思政元素：遵纪守法。

某买家 2019 年 4 月在某跨境电商平台詹某所开设店铺购买了国内某品牌牛樟芝胶囊一盒。詹某无食品经营许可证，且未经国家卫生行政部门批准，出售不符合食品安全国家标准的食品。买家购买使用后身体不适，在平台举报詹某,平台主张詹某"退一赔十"。

詹某辩称：身份证信息系被人盗用，涉案店铺并非其本人开设，其未在该平台卖过产品。平台由此向法院提起诉讼。

法院经向市场监督管理局、公安局和涉案店铺账号的开户行调查，审理查明：涉案店铺入驻平台和银行开户时提供的身份证信息相同，头像和有效期与被告詹某的身份证不一致，明显为两人，且该证件无办证信息。工商部门回复：因账户开立时尚未启用人脸识别系统，且所有视频录像保存期为 3 个月，故开户行无法提供涉案账户开立时的本人申请视频。拨打涉案店铺预留电话，接听人拒绝透露身份、挂断电话。被告否认与开店人有关联。涉案商品于 2019 年 4 月 14 日由商家自行下架，后因其他事项被平台采取限制经营措施。

近年来各类网络交易平台迅猛发展，在电商平台上开设店铺与注册实体店铺相比，手续简便且限制较少，只需按照平台流程与要求提交相关的资料信息，门槛较低。但盗用、冒用他人身份证件或伪造身份证件开设网络店铺的违法行为也随之涌现。电商平台经营者对平台内经营者的信息核验义务，需要明确考察标准，以确定责任边界。

（资料来源：电商平台对商户信息核验义务的标准分析 [EB/OL].（2022-10-24）[2024-12-18]. https://mp.weixin.qq.com/s/5fmDRJ_KF0Ay2FjXAj-7zA）

思考与讨论

1. 以上案例给你带来了什么启示？
2. 平台和卖家应该如何规范自身的行为？

Module 3

模块三　跨境选品分析

学生工作页

任务描述

【任务情景】

小兰是一家跨境电商企业的实习生,主要工作是协助 TikTok 部门进行直播间及店铺的选品工作。根据公司操作手册规定,选品要根据当月直播主题选择与主题契合的产品线与组合、定价要符合观看群体消费水平等,然而小兰对这些并不熟悉,不知道该如何实施。

于是,小兰向主管老李请教。老李告诉小兰,规划产品线是为了制定店铺产品的发展战略,目的是让直播间能长期良性运转;选品方面则需要先确定选品策略,再从多渠道挖掘潜力产品,最后通过数据进行分析判断;定价方面需要综合考虑才能获得竞争力和利润。

【任务要求】

根据任务的情景描述,通过与班组长沟通,以独立或小组合作的方式,制定工作计划,在规定工期内,按照技术规范完成跨境选品分析。

【任务资料】

完成上述任务时,可以使用所有的教学资料,如工作页、信息页、实训任务书、个人笔记以及网络资料等。

模块三　跨境选品分析·学生工作页

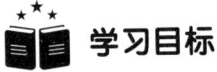 学习目标

序号	学习环节	学时	学习目标
1	获取跨境选品分析信息	3	能归纳如何分析目标市场
			能概述定位竞争对手的方法
			能列举选品挖掘和寻找货源的方法和渠道
			能说出产品成本核算公式
			能概括两种产品定价策略
2	制定跨境选品分析计划	1	能制定跨境选品计划
			能制定定价方案
3	做出跨境选品分析方案决策		能讨论已制定的工作计划并做出决策
			能提升数据采集与分析能力
4	实施跨境选品分析任务	2	能分析市场竞争态势、产品热度趋势和目标市场文化
			能分析目标用户属性及行为并构建目标用户画像
			能定位竞争对手，对竞品进行深入分析
			能运用数据化选品手段选出跨境直播商品
5	跨境选品分析过程控制		能运用合法合规手段采集数据
			能归类并整理所采集到的市场、用户和竞品等数据
6	评价反馈	1	能按分组情况，派代表展示工作成果，正确规范地撰写工作总结（心得体会）
			能够辩证地看待问题，从多角度思考并做出独立的判断，养成独立思考的习惯

 学习路径

序号	学习环节	学习步骤	学习活动
1	获取跨境选品分析信息	跨境选品调研	获取目标市场信息
			获取目标用户信息
			获取竞品信息
2		跨境选品思路与定价	获取选品思路信息
			获取产品定价信息
3	制定跨境选品分析计划	制定计划	制定跨境选品计划

65

续表

序号	学习环节	学习步骤	学习活动
4	做出跨境选品分析方案决策	做出决策	小组讨论计划可行性，确定最优方案
5	实施跨境选品分析任务	跨境选品调研	分析目标市场
			分析目标用户
			分析竞品
6		跨境选品思路与定价	选品思路
			产品定价
7	跨境选品分析过程控制	工作质量控制	筛选数据
8		工作过程控制	任务清单检查
9	评价反馈	评价与反馈	展示任务成果
			记录意见建议
			书写心得体会
			考核计分

 任务工单

任务名称	跨境选品分析		
任务负责人		任务接收时间	
任务下达者	直播部主管	要求完成时间	1天内

工作任务说明：
为面向20～35岁用户的女装店铺进行选品调研，分析目标市场、目标用户和精品，通过多种渠道挖掘选品，并定价。

情况记录：

任务等级	□重要且紧急	□重要但不紧急	□紧急但不重要	□不重要且不紧急
完成时间	□提前完成	□按时完成	□延期完成	□未能完成
完成质量	□优秀	□良好	□一般	□差

 **任务分组**

将学生按每组 4～6 人分组，明确每组的工作任务。

班　级		组　号		指导老师	
组　长		学　号			
组　员	姓　名	学　号		姓　名	学　号
任务分工					
例如：_____同学，主要负责_____工作。					

获取信息

根据引导问题，从信息页的相关学习任务中获取对应的信息，回答引导问题并在空白处填写答案。

步骤 1　跨境选品调研

学习活动 1　获取目标市场信息

● 引导问题 1：要了解市场竞争的态势，卖家可以从哪些维度展开调研分析？

_____

_____

● 引导问题 2：请列举分析目标市场文化的着手点。

_____

_____

学习活动 2　获取目标用户信息

● 引导问题 3：判断表 3-1 所列的属性信息所属的维度，在括号中填写所属维度的选项。

表 3-1　属性维度判断

属性维度	详　情
A. 人口特征 B. 社会特征 C. 个性特征 D. 文化特征	年龄（　）；　　积极（　）；　　沉稳（　）； 国籍（　）；　　教育水平（　）；　所在地（　）； 宗教信仰（　）　性别（　）；　　冲动（　）； 爱好（　）；　　收入（　）；　　民族文化（　）； 家庭特征（　）；热情（　）

● 引导问题 4：请概括用户画像的定义，并简述用户画像所起的作用。

_____

_____

学习活动 3　获取竞品信息

● 引导问题 5：在跨境选品中，可以获取哪些方面的信息？

_____

_____

_____

● 引导问题 6：按照竞争对手的类别，可以将竞争对手划分为以下三类：

直接竞争对手：_____

间接竞争对手：_____

行业头部企业：_____

● 引导问题 7：请补全下列 SWOT 分析（表 3-2）。

表 3-2　SWOT 分析

	积　极	消　极
内　部	S：	W：

续表

	积 极	消 极
外 部	O:	T:

步骤 2　跨境选品思路与定价

学习活动 1　获取跨境选品思路信息

● 引导问题 1：在产品、市场和卖家方面，分别有哪些选品原则？请举例说明，填写在表 3-3 中。

表 3-3　选品原则汇总

产品方面	市场方面	卖家方面

● 引导问题 2：某 TikTok 卖家选择从自身优势领域这个选品方向着手，自身优势领域体现在哪些方面？

_____

_____

_____

● 引导问题 3：在当前市场上，比较具备代表性的产品挖掘方式有哪些？请分别进行说明。

_____

_____

_____

● 引导问题 4：如何筛选出更优质的供应商？

_____

_____

学习活动 2　获取产品定价信息

● 引导问题 5：请写出总成本和单品成本的计算公式。

　　总成本：_____

　　单品成本：_____

● 引导问题 6：请简要概括两种定价策略的含义及适用情况。

　　撇脂定价：_____

　　_____

　　渗透定价：_____

　　_____

● 引导问题 7：请概述产品定价流程。

　　_____

　　_____

　　_____

　　_____

● 引导问题 8：基于市场供需关系与销量分布，该如何制定产品的 SKU 价格体系？

　　_____

　　_____

　　_____

===== 制 定 计 划 =====

确定完成工作的途径、步骤和所需的工具材料，制定任务实施的计划。

● 引导问题 1：根据直播品类，分析目标用户特征，并制定相应的选品计划，将结果填写在表 3-4 中。

表 3-4　跨境选品计划制定

直播品类	目标用户特征	选品计划	
美妆		数据采集工具：	
		产品挖掘方式：	
		货源渠道：	

● **引导问题 2**：TikTok Shop 英国站商家在 1688 跨境专供平台选出了一款产品，请写出产品的定价思路和定价方案，并最终确定价格，填写表 3-5。

表 3-5　产品定价方案

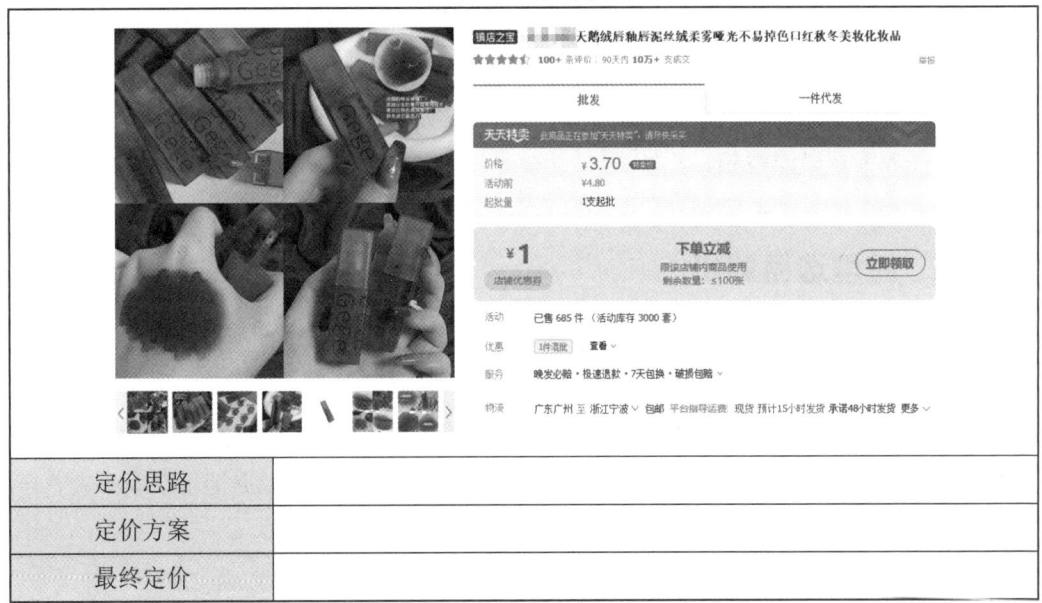

定价思路	
定价方案	
最终定价	

做出决策

组内就实施计划进行深入探讨，确定实施重点和难点并提出解决方案。再根据表 3-6 所列的几方面进行评分，选定分值最高的计划作为最终的任务实施方案。

表 3-6　方案评价表

评价内容	评价细则	评分（1～5分）
目标和需求	① 计划制定与工单目标需求一致； ② 选出的跨境直播产品符合市场需求	
时间和资源	① 能够在工期要求内完成计划； ② 硬件设备、工具符合计划实施需求	
技术可行性	有足够的技术能力和专业知识来执行计划	
风险管理	对潜在的技术难题、时间延误等风险做了应对备案	
综合得分		

结论（组内最终决策）：
例：选择_____同学提出的方案，同时调整了_____处。

实施任务

根据制定的工作计划，按照下方步骤完成任务实施。如果无法独立完成，可以参考配套实训任务书及微课视频。

步骤1　跨境选品调研

学习活动1　分析目标市场

● 引导问题1：打开 Google Trends，在搜索框中输入所选的产品关键词，记录该关键词在过去一个月中的热度指数总和以及相关主题，并将这些数据记录在表3-7中。

表 3-7　产品热度指数

序　号	产品关键词	热度总和	相关主题
1			
2			
3			
4			
5			

● 引导问题2：通过网络查询等方式，了解美国地区的美妆产品标准、地域文化以及消费观念，填写表3-8。

表 3-8　目标市场分析表

美妆产品标准	地域文化	消费观念

学习活动 2　分析目标用户

● 引导问题 3：通过行业研报、同行店铺留评观察、百科检索等收集美国美妆消费者的属性信息，并将这些信息记录整理在表 3-9 中。

表 3-9　美国美妆消费者属性信息统计

人口特征	年龄： 性别：	所在区域：
社会特征	收入： 职业： 社会阶层：	家庭特征： 生活方式：
个性特征		
文化特征	教育水平： 宗教信仰： 民族文化：	爱好： ……

● 引导问题 4：根据以上收集到的美国美妆消费者的属性信息，在下方方框中构建目标用户画像。

学习活动 3　分析竞品

● 引导问题 5：在 TikTok Shop、全球速卖通、亚马逊、eBay 等跨境电商平台对标 3 个美妆品类竞争对手，用合法合规手段采集下列竞争对手数据，并将采集到的数据整理到表 3-10 中。

表 3-10 竞争对手数据模板

序 号	店铺名称	产品描述	产品销量	价格区间	产品评价
1					
2					
3					

步骤 2 跨境选品思路与定价

学习活动 1 选品思路

● 引导问题 1：利用亚马逊站内的五大榜单和社交媒体，为前面所选的 3 类美妆产品各选出 3 款产品，汇总到表 3-11 中。

表 3-11 选品汇总

类 别	产品名称

● 引导问题 2：在 1688、义乌购等线上批发网站，就这 9 款产品寻找供应商，将最终确定的每款产品的价格（单个产品售价和批发价）、质量（销量、好评率）及服务分值（发货时间、星级、复购率）、供应商联系方式等整理在表 3-12 中。

表 3-12 产品数据模板

序 号	产品名称	店铺名称	价 格	质 量	服务分值	供应商联系方式
1						
2						
3						
4						
5						
6						

续表

序 号	产品名称	店铺名称	价 格	质 量	服务分值	供应商联系方式
7						
8						
9						

学习活动 2　产品定价

● 引导问题 3：为所选的 9 款产品定价并填入表 3-13 中。

表 3-13　产品定价

序 号	产品名称	价 格
1		
2		
3		
4		
5		
6		
7		
8		
9		

── 过程控制 ──

根据以下任务检查清单，小组合作进行必要的最终任务检查，并根据任务实施过程和结果的实际情况，优化改进工作计划。

步骤 1　工作质量控制

对收集到的数据进行进一步筛选，剔除无用、重复的数据，保留来源可靠、准确的数据。对数据进行多维度评估，对于不符合的数据，写出解决方案，确保替换的数据符合评估维度，填写表 3-14。

表 3-14　数据筛选

所使用的数据来源可靠、准确	是 □　　否 □
数据评估维度	任务分析
数据来源的可信度：官方数据平台、权威机构、专业统计机构数据、数据分析工具等可靠度高的渠道	是否符合：是 □　　否 □
	解决方案：
数据采集方法科学、严谨	是否符合：是 □　　否 □
	解决方案：
数据更新频率：确保所使用数据是最新的可用数据，而不是陈旧的数据	是否符合：是 □　　否 □
	解决方案：
数据一致性和重复性：核对不同数据来源之间的一致性和重复性，以确定数据的一致性和准确性，排除可能存在的错误和偏差	是否符合：是 □　　否 □
	解决方案：
数据样本的代表性：考虑数据样本的大小和代表性，确保样本够真实、全面地反映目标市场或目标用户的情况	是否符合：是 □　　否 □
	解决方案：

步骤 2　工作过程控制

请进行必要的任务完成情况的最终检查，并填写表 3-15。

表 3-15　任务检查清单

序　号	检查事项	检查结果	
1	直播主题有创意，能引起观众的关注	符合 □	不符合 □
2	直播的产品线和产品组合符合直播主题	符合 □	不符合 □
3	分别从市场竞争态势、产品热度趋势和目标市场文化三个角度进行目标市场分析	符合 □	不符合 □
4	对目标用户的分析结论合理，用户画像客观、完整	符合 □	不符合 □

续表

序号	检查事项	检查结果	
5	对标的竞争对手有相同/相似销售产品、相似受众、体量相差不大,或者是本行业中的头部卖家	符合 ☐	不符合 ☐
6	采集的数据来源可靠、准确	符合 ☐	不符合 ☐
7	将冗杂的数据进行归类整理	符合 ☐	不符合 ☐
8	产品挖掘的方式多样,货源渠道可靠	符合 ☐	不符合 ☐
9	产品定价合理	符合 ☐	不符合 ☐

评价反馈

1. 各组派代表上台展示成果,并介绍任务的完成过程。
2. 其他组同学给你们提供了哪些意见或建议?请记录在下面。

_____

_____

3. 本任务的心得体会:

_____

_____

4. 评价方式采用多元化评价,评价主体由学生、小组与教师构成,评价标准、分值及权重如下所示:

(1) 学生进行自我评价,并将结果填入表3-16中。

表3-16 学生自评表

班级:_____ 组名:_____ 日期:____年___月___日

评价项目	评价标准	分 值	得 分
信息检索	能有效利用网络资源、配套资料查找有效信息	10	
知识掌握	能准确理解学习任务中讲述的知识内容	15	
技能训练	能按任务书要求,按计划完成工作任务	15	
感知工作	认同工作价值,在工作中能获得成就感	10	
团队素养	教师、同学之间相互尊重、理解,平等交流	10	

续表

评价项目	评价标准	分值	得分
职业素养	能严格遵守相关工作守则和法律法规	10	
思维状态	能发现问题、分析问题并解决问题	10	
参与状态	能发表个人见解，倾听他人意见和看法	10	
创新意识	能在工作过程中做出创新点	10	
合　计		100	

（2）学生以小组为单位，对学习任务的实施过程与结果进行互评，将互评结果填入表 3-17 中。

表 3-17　小组互评表

班级：_____　　被评组名：_____　　日期：_____年____月____日

评价项目	评价标准	分值	得分
团队素养	该组小组成员间合作紧密，能互帮互助	15	
	该组的工作计划周密，组织有序	15	
	该组态度端正，有较强的吃苦耐劳精神	10	
工作情况	该组的工作效率突出	20	
	该组的工作成果完整且质量达标	30	
	该组严格遵守相关工作守则和法律法规	10	
合　计		100	

（3）教师对学生工作过程与工作结果进行评价，并将评价结果填入表 3-18 中。

表 3-18　教师评价表

班级：_____　　组名：_____　　姓名：_____

评价项目	评价标准	分值	得分
考　勤	无无故迟到、早退、旷课现象	10	
工作过程	能正确回答引导问题并填写答案	20	
	能制定详细的工作计划	10	
	能按任务书要求规范实施工作活动	20	
项目成果	能按时完成任务	10	
	项目实施过程中态度认真、细致、严谨	10	
	任务成果完整且质量达标	20	
合　计		100	
综合评价	自我评价（20%）	小组互评（30%）	教师评价（50%）	综合得分

信息页

学习任务 1　跨境选品调研

"三分靠卖家，七分靠选品"，选品作为 TikTok 卖家的核心工作，一直是企业最为重视的经营环节。通过对目标市场、目标用户和竞品进行分析，可以更好地了解市场环境和用户需求，从而优化产品选择、定位和市场策略，提高产品的竞争力和市场份额。

本任务主要从以下三方面展开讲解：

➤ 目标市场分析

➤ 目标用户分析

➤ 竞品分析

活动1　目标市场分析

目标市场分析就是为了确定某款产品或类目在这个市场是否还有销售空间。若供大于求，说明该市场已经到达了饱和状态，该产品市场竞争很大，商家不适宜选择该市场；若供小于求，说明存在一定的销售空间，可以参与该市场。

市场竞争态势用于评估产品的竞争激烈程度；产品热度趋势则用于判断产品的生命周期、市场需求变化以及淡旺季等情况；目标市场文化则用于判断某产品是否适合在该地区销售。

一、分析市场竞争态势

要了解市场竞争的态势，TikTok 卖家可以从如下四个维度展开调研分析：

（1）产品的价格范围：查看该产品最低价到最高价的范围，如 30～100 美元，价格范围越窄的类目，代表竞争激烈程度越高。

（2）新品占比：查看该关键词下的新老品占比。老品越多，竞争越激烈；新品占比

越大,机会越多。(通过产品上架日期判断新老产品)

(3)商品总数:该类目下正在售卖的商品总数。商品总数越多,则说明该市场参与竞争的商家/商品越多,竞争越激烈。

(4)产品差异化程度:差异化程度越低的类目,竞争激烈程度越高。

另外,要远离有大牌垄断或销量垄断的产品,这种产品不但排名稳固、产品线成熟、直播团队经验丰富,而且有忠实的消费群体,小团队很难与其竞争。

二、分析产品热度趋势

产品热度趋势主要是判断该产品是否有淡旺季,以及该产品未来的需求趋势。当遇到产品热度大幅度减退时,卖家在选品时最好要避开处于衰退期的产品。产品生命周期如图3-1所示。

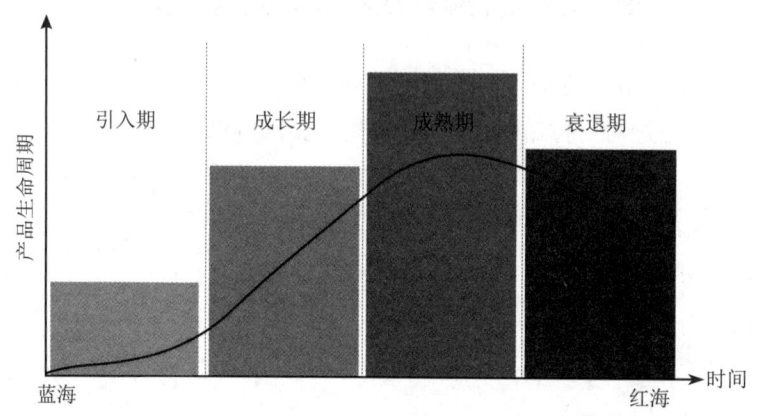

图3-1 产品生命周期

跨境卖家通过Google Trends工具,在该网站中搜索一个产品/类目的核心关键词,查看这个产品类目在一定时间内海外市场的整体需求走势情况。另外,除了可以看到单一的产品市场需求走势,还可以用两个不同的产品市场进行比较。

产品热度趋势具体查询方法如下:

步骤1:打开Google Trends,在搜索框中输入关键词,如"thermos cup",并将检索条件设为目标地区、过去5年,如图3-2所示。

步骤2:在下方区域的搜索热度中就会展现该地区的产品热度数据。

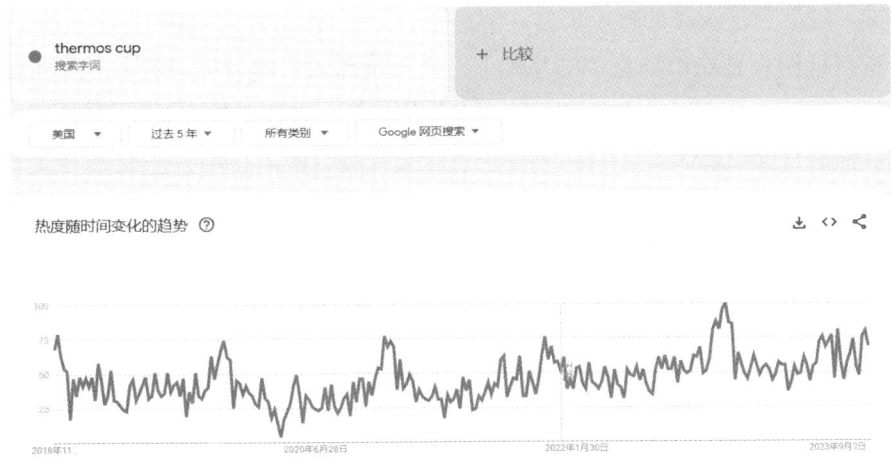

图 3-2　保温杯在美国的热度趋势

三、分析目标市场文化

跨境电商直播虽然打破了传统贸易方式，但交易依然是在不同地域的人之间展开，文化差异难以避免，因此卖家要尊重和迎合目标市场的文化特点。分析目标市场文化可以从以下四点着手：

（1）产品标准：不同国家的产品标准会有所不同，比如一台电器在不同国家有不同的适用电压或插头标准。因此，卖家要能够向目标市场销售符合当地产品标准要求的产品。

（2）地域文化：由于风俗习惯、宗教信仰等原因，有些产品或图案在某些地域可能会引起争议。

（3）消费观念：消费观念越前卫的地区，当地的消费者更倾向于选择品牌产品，此时高级包装、独特调性是营销重点；而消费观保守的地区追求产品实用、低价，品牌对消费者的决策影响有限。

（4）政治因素：卖家要了解目标市场的政治情况，并且在进行相关宣传推广时，应避免触及政治色彩，以免引起麻烦。

活动 2　目标用户分析

在选品环节，目标用户分析主要是为了找到目标客户群，即确定消费群体。确定目标用户是非常重要的，因为它将直接影响 TikTok 卖家的营销策略、产品定位和定价策略。

在选品前，如果没有明确目标用户，那么选品就会陷入无方向、无侧重点的局面。确定目标用户后，就能在选品时用"这款产品，我的客户需不需要，会不会买单"作为衡量标准，也就有了选品的核心依据。

分析目标用户是在市场定位的基础上，进一步深入了解目标消费者的属性和行为，构建目标用户画像，应用于选品、营销、定价等场景，以提供符合目标用户的产品或服务，更好地满足客户的需求。

一、分析消费者属性与行为

1. 分析消费者属性

消费者属性应当从人口、社会、个性、文化四方面出发进行全方位分析，如此才能得出客观的消费者属性，如表 3-19 所示。

表 3-19 消费者属性分析

属性维度	详情
人口特征	年龄、性别、种族、国籍、所在地等
社会特征	收入、职业、社会阶层、家庭特征、生活方式等
个性特征	冲动、保守、积极、沉稳、热情、冷静等
文化特征	教育水平、宗教信仰、民族文化、亚文化、小众文化、爱好等

在 TikTok 店铺正式运营前，这些属性信息可以通过行业研报、同行店铺留评观察、百科检索等收集；在投入运营后，可通过订单信息、直播数据等途径收集。值得注意的是，部分属性信息过于私密，很难从官方途径获取，只能在不断实践中，通过自身判断去捕捉信息。

2. 分析消费者行为

消费者在本次购买中充当了什么角色？促使他购买的因素是什么？消费者行为可从角色和因素两个维度分析，见表 3-20。

表 3-20 消费者行为分析

角色	信息提供者、购买决策者、购买执行者、决策参与者、使用者、评价者
因素	使用时机、使用意图、使用频率、品牌黏性、用户体验等

例： 产品是一款 300 美元的皮腰带，那么该消费者大致应该是：男性，30 岁以上，城市人口，年薪 30 万元以上的中产阶级。购买决策者是使用者本人，也可能是女性伴侣。

二、构建目标用户画像

目标用户画像，又称客户角色，是通过收集和分析消费者数据后抽象出的一种调查分析报告,也是客户信息的标签。对于 TikTok 卖家来说,构建用户画像非常必要,因为它可以帮助卖家进行人群细分,明确核心受众,从而使 TikTok 卖家的运营策略更具有针对性。

最终绘制的用户画像需要具备代表性,能够代表店铺或产品的核心客户群体。在呈现上,要能一目了然地获取到目标群体的特征和偏好。画像的表达方式可以采用数据标签、图表、文字等形式,不必拘泥于画面呈现。

例: 如图 3-3 为某 TikTok 母婴店铺的用户画像示例。

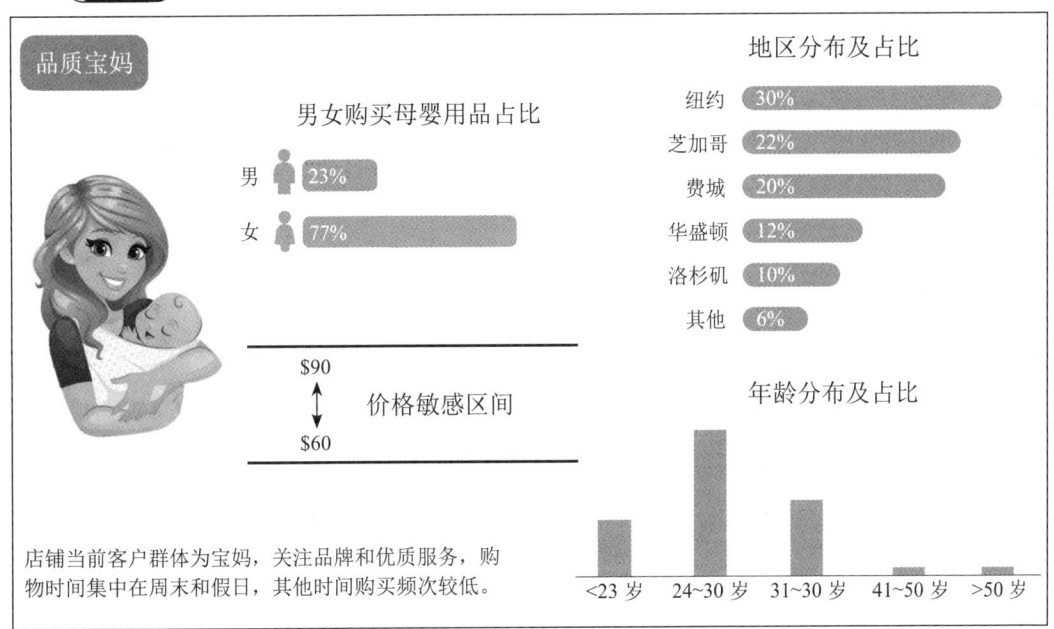

图 3-3　TikTok 某母婴店铺用户画像

用户画像不是一成不变的,而是随着对目标客户的了解逐渐深入。采集的数据维度与数据量逐渐丰富,要不断去修正、完善用户画像,从片面、不完整,到更加符合目标群体的真实特征。

三、目标用户画像应用

用户画像可以帮助卖家明确核心客户群体,除了在选品上有指导作用外,还有助于制定更有效的营销策略,提高店铺的销售额。

1. 优化广告策略

根据用户画像，在广告投放中，卖家可以选择合适的投放渠道及投放策略，针对性地制定广告策略，从而提升广告效果和投放的精准度。

例： 如果目标客户群体是 20～30 岁的女性，并且主要分布在纽约、洛杉矶和芝加哥等城市中，同时也喜欢使用社交媒体，那么卖家可以选择在社交媒体平台上投放广告，并且投放目标要设定为居住在纽约、洛杉矶和芝加哥的 20～30 岁的女性群体。投放的素材可采用生动、热情和轻松的文案或视频，激发目标客户群体的购买兴趣，从而提高目标客户的转化率。

2. 优化产品卖点

通过用户画像，卖家可以深入了解目标客户群体的消费偏好，进一步优化产品特点和卖点的设计。

例： 如果目标客户群体的价格偏好较低，那么说明客户在意产品的价格和质量。那么，卖家在产品详情中可以突出产品的性价比优势，以及优质的质量保证等关键信息，以此吸引目标客户群体，提高购买转化率。

3. 优化产品定价

商家可以通过探索和分析客户的价格敏感区间，来优化产品定价策略。

（1）如果当前产品定价处于价格敏感区间，要增加订单量，则可以采用低价策略来拉拢客户；

（2）如果店铺准备打造品牌，需要吸引高收入的消费者——他们更加注重品牌形象等方面，相对价格敏感度较低，则考虑采用中高档的价格策略。

活动 3　竞品分析

正所谓"知己知彼，百战不殆"，竞品分析对于 TikTok 卖家至关重要。卖家首先要精准地找到对标的竞争对手，深入剖析对手的强弱项，将强项作为学习的榜样，汲取其精华，不断完善自身；而弱项则要善于利用，寻找突破机会，实现弯道超车。在此基础上，卖家还需全面采集竞品数据，通过翔实的数据，进一步精准把握竞品的运营细节与市场表现，为制定有效的竞争策略提供有力支撑；最后运用 SWOT 分析法，综合考虑自己优劣势，制定市场竞争策略。

一、对标竞争对手

想一想

某个细分市场有 100 名卖家,从新秀到头部卖家都有分布,如此多的同行卖家,到底哪个卖家能作为自己的对标竞争对手呢?谈谈你的看法。

竞争对手可划分为三类,分别是直接竞争对手、间接竞争对手和行业头部企业。

(1)直接竞争对手:有相同销售产品、相似受众,体量相差不大。

(2)间接竞争对手:销售产品相似,但品牌定位和受众群体不直接冲突。

(3)行业头部企业:本行业中的头部卖家。

对标竞争对手的做法是找到同类目的阶段性竞争对手,以及确定一个模仿或学习的标杆店铺。阶段性竞争对手一定是稍领先自己的直接竞争对手,主要从销量和类目排名两个角度判断;而标杆店铺则是与自己店铺定位相同或相似的头部企业。用简图表示如图 3-4 所示。

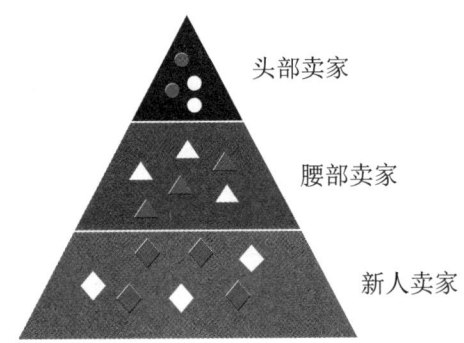

不同形状代表不同定位的卖家:圆圈代表标杆店铺,三角形代表阶段性竞争对手,菱形代表自己。

图 3-4 竞争对手划分

二、采集竞品数据

确定竞争对手之后,卖家就要去采集竞品的各项数据,并定期跟踪。主要采集的数据维度有如下几种:

1. 产品描述

产品页面的描述越有吸引力,转化率就越高。要制作出优秀的产品页面,不能光靠自己闭门造车,要学会观察竞争对手店铺热销品的产品标题、主图与详情描述文案,挖掘对方产品描述的亮点和缺陷,取其精华,去其糟粕。

采集方法:卖家直接浏览竞争对手热销品的详情页,如图 3-5 所示。

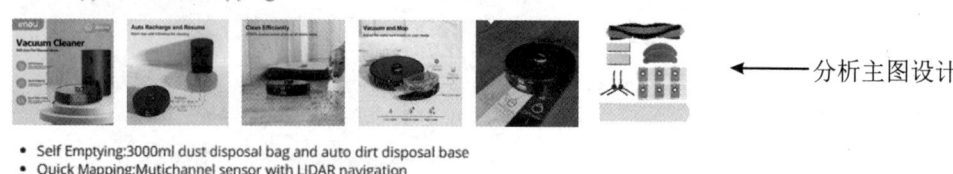

图 3-5　产品描述示例

2. 产品销量

监测同类目头部卖家和竞争对手的销量情况。头部卖家的销量反映着市场需求的变化，卖家得及时洞察。而根据竞争对手产品销量的走势变化，即可判断该产品的市场销售潜力，如果销量增长快，卖家就得考虑是否及时跟进。

采集方法：需要借助第三方工具进行销量监测，如图 3-6 所示。

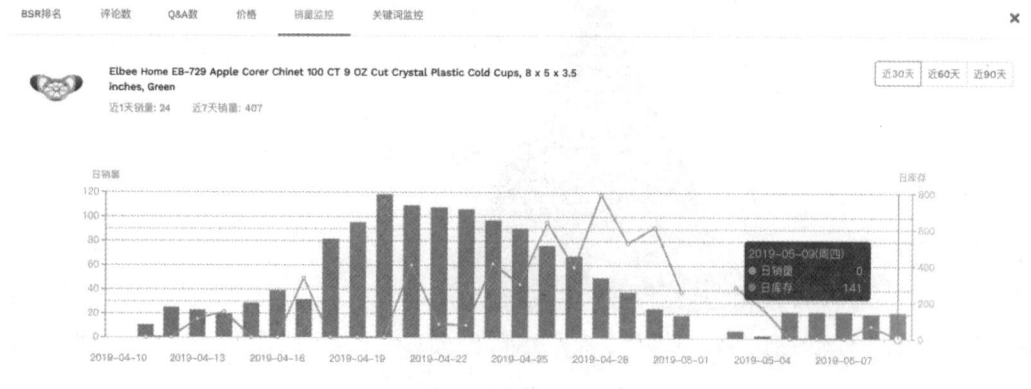

图 3-6　竞争对手销量监测

3. 价格区间

观察竞争对手店铺产品的定价策略，尤其是新品、热销品，看这些产品的价格处于什么区间，这有助于自己店铺的定价。

4. 产品评价

每个卖家对自己的产品都有极大的信心，但产品评价往往反映了产品的真实质量，现在已经成为揭示竞争对手产品弱点的一个重要组成部分。

采集方法：卖家直接浏览竞争对手店铺热销品的产品评价。

以下是在采集竞争对手产品评价时，需要思考的四个要点：

（1）竞争对手产品存在的问题是什么？自己是否存在？
（2）竞争对手是如何解决这些问题的？
（3）客户喜欢其产品的理由是什么？自己如何效仿？
（4）如果自己可以效仿竞争对手，是否还有任何可以改善产品的方法？如果没有，自己的产品有何独特的卖点？

分析竞争对手除了以上四点外，还可以分析对方的社交媒体账号、广告策略、产品线布局等，这有助于更深入地洞察竞争对手的经营策略。

三、制定竞争策略

完成对竞争对手数据的采集后，卖家可以用SWOT分析法，将收集到的竞争对手信息进行综合分析，并最终形成分析结论和策略。

SWOT分析也称为道斯矩阵（如表3-21所示）由美国旧金山大学的管理学教授韦里克提出，经常被用于企业战略制定、竞争对手分析等场合。

（1）S（strengths）是优势；
（2）W（weaknesses）是劣势；
（3）O（opportunities）是机会；
（4）T（threats）是威胁。

表3-21 SWOT分析法

	积 极	消 极
内　部	优势（Strengths） • 独特能力 • 特殊资源	劣势（Weaknesses） • 资源劣势 • 经济劣势
外　部	机会（Opportunities） • 优势条件 • 对手的劣势	威胁（Threats） • 劣势条件 • 对手的不良影响

制定计划的基本思路是：
（1）发挥优势因素，分析劣势因素，并克服劣势因素。
（2）利用机会因素，识别威胁因素，并规避或化解威胁因素。

(3) 考虑过去, 立足当前, 着眼未来。

运用系统的综合分析方法, 将考虑的各种因素匹配起来, 得到未来发展的可选择战略, 如图 3-7 所示。卖家需要确定战略优先顺序, 并将战略对策转换成可执行的具体事项。

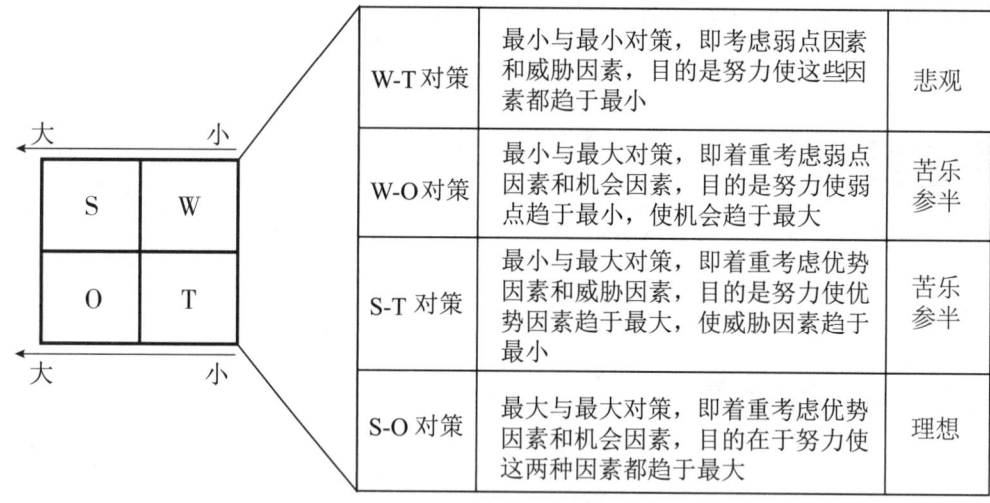

图 3-7　SWOT 战略对策

学习任务 2　跨境选品思路与定价

卖家依据一定的选品策略在多个渠道去挖掘产品, 再通过市场数据进行产品分析, 筛选出有销售潜力的产品, 最后寻找货源, 建立合作, 补充产品库。在确定选品后, 还需要综合考虑多种因素进行定价。产品定价不仅关乎企业的销售收益, 同时也直接影响消费者的购买意愿, 定价过高或过低都会对销售造成影响。

本任务主要从以下两方面展开讲解:

➤ 选品思路

➤ 产品定价

活动 1　选品思路

选品是指在 TikTok 平台上, 卖家通过对市场需求、产品特点、价格等因素进行分析, 有策略地选择适合自己直播间及店铺的商品, 以提高销售量和市场占有率的过程。在选品过程中, 卖家需要考虑多方面因素, 如产品质量、市场需求、成本价格, 以及利润空间等, 从而确定最终的销售产品。

一、确定选品策略

为了制定合适的选品策略，TikTok 卖家需要明确两个关键点。首先，知道什么样的产品符合选品原则，应该被选入，而不符合选品原则的则应避免选用。其次，卖家需要找准选品的方向，寻找那些市场需求大、潜力大且与自身业务相关联的产品。

1. 遵守选品规则

选品是要找到符合预期的合格产品，在选品逻辑上，合格产品所具备的特点就代表了选品原则，如表 3-22 所示。

表 3-22　选品原则汇总

产品方面	市场方面	卖家方面
① 要有利润空间； ② 不涉及侵权； ③ 非敏感品/危险品，易于清关； ④ 不是易碎/易变质品	① 需求大，竞争小； ② 没有品牌和销量垄断； ③ 产品处于成长生命周期； ④ 消费者反馈好，好评率高	① 卖家资金可周转； ② 供应商寻找方便； ③ 最大限度满足目标市场需求； ④ 符合平台特色

2. 遵守选品方向

TikTok 卖家在新手阶段，可以选择从"自身优势领域"和"高需求、高适配"这两个选品方向着手。

（1）自身优势领域体现在以下几方面：

① 对某类产品非常专业：对某类产品有深入研究，对该产品的消费群体非常了解，可以找到目标客户。

② 供应链有优势：独特的供货渠道，能够获得比其他商家更为优惠的进货价，如自己有工厂、靠近产品原产地等。

③ 知名品牌优势：代理或生产的产品属于知名品牌。

④ 营销能力强：有很强的营销能力及商机洞察能力，能通过市场研究和数据分析，找到蓝海产品。

（2）"高需求、高适配"指那些市场需求量大，受众广泛，同时产品在使用上具有广泛适配性的产品，如图 3-8 举例。

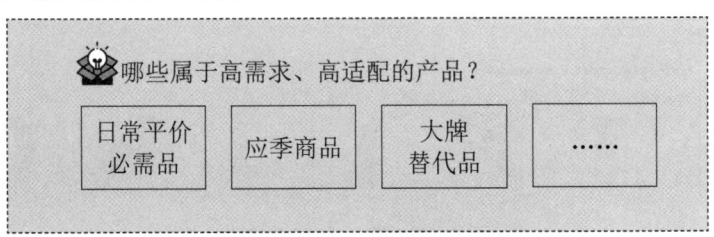

图 3-8　高需求、高适配产品举例

TikTok 卖家在成长阶段则应该选择"高曝光、高品质"的选品方向。此类产品主要是指在产品质量、口碑和性价比等方面有较高要求，且在营销曝光上表现出色的产品，如图 3-9 举例。同时 TikTok 卖家应以提升流量、跟进热点、提升权重、获取口碑为主要转化目标。

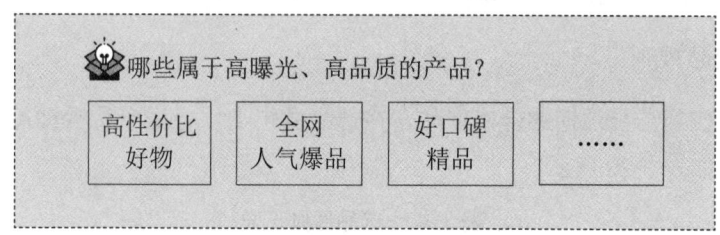

图 3-9　高曝光、高品质产品举例

二、产品挖掘

产品挖掘就是寻找有销售潜力的优质产品。在当前市场上，比较具备代表性的产品挖掘方式有亚马逊榜单选品、社交媒体选品、跟进榜样店铺选品三种。

1. 亚马逊榜单选品

亚马逊站内的五大榜单非常具有研究价值，它可以帮助卖家抓住平台销售趋势，以及挖掘有上升潜力的产品。

打开榜单的方式：

（1）进入任意一款产品详情页面，下拉找到"Best Sellers Rank"，点击查看"See Top 100"，进入热销榜单；

（2）点击"Any Department"即可进入五大榜单页面，如图 3-10 所示：

图 3-10　亚马逊五大榜单

① Best Sellers（热卖榜单）

统计 24 小时内销量最好的 100 款产品，每天更新一次。在挖掘产品时，可以从此榜单中查看同类目的热销品类型，再结合自身的优势，从该榜单中挑选已有产品或相近的产品来做。

② New Releases（新品榜单）

基于过去 24 小时总体的曝光量、点击量以及订单转化量等综合数据的热门新品排名。新品榜单反映市场对新产品的需求趋势状况，选品时，重点关注那些评价（Review）数量很少但在新品榜单里且销量可观的产品。

③ Movers & Shakers（飙升榜单）

过去 24 小时内排名上升或下降最多的产品榜单。找到飙升榜里评价较少但销售数据增长比较快的产品，如果该产品连续多天出现在榜单里，那就表明该产品迎来了一个市场爆发期。

④ Most Wished For（愿望榜单）

消费者想买的产品排名，被收藏最多。当这个产品有打折降价的信息时，亚马逊会自动发邮件提醒买家，促进交易。对卖家来说，凡是此榜单上排名靠前的产品，其产品特点和 listing[1]。可以作为重点参考对象。

⑤ Gift Ideas（礼品榜单）

被赠送最多的礼物排行。它主要针对适合节日赠送的产品，如果你的产品带有礼品、节日元素，可以在节日来临前更有针对性地备货。

2. 社交媒体选品

TikTok 卖家要着重关注终端消费者的购物习惯。现在最大的市场信息聚集地就是社交媒体，除 TikTok，还要关注 YouTube、Instagram、Facebook 等（图 3-11）海外社交媒体的潮流趋势，了解消费者的喜好。

TikTok　　YouTube　　Facebook　　Instagram　　X　　Pinterest

图 3-11　海外主流社交媒体

（1）查看近期热门视频

通过类目关键词在社交媒体上搜索相关视频，查看带产品标签的近期热门视频，尤其是近 7 天发布的视频，一旦发现点赞、评论、转发等各项数据都非常不错的商品视频，就要重点关注。

---

[1] listing 是指在跨境电商平台上展示商品的一个页面，包含产品的各种关键信息。以亚马逊平台为例，一个完整的 listing 页面会有产品的标题、图片、价格、描述、特性、客户评价等内容。

例： 以 YouTube 为例，搜索产品关键词如"Shower products"，查看近 7 日热门视频，浏览视频并挖掘潜力商品，如图 3-12 所示。

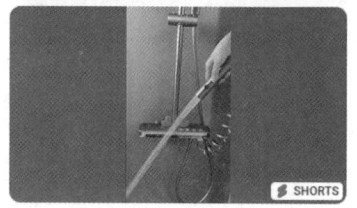

图 3-12　YouTube 商品视频

（2）查看热门标签

通过热门标签选品，是指通过查看和分析 TikTok 热门标签，如 #TikTokmademebuyit、#fyp 等（图 3-13）。在 TikTok 标签上不断做垂直、做深挖。从内容出发，了解消费人群的喜好和痛点。通过汇总和分析各个标签中出现的 TikTok 好物，找到灵感和素材，从而帮助更好地选择打动 TikTok 用户的好产品。

图 3-13　热门标签

（3）监测竞争对手广告

监测竞争对手投放在社交媒体上的信息流广告，以及用户对广告的数据反馈，对数据表现好的广告产品要重点关注。

　　为了能更多地刷到同类广告，可以对广告视频进行点赞、收藏、评论，点击广告的访问落地页，把产品加入购物车，让系统认为你有购物倾向，后台算法就会推送更多的同类广告给你。

3. 跟进榜样店铺选品

对选品没有方向的 TikTok 卖家，不妨对自己的选品简而化之，首先确定几个可以学习和效仿的榜样店铺及直播间，持续关注他们的上新情况，这样就很容易找到合适的产品。

对榜样店铺的要求如下：

（1）店铺里的产品保持在 10～30 款；

（2）评论数量越多越好；

（3）店铺里的多款产品销量都很好。

对于新卖家来说，跟着榜样店铺来选品能少走很多弯路，但切记不能盲目模仿，一定要结合自己的实际情况，充分验证后再决定是否跟进。

三、货源寻找与合作

对于有自己工厂的大卖家来说，选品后就是开模打样，生产小批量样品来测试市场；而对于绝大部分无货源卖家来说，选品之后则需要寻找合适的货源，并与供应商建立合作关系。

1. 货源渠道

要找到合适的跨境货源，主要有两种渠道：一是线上货源，二是线下货源。在找到货源之后，还要进行货源对比，筛选出更优质的供应商。

（1）线上货源：指的就是线上批发网站，主要有 1688、义乌购、中国制造网、包牛牛、衣联网、鞋库网等。在线上批发网站通过搜索产品长尾关键词，或是"以图搜图"的方式即可进行货源查找。

> **例：** 如图 3-14 所示，1688 平台有提供"跨境专供"频道，支持一件代发。

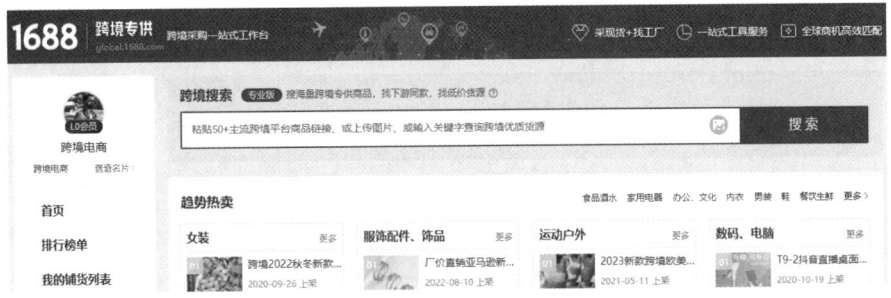

图 3-14　1688 跨境专供

（2）线下货源：包括可以提供货品的专业批发市场和工厂。专业批发市场可见实物、可议价，且比较稳定，合作比较方便；工厂直供价格更低，交付、售后有保障，还可以定款、定量、定价，但小批量拿货，很难与工厂建立合作关系。

2. 货源对比

线下货源由于可以实地考察，要拿到合适的货源就是要"货比三家"，主要对比产品质量、价格以及账期。线上货源由于其特性，在对比货源时需要考量更多的因素，主要对比条件有价格、质量和服务，如图 3-15 所示。

（1）价格对比：单个产品售价和批发价；

（2）质量对比：销量、好评率；

（3）服务对比：发货时间、星级、复购率。

图 3-15　线上货源对比维度

除了以上三点外，还要格外注意供应商的真实性，有些供应商并非厂家直供，而是中间商转卖，不仅价格更高，而且无法保障发货时间。因此，在对比货源时，一定要仔细甄别供应商，方法如下：

（1）查看经营时间，经营时间越久，则说明实力更强。

（2）是否只经营一类产品。越专注的供应商则真实性越高；如果存在大量铺货的情况，则说明该供应商为中间商。

3. 供应商合作

线下货源都是供需双方经过面谈，确定合作事宜；但是采用线上货源，要与供应商开展合作，需要经过如下两个环节：

（1）与供应商建立联系：在供货网站上直接通过在线聊天进行沟通，或者点进供应商主页，找到供应商的联系方式，通过电话沟通与供应商建立联系，如图 3-16 所示。

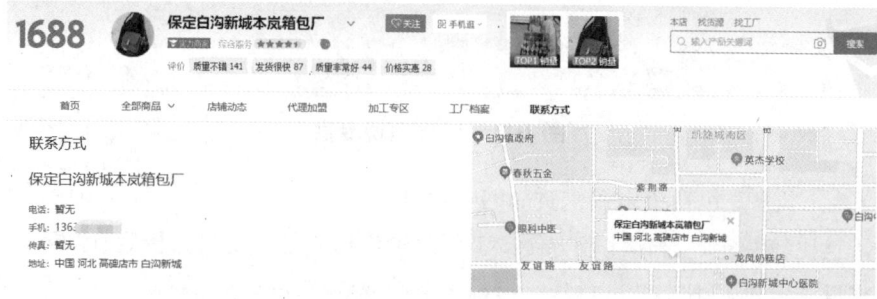

图 3-16　联系供应商

（2）订货与寄样：跟供应商相关负责人洽谈，沟通合作事宜，并要求对方寄样，收到样品后，验收样品质量，确认无误后再进行小批量订货。

关于寄样，有两个关键点需要注意：

（1）要确定好样品的型号、尺寸、颜色等规格，最好附有图片，这样做是为了避免寄错样品，造成麻烦和损失；

（2）寄样费用需要双方协商。

活动 2　产品定价

产品定价对于 TikTok 卖家来说至关重要。在制定产品定价策略时，卖家需要综合考虑采购价、物流费、平台佣金、仓储费用等成本，以确保产品定价足以覆盖这些开销。同时，卖家还需要确保产品有适当的利润空间，并考虑平台上其他竞争者的定价因素，在价格竞争中获得优势。

一、计算产品成本

要计算产品成本，TikTok 卖家需要先了解产品成本的构成，包括采购成本、物流费用、营销成本等，再将这些成本代入产品成本的核算公式进行计算。

1. 产品成本构成

产品成本由进货成本、物流成本、平台佣金、营销成本和其他综合成本构成。其他综合成本又包括售后费用、库存成本、人工成本、税费、仓储费用等等。

2. 成本核算技巧

总成本计算公式如下：

总成本 = 进货成本 + 物流成本 + 平台佣金 + 营销成本 + 其他综合成本

单品成本计算公式如下：

单品成本 = 总成本 / 产品销售数量

例： 假设某 TikTok 卖家购买了一批进价为 100 元 / 件的商品，以 150 元的价格进行出售。物流成本为 5 元 / 件，平台佣金为销售额的 10%。平均每售出一件产品要花费 10 元的营销费用。另外，售后服务费用、库存成本和税费等其他综合成本均摊到每件约为 20 元。该产品的单品成本计算如下：

已知进货成本 =100 元 / 件；物流成本 = 5 元 / 件；平台佣金 = 150 元 / 件 × 10% = 15 元；营销成本 = 10 元 / 件；其他综合成本 = 20 元 / 件。

单品成本＝100 元 / 件＋5 元 / 件＋15 元 / 件＋10 元 / 件＋20 元 / 件
　　　　＝150 元 / 件

因此，该产品的单品成本为 150 元 / 件。

二、明确定价策略

所有电商平台都是买方市场，包括 TikTok Shop，定价不是根据产品的成本来定的，而是根据供需关系和市场来定的。

产品定价策略有很多种，但对于跨境电商直播卖家来说，最常用且最行之有效的定价策略主要有两种：一是撇脂定价，二是渗透定价。

1. 撇脂定价

撇脂定价也叫价格撇脂，是指在产品上市初期采用高价策略。

这种策略适用于高端市场，通过高价强调产品的独特性、高品牌价值和高质量，吸引高端消费者的需求，以获取高额利润。但随着时间的推移，市场上会有竞争性产品推出，消费市场逐渐饱和，此时需要适当调整价格，以保证产品在市场上的持续销售。

2. 渗透定价

渗透定价又叫低价渗透，是指在产品上市时选择较低的定价，以获取更多的市场份额，拓宽产品在市场上的影响力。

这种策略适用于刚进入新市场、市场竞争激烈、市场需求大但商品同质化严重等情况下，以低廉的价格来吸引更多的消费者，快速占领市场份额，在此基础上再逐步调整价格来获取利润。

其他定价策略有沉没成本、比例偏见、心理账户、规避损失、价格锚点、组合定价、价格歧视、消费者剩余等。

三、制定产品价格

对于有自主品牌的跨境企业，产品定价流程如下：

1. 了解供需关系

在制定产品价格时，需要先研究同款产品在不同价格段下的供需关系，了解产品的供给数量和其对应的销量。如果供给数量大于需求，市场会形成价格竞争，此时产品定价空间相对较小。相反,如果供不应求,企业就可以掌控产品的价格。对于卖家来说,要优先考虑供不应求的价格段。

了解供需关系的方法:在 TikTok Shop 中搜索该商品,并打开筛选功能,即可查看当前该商品的价格段分布。另外,点击价格段分布,即可展示该价格段下的商家,由此可统计商家数量。

例: 一款樱花主题机械键盘的市场供需关系如表 3-23 所示。

表 3-23 樱花键盘的市场供需关系调研示例

价格段 / 美元	商家数量	商家平均销量	供需关系
0 ~ <22	13	≥ 600	供大于求
22 ~ <45	6	≥ 1 000 (注:28 美元价位销量最好)	供不应求
45 ~ 74	2	< 100	供大于求

2. 分析价格销量分布

定价低不代表销量好,定价高也不代表卖不掉,因此卖家要找到总利润最高的价格点位,从而确定最大利润的定价点位。

操作方法如下:

第一步:卖家用"销量 × 定价 - 成本"计算得出每个价格段产生的利润。

第二步:对比每个价格段的总利润,找出总利润最高的价格段。

第三步:在总利润最高的价格段中找到销量最大的价格,这个价格即总利润最高的价格。

例: 樱花主题机械键盘的价格销量分布如表 3-24 所示。

表 3-24 樱花键盘价格销量分布

价格段 / 美元	商家平均销量	单件平均成本 / 美元	总利润(估值)/ 万美元
0 ~ <22	> 600	50	0 ~ 10
22 ~ <45	> 1 000	120	10 ~ 30 (注:28 美元价位总利润最大)
45 ~ 74	< 100	200	2 ~ 5

3. 设计 SKU 价格体系

基于市场供需关系与销量分布,制定产品的 SKU 价格体系。制定方法如下:

第一步:优先考虑供不应求与总利润最高的价格段。

第二步:当一款产品要设置多个 SKU 时,则考虑带入产品线布局,设置引流款、利润款和形象款,必要时再设置促销款。

第三步:运用撇脂或渗透定价策略,制定 SKU 价格体系。

 基于以上分析,设计樱花键盘的 SKU 价格体系,如表 3-25 所示。

表 3-25　樱花键盘 SKU 价格体系

SKU	产品线	渗透定价/美元	撇脂定价/美元
标准版	引流款	16	22
套餐 1	利润款	22	28　总利润最高点
套餐 2	形象款	29	45

需要注意的是,上文提到的制定产品价格方式只是一种典型的定价方法。在实际运营中,卖家还需综合考虑多方面因素,例如产品定位、目标客户群等,灵活运用各种定价策略来制定适合自己产品的价格。

延伸拓展

扫码阅读以下学习资源,拓展自己的知识和视野:

文章 1:单场直播 GMV 近 3 万美元!国际彩妆品牌贝玲妃如何在 TikTok 布局"人货场"直播运营策略?

文章 2:三招 TikTok 精准选品思路,玩转电商爆款

文章 1　　　　　文章 2

思政园地

北京知识产权法院发布：涉数据反不正当竞争十大典型案例

思政元素：遵纪守法、合法竞争。

北京创锐文化传媒有限公司（下称创锐公司）未经许可，直接抓取、搬运某短视频平台数据集合中的5万余条短视频文件、1万多个用户信息、127条用户评论内容，并在某App进行展示和传播。北京微播视界科技有限公司（下称微播视界公司）诉至法院，请求判令创锐公司停止不正当竞争行为，刊登声明、消除影响，并赔偿经济损失4 000万元。一审法院经审理认为，创锐公司的行为违反我国《反不正当竞争法》第二条的规定，构成不正当竞争，故判令创锐公司刊登声明消除影响，赔偿微播视界公司经济损失500万元。创锐公司不服，提起上诉。二审法院判决驳回上诉，维持原判。

涉案短视频平台上短视频的整体，及其与用户信息、用户评论组合而成的数据集合，是微播视界公司通过收集、储存、加工、传输等实质性投资而形成的，由此产生的竞争性利益应当属于反不正当竞争法保护的合法权益。涉案1万多个用户个人信息系微播视界公司经用户同意收集并使用，故微播视界公司对涉案个人信息享有使用权。创锐公司直接、大量抓取搬运涉案数据集合中的短视频、用户信息、用户评论在某App使用，不仅侵害用户个人信息所有权，而且损害了微播视界公司基于对涉案个人信息合法使用而形成的商业利益。同时，被诉行为还实质性替代了微播视界公司提供的产品或服务，直接损害了微播视界公司的竞争性利益，并阻碍网络短视频行业发展、破坏竞争秩序、损害消费者利益。

（资料来源：北京知识产权法院发布：涉数据反不正当竞争十大典型案例[EB/OL].（2023-05-26）[2024-12-18].https://www.wfgx.gov.cn/GXQXXGK/SCJDGLJ/202306/t20230613_6209438.html）

思考与讨论

1. 以上案例给你带来了什么启示？
2. 采集竞争对手数据时，应该如何避免违法？

Module 4

模块四　跨境产品规划

学生工作页

📖 任务描述

【任务情景】

小明是一家跨境电商企业的新员工，主要工作是负责店铺产品规划和直播排品，然而没有任何工作经验的他，对跨境产品规划的具体流程和策略感到困惑，不知道该从何入手。

于是，小明找到他的导师王老师寻求帮助。王老师告诉小明，规划产品线是为了制定店铺产品的发展战略，目的是让直播间能长期良性运转。而直播排品则需要考虑单品直播间和过款直播间，根据产品的特性和目标用户的需求，合理安排单品和过款直播间的排品。

【任务要求】

根据任务的情景描述，通过与班组长沟通，以独立或小组合作的方式，制定工作计划，在规定工期内，按照平台操作规范完成跨境产品规划。

【任务资料】

完成上述任务时，可以使用所有的教学资料，如工作页、信息页、实训任务书、个人笔记以及网络资料等。

模块四　跨境产品规划·学生工作页

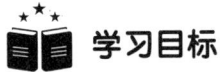 学习目标

序号	学习环节	学时	学习目标
1	获取跨境产品规划信息	1	认识产品线结构的划分类型
			能概述产品线的四种结构及宽度、深度和长度的含义
			了解单品直播间的排品技巧
			了解过款直播间的排品技巧
2	制定跨境产品规划计划	1	能根据网店情况,划分店铺产品线
			能制定直播排品计划
3	做出跨境产品规划方案决策		能讨论已制定的工作计划并做出决策
			能提升数据分析能力与创造力
4	实施跨境产品规划任务	2	能进行产品线结构划分
			能根据排品策略确定播品顺序
5	跨境产品规划过程控制		能优化产品结构划分
			能优化直播排品
6	评价反馈	1	能按分组情况,派代表展示工作成果,正确规范地撰写工作总结(心得体会)
			能够辩证地看待问题,从多角度思考并做出独立的判断,养成独立思考的习惯

 学习路径

序号	学习环节	学习步骤	学习活动
1	获取跨境产品规划信息	店铺产品线规划	获取产品结构划分信息
			获取产品组合规划信息
2		直播排品策划	获取单品直播间排品信息
			获取过款直播间排品信息
3	制定跨境产品规划计划	制定计划	制定跨境产品规划计划
4	做出跨境产品规划方案决策	做出决策	小组讨论计划可行性,确定最优方案
5	实施跨境产品规划任务	店铺产品线规划	产品结构划分
			产品组合规划
6		直播排品策划	单品直播间排品
			过款直播间排品

续表

序号	学习环节	学习步骤	学习活动
7	跨境产品规划过程控制	工作质量控制	直播排品优化
8		工作过程控制	任务清单检查
9	评价反馈	评价与反馈	展示任务成果
			记录意见建议
			书写心得体会
			考核计分

 任务工单

任务名称	跨境产品规划		
任务负责人		任务接收时间	
任务下达者	运营部主管	要求完成时间	1 天内

工作任务说明：

  小明是 TikTok 平台上一家经营美妆产品网店的电商运营新人，该网店计划在今明两天晚上开展"双十一"直播活动，直播时长为 1 小时，共 7 件商品，下表为本次直播的商品信息。现需要你帮助小明对本次直播商品进行结构分类。

某美妆网店"双十一"活动直播商品详情

产品名称	价格/美元
双头卧蚕笔（眼线笔）	48
双头唇釉（不易掉色）	28
三支装多功能唇刷	5.9
7 支眼影刷（化妆刷）	9.9
【直播专享】补水喷雾（保湿修护抗老）500 mL	99
流光四色眼影盘	69
唇部定妆散粉	59

  经过一天的直播，小明发现补水喷雾这一产品的销量较差，通过调取产品用户评价、客户反馈等资料发现补水喷雾的可选规格较少，使用时间长导致短期内的回购率低。现需要你帮助小明应用产品组合策略改善这一情况。

  解决了补水喷雾的销量问题，主管让小明对第二天的直播产品进行排品，并告知小明本次直播将会分为两个直播间进行——一个直播间采取单品直播，主推商品是流光四色眼影盘；而另一个直播间则采取过款直播。现需要你协助小明分别完成两个类别直播间的排品，并标注清楚各产品结构的直播占比。

续表

情况记录：				
任务等级	☐重要且紧急	☐重要但不紧急	☐紧急但不重要	☐不重要且不紧急
完成时间	☐提前完成	☐按时完成	☐延期完成	☐未能完成
完成质量	☐优秀	☐良好	☐一般	☐差

任务分组

将学生按每组 4～6 人分组，明确每组的工作任务。

班级		组号		指导老师	
组长		学号			
组员	姓名		学号	姓名	学号
任务分工					
例如：_____同学，主要负责_____工作。					

获取信息

根据引导问题，从信息页的相关学习任务中获取对应的信息，回答引导问题并在空白处填写答案。

步骤 1　店铺产品线规划

学习活动 1　获取产品结构划分信息

● 引导问题 1：按照直播营销目的进行划分，产品线结构通常分为哪几种？在运营中分别起什么作用？

_____
_____
_____

● 引导问题 2：根据不同的目的，判断直播中应该添加的产品线结构，填写表 4-1。

表 4-1　产品线结构选择判断

目的	产品线结构
提升品牌形象和影响力	引流款 ☐　活动款 ☐ 利润款 ☐　形象款 ☐
为店铺带来稳定的利润收入	引流款 ☐　活动款 ☐ 利润款 ☐　形象款 ☐
减少库存、冲刺销量	引流款 ☐　活动款 ☐ 利润款 ☐　形象款 ☐
吸引客户进入店铺浏览或在直播间直接成交	引流款 ☐　活动款 ☐ 利润款 ☐　形象款 ☐
增强用户对品牌的认知和信任	引流款 ☐　活动款 ☐ 利润款 ☐　形象款 ☐

学习活动 2　获取产品组合规划信息

● 引导问题 3：请分别概括产品线宽度、长度和深度的含义。

_____
_____
_____

● 引导问题 4：如表 4-2 所示的 TikTok 某女装店铺产品线，请从产品的宽度、长度和深度三个角度分别描述该店铺的产品组合。

表 4-2　某女装店铺产品线

裙　类	鞋　类	下　装	上　装	外　套
半身裙 连衣裙 无袖裙 短裙	凉鞋 高跟鞋 运动鞋 板鞋 靴子	长裤 短裤 连体裤 九分裤	毛针织衫 衬衫 卫衣 毛衣 衬衫 T恤	毛呢外套 棒球服 棉衣 风衣 小西装 牛仔外套

_____
_____
_____

步骤 2　直播排品策划

学习活动 1　获取单品直播间排品信息

● 引导问题 1：按照单品直播间的排品思路，澳洲进口牛肉可以如何进行拆分并在直播间售卖？

_____
_____

● 引导问题 2：简述直播间的排品逻辑。

_____
_____

● 引导问题 3：请将序号填于横线处：爆款打造排品法的基本原理是 AF+X，其中 A 代表_____，F 为_____，X 代表_____。
　① 福利款/引流款　　　　② 未知延续性爆款　　　　③ 带来成交量的产品

● 引导问题 4：请简述单品直播间的排品结构占比，包含产品类型、所占比例。

_____
_____

学习活动 2　获取过款直播间排品信息

● 引导问题 5：请简述过款直播间的排品思路。

_____

_____

● 引导问题 6：下面为六段循环排品思路，请在对应方框中分别填写不同色块所代表产品的作用。

A	B	C	D	E	F
A	B	M	N	J	F
A	B	X	Y	Z	F

● 引导问题 7：过款直播间的产品类别通常会包含_____、_____、_____、_____。

● 引导问题 8：表 4-3 所示为针对账号进行的直播排品方法——三阶段法，请将表格填写完整。

表 4-3　账号排品框架搭建方法

直播阶段	时　间	商品品类占比
起号阶段		
拉升阶段		
稳定阶段		

制定计划

确定完成工作的途径、步骤和所需的工具材料，制定任务实施的计划。

● 引导问题 1：根据任务工单，思考产品线结构类型与产品组合策略分别有哪些。

_____

_____

引导问题2：不同类型的美妆品类直播间应该如何进行排品？请给出具体的排品思路与排品方法。

_____
_____
_____

做出决策

组内就实施计划进行深入探讨，确定实施重点和难点并提出解决方案。再根据表4-4所列的几方面进行评分，选定分值最高的计划作为最终的任务实施方案。

表4-4 方案评价表

评价内容	评价细则	评分（1～5分）
目标和需求	① 计划制定与工单目标需求一致； ② 产品结构划分正确； ③ 直播间排品符合直播间类型	
时间和资源	① 能够在工期要求内完成计划； ② 硬件设备、工具符合计划实施需求	
技术可行性	有足够的技术能力和专业知识来执行计划	
风险管理	对潜在的技术难题、时间延误等风险做了应对备案	
综合得分		

结论（组内最终决策）：
例：选择_____同学提出的方案，同时调整了_____处。

实施任务

根据制定的工作计划，按照下方步骤完成任务实施。如果无法独立完成，可以参考配套实训任务书及微课视频。

步骤 1 店铺产品线规划

学习活动 1 产品结构划分

🔵 引导问题 1：阅读任务工单，将本次直播的商品进行产品结构划分并填入表 4-5 中。

表 4-5 产品结构划分

产品名称	价格 / 美元	结构划分
双头卧蚕笔（眼线笔）	48	
双头唇釉（不易掉色）	28	
三支装多功能唇刷	5.9	
7 支眼影刷（化妆刷）	9.9	
【直播专享】补水喷雾（保湿修护抗老）500 mL	99	
流光四色眼影盘	69	
秋冬护肤防晒霜（平价美白乳霜清透）	69	

学习活动 2 产品组合规划

🔵 引导问题 2：针对补水喷雾销量、回购率双低，用户反馈可选规格少的问题，店铺运营人员小明可以采取什么产品组合策略？具体做法是什么？

_____

_____

步骤 2 直播排品策划

学习活动 1 单品直播间排品

🔵 引导问题 1：根据任务工单，思考需要运用单品直播间的哪一个排品组合思路，将单品直播间的排品思路填入表 4-6 中。

表 4-6 单品直播间排品思路

序　号	产　品	价　格
1		
2		
3		

● 引导问题2：根据单品直播间的排品思路，思考需要运用单品直播间的哪一个排品方法，结构占比分别是多少。

_____

_____

_____

学习活动2　过款直播间排品

● 引导问题3：根据任务工单，思考需要运用过款直播间的哪一个排品组合思路，列出过款直播间的排品思路，填入表4-7中。

表4-7　过款直播间排品思路

序　号	产　品	价　格
1		
2		
3		

● 引导问题4：根据过款直播间的排品思路，思考需要运用过款品直播间的哪一个排品方法，结构占比分别是多少。

_____

_____

_____

过程控制

根据以下任务检查清单，小组合作进行必要的最终任务检查，并根据任务实施过程和结果的实际情况，优化改进工作计划。

步骤1　工作质量控制

对产品结构划分进一步筛查，检测划分的合理性与正确性。对直播排品进行多维度评估，对于不合理的排品顺序，写出解决方案，确保替换的方案符合评估维度，填入表4-8中。

表 4-8　直播排品优化分析

直播排品是否符合直播间类型	是 □　　否 □
TikTok 直播排品评估维度	任务分析
产品结构划分是否正确	是否符合：是 □　　否 □
	解决方案：
排品顺序是否合理，是否影响直播间效益	是否符合：是 □　　否 □
	解决方案：

步骤 2　工作过程控制

请进行必要的任务完成情况的最终检查，并将结果填入表 4-9 中。

表 4-9　任务检查清单

序　号	检查事项	检查结果	
1	对直播商品进行合理的结构划分	符合 □	不符合 □
2	直播的产品线和产品组合划分正确	符合 □	不符合 □
3	正确理解单品直播间的排品技巧	符合 □	不符合 □
4	熟练使用爆款打造排品法	符合 □	不符合 □
5	单品直播间的排品占比划分使直播间效益增加	符合 □	不符合 □
6	过款直播间排品思路明确	符合 □	不符合 □
7	正确使用六段循环排品法	符合 □	不符合 □
8	过款直播间排品占比划分使粉丝下单率增加	符合 □	不符合 □

评价反馈

1. 各组派代表上台展示成果，并介绍任务的完成过程。
2. 其他组同学给你们提供了哪些意见或建议？请记录在下面。

_____

_____

3. 本任务的心得体会：

_____

_____

_____

4. 评价方式采用多元化评价，评价主体由学生、小组与教师构成，评价标准、分值及权重如下所示：

（1）学生进行自我评价，并将结果填入表4-10中。

表4-10 学生自评表

班级：_____　　组名：_____　　日期：____年___月___日

评价项目	评价标准	分　值	得　分
信息检索	能有效利用网络资源、配套资料查找有效信息	10	
知识掌握	能准确理解学习任务中讲述的知识内容	15	
技能训练	能按任务书要求，按计划完成工作任务	15	
感知工作	认同工作价值，在工作中能获得成就感	10	
团队素养	教师、同学之间相互尊重、理解，平等交流	10	
职业素养	能严格遵守相关工作守则和法律法规	10	
思维状态	能发现问题、分析问题并解决问题	10	
参与状态	能发表个人见解，倾听他人意见和看法	10	
创新意识	能在工作过程中做出创新点	10	
合　计		100	

（2）学生以小组为单位，对学习任务的实施过程与结果进行互评，将互评结果填入表4-11中。

表 4-11　小组互评表

班级：_____　　被评组名：_____　　日期：_____年___月___日

评价项目	评价标准	分　值	得　分
团队素养	该组小组成员间合作紧密，能互帮互助	15	
	该组的工作计划周密，组织有序	15	
	该组态度端正，有较强的吃苦耐劳精神	10	
工作情况	该组的工作效率突出	20	
	该组的工作成果完整且质量达标	30	
	该组严格遵守相关工作守则和法律法规	10	
合　计		100	

（3）教师对学生工作过程与工作结果进行评价，并将评价结果填入表 4-12 中。

表 4-12　教师评价表

班级：_____　　组名：_____　　姓名：_____

评价项目	评价标准	分　值	得　分
考　勤	无无故迟到、早退、旷课现象	10	
工作过程	能正确回答引导问题并填写答案	20	
	能制定详细的工作计划	10	
	能按任务书要求规范实施工作活动	20	
项目成果	能按时完成任务	10	
	项目实施过程中态度认真、细致、严谨	10	
	任务成果完整且质量达标	20	
合　计		100	
综合评价	自我评价（20%）	小组互评（30%）　教师评价（50%）	综合得分

信息页

学习任务 1　店铺产品线规划

在 TikTok 平台上进行直播销售前，要对直播商品进行规划，主要工作是对产品进行结构划分，再进行产品组合，以达到效益最大化。这种产品线规划可以增加观众的参与度，促使海外观众更有可能购买推荐的产品，从而提升直播销售的成功率。

本任务将从以下两方面展开讲解：

▶ 产品结构划分

▶ 产品组合规划

活动 1　产品结构划分

产品线结构是一种业务分类方法，通过将同类商品进行归类，建立合理的产品线结构，以更好地满足消费者多变的需求并提高直播间及店铺收益。规划产品线结构需要了解其结构划分和结构策略。

按照直播营销目的进行划分，产品线结构通常有引流款、利润款、活动款、形象款四种，在 TikTok Shop 运营中分别起着不同的作用，如表 4-13 所示。

表 4-13　产品线结构划分

结　构	作　用
引流款	吸引流量，提升单量
利润款	获取利润，定位客群
活动款	减少库存，冲刺销量
形象款	提高形象，定价较高

1. 引流款

引流款的主要目的是吸引客户进入 TikTok 店铺浏览或在直播间直接成交。引流款通常具有价格较低、产品种类丰富等特点,能够吸引大量流量。此外,因为引流款可以带动店铺其他产品的销售,尤其是利润款,因此有助于店铺的盈利和老客户的沉淀。

2. 利润款

利润款的主要目的是为 TikTok 店铺带来稳定的利润收入。利润款的价格较高,但利润空间相对较大,因此在产品品质方面要有保障,以满足用户对高品质产品的需求。店铺需要准确地定位利润款的目标客群,并采取不同的运营策略来促进其销售。

3. 活动款

活动款指配合 TikTok 直播间进行促销活动的商品。其主要目的在于减少库存、冲刺销量,提高店铺销量的同时让顾客享受到优惠,吸引客户下单。

4. 形象款

形象款的主要目的是提升品牌形象和影响力。形象款的特点是设计感强、品质优良,价格较高,能够体现直播间及店铺的品牌形象和价值观,增强用户对品牌的认知和信任。

活动 2 产品组合规划

前文所述产品线是指同类产品的系列,而产品组合则通常由多条产品线组成,是一家 TikTok 店铺所经营的所有产品线和产品项目的组合,如图 4-1 所示。

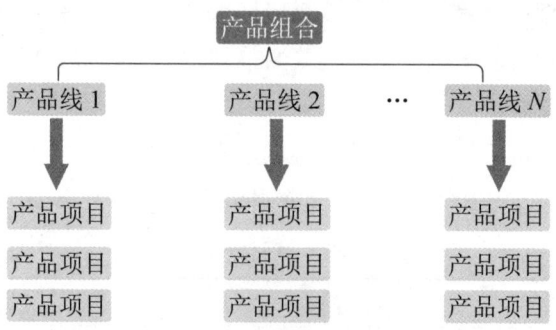

图 4-1 产品线与产品组合的关系

例: 一家售卖手机配件的 TikTok 店铺,他家的产品线包括手机壳、充电器、数据线等等。在手机壳这个产品线中,又有不同品牌的手机壳,如 iPhone 手机壳、华为手机壳、小米手机壳等,还有不同材质的手机壳,如 TPU 手机壳、硅胶手机壳等。这些不同品牌和材质的手机壳组合就是这家店铺的手机壳产品组合。同理,这家店铺所销售的其他产品线，如充电器、数据线等，同样也拥有各自的产品组合。所有的产品组合加起来就是这家店铺的整体产品组合。

一、产品组合元素

产品组合元素包括产品组合的宽度、长度以及深度，如图 4-2 所示。

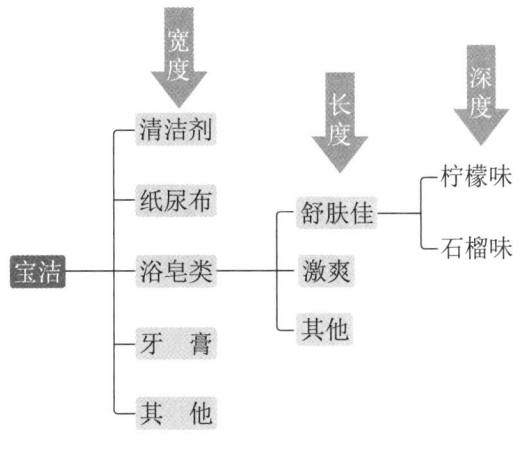

图 4-2 产品组合元素

1. 产品线宽度

通常一家 TikTok 店铺不会只有一条产品线，多条产品线组成了产品组合，产品线的数量即为产品线宽度。

例： 某 TikTok 店铺共有洗发水、护发素、沐浴露 3 个产品大类，则说明该店铺的产品线有 3 条，宽度为 3；或如表 4-14 所示的某 TikTok 店铺产品线，产品线宽度为 4。

表 4-14 某 TikTok 店铺产品线

上　衣	下　装	鞋　类	帽　子
男短袖 女短袖 男衬衣 女衬衣 男毛衣 女毛衣	男长裤 女长裤 男短裤 女短裤 女短裙	男皮鞋 女皮鞋 运动鞋	鸭舌帽 贝雷帽 礼帽

2. 产品线长度

每条产品线内的产品品目数称为该产品线的长度。如果一个公司具有多条产品线，将所有产品线的长度加起来即为产品线总长度，除以宽度则可以得到公司平均产品线长度。

> **例：** 如表 4-14 所示的产品线，产品线长度为所有产品品目的总和，为 6+5+3+3=17，平均产品线长度为 17÷4 = 4.25。

3. 产品线深度

产品线深度指的是产品线中每个产品的版本数量，比如某款毛衣具有多种尺码和颜色，这就构成了该毛衣的深度。

> **例：** 某款毛衣有 4 个尺码、2 种颜色，那么该款毛衣的深度为 4×2=8。

二、产品组合策略

产品组合策略是指根据对 TikTok 店铺的产品线分析，结合市场的变化，来调整现有的产品组合结构。下面介绍几种常见的产品组合策略。

1. 组合扩展策略

组合拓展策略实际上是对产品组合深度的拓展，包括增加产品线，拓展产品经营范围，以及在原有的产品线内加入新的产品项目。

产品组合拓展策略的优点如下：

（1）帮助店铺扩大市场份额，提高销售额，增加利润。

（2）利用店铺信誉和商标知名度，完善产品系列，扩大经营规模。

（3）充分利用资源和剩余生产能力，提高经济效益。

（4）减小市场需求变动的影响，分散市场风险，减少损失。

产品组合扩展有并购和自主研发两个方向，具体拓展方式如表 4-15 所示。

表 4-15　产品组合拓展策略具体拓展方式

方式	案例
增加与原产品类似的产品	全球最大钟表商精工除大力发展钟表业之外，还发展了精密机械业务
增加与原产品不相关的产品	丰田公司以汽车产业闻名，除此之外还经营房地产业务
增加不同品质和不同价格的同种产品	力士拥有具排浊除菌功能的香皂后，还开发了香氛精油香皂
在维持原产品品质和价格的前提下，增加同一产品的规格、型号和款式	多芬品牌樱花甜香款沐浴露在推出 1 kg 大规格后，又推出了 200 g 的小规格

2. 组合缩减策略

组合缩减策略是指从产品组合中取消那些获利少的产品种类或品种，集中资源经营获利多的产品，力求从较少的产品中获得更多的利润。在市场不景气或能源供给紧张时，采用组合缩减策略反而能使店铺总利润增加。

组合缩减策略的优点如下：

（1）改进保留产品的品质，提高产品商标的知名度。

（2）店铺经营专业化，提高效率，降低成本。

（3）有利于店铺向市场的纵深发展，寻求合适的目标市场。

（4）减少资金占用，加速资金周转。

组合缩减策略的具体缩减方式如表4-16所示。

表4-16　组合缩减策略具体缩减方式

方　式	案　例
减少产品线数量，降低生产成本，实现专业化生产经营	康师傅"食面八方"系列推出后从备受追捧到热度逐渐消失，最终选择减少产量，仅在少部分地区销售
保留原产品线，削减产品项目，停止生产某类产品	康师傅推出"爱鲜大餐"系列，但由于生产成本高、售价高导致消费者反应平平，最终选择停产

3. 高档产品策略

高档产品策略是指在店铺的产品线中增加高档产品项目，用来提高企业现有产品的声望以及店铺整体的档次。

高档产品策略的优点如下：

（1）高档产品容易为企业带来丰厚的利润。

（2）可以提高店铺现有产品声望，提高产品的市场地位。

（3）增加原有廉价产品的销量，且逐步使消费者享用高档产品。

店铺可以在未使用高档产品策略之前着力推销廉价产品，这类商品主要起引流作用，过了一段时间流量稳定后就取消廉价产品，推销高档产品。这是一种市场转移手段，使店铺产品重点逐步从低收入市场转移到新的中等收入市场。

4. 低档产品策略

与高档产品策略相反，低档产品策略是指在原本的产品线中增加低档低价格的产品项目，吸引更多消费者购买。

低档产品策略的优点如下：

（1）补充店铺中的产品项目空白，形成产品系列。

（2）增加店铺销售总额，提高市场占有率。

该策略实施的前提是店铺原本的产品线定位较高端，因此在实施低档产品策略时，可以借原本产品线中高档产品的声誉，吸引消费水平较低的顾客慕名购买该产品线中的低档廉价产品。

学习任务 2　直播排品策划

直播排品策划在跨境直播中扮演着极其重要的角色，好的排品策划可以提升直播间权重，沉淀精准粉丝。

本任务将从以下两方面展开讲解：

➤ 单品直播间排品

➤ 过款直播间排品

活动 1　单品直播间排品

单品直播间是指只播一个产品或单一品类的直播间，单品直播间的优点在于可以深入展示和推销单一产品或品类，使观众更全面地了解和体验该产品，提供更具针对性的信息和服务。

1. 排品组合技巧

单品直播间的排品组合思路主要分为两种：第一种是可拆分的单品，第二种是不可拆分的单品。

（1）可拆分的单品

如果直播间销售的单品是可拆分的情况，则可通过拆分商品，创建高性价比SKU，降低用户购买门槛。

> **例：** 1号链接为9.9元的澳洲进口牛肉尝鲜价，2号链接为49.9元澳洲进口牛肉1斤装，3号链接为129元澳洲进口牛肉3斤装，如图4-3所示。

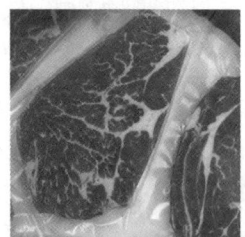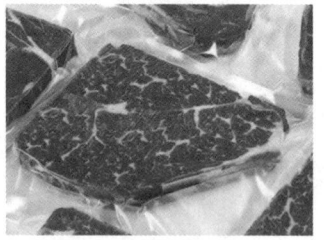

图4-3　可拆分的单品

（2）不可拆分的单品

如果直播间销售的单品是不可拆分的情况，则可围绕该商品上下游产品，寻找延伸品组合销售。

> **例：** 1号链接为空气炸锅，2号链则售卖鸡排、鸡腿、蛋挞等可以与空气炸锅配合使用的食物，3号链接为餐盘吸油纸，如图4-4所示。

图 4-4　不可拆分的单品

直播间排品逻辑

（1）品类一致：应当保证商品的品类具有一致性，并且在直播间爆款的后面排上它相关的衍生产品。

（2）价格衔接：品和品之间做到价格的逐渐递进。

（3）避免同质：避免相同的产品批量铺货，同一个链接放 2～3 个商品，增加消费者的决策链路，简化链接。

2. 排品方法

（1）爆款打造排品法

爆款打造排品法的基本原理是"AF+X"，主要运用于直播间刚启动、精准打造单一商品爆款场景下。其中，A 为可以给店铺带来成交量的产品，F 为福利款或引流款等可以给直播间带来用户留存的产品，X 则表示未知延续性爆款在直播中不主讲的产品，将 AF 进行快速循环播放可以有效促进该商品成为爆款。

例：　TikTok 某女装直播间中主要销售一款连衣裙、一款搭配外套以及一些其他服装产品，如图 4-5 所示。运用爆款打造排品法，其排品思路如图 4-6 所示。

图 4-5　直播产品

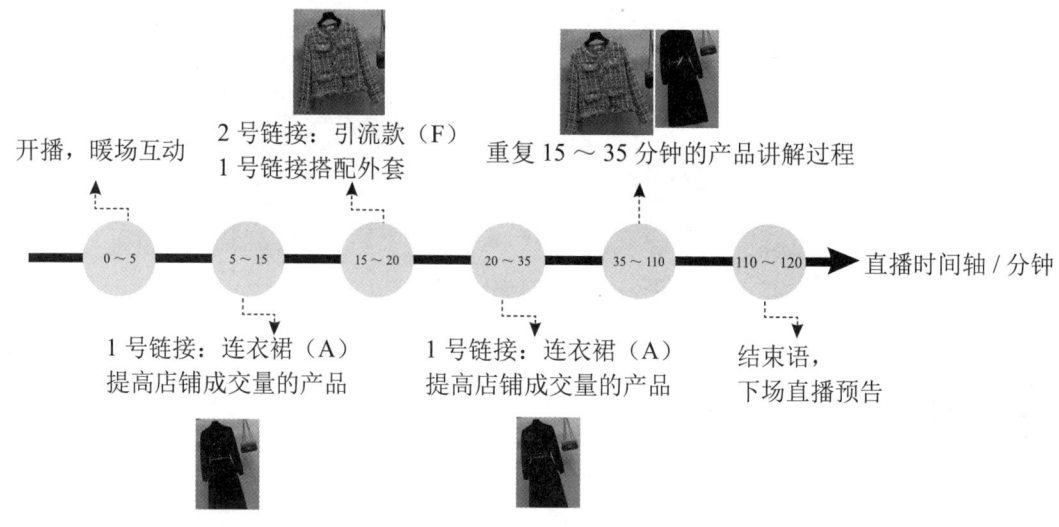

图 4-6 爆款打造法排品示例

（2）"流畅"循环排品法

"流畅"循环排品法的基本原理是"A+B"，即引流品+畅销款组合且不断循环的模式，主要适用于新手商家。

例： TikTok 某美妆直播间中主推一款眼影盘产品，搭配一款眼部卸妆巾产品进行引流，如图 4-7 所示。运用"流畅"循环排品法，假定直播时长为 120 分钟，每一个循环为引流款 3 分钟+畅销款 7 分钟，则整个直播需要循环 12 次对这两款产品的讲解，其排品思路如图 4-8 所示。

图 4-7 直播产品

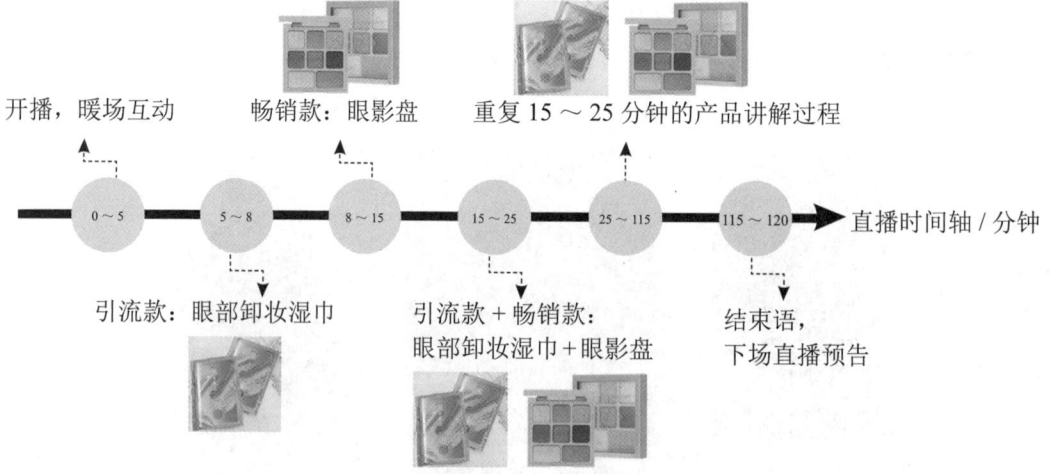

图 4-8 "流畅"循环排品法示例

3. 排品结构占比

单品直播间每个类别的产品所占的比例有所不同，例如服装产品直播间的排品结构占比通常以"引流款 + 利润款 + 主推款"为主，比例为40%∶30%∶30%。如表4-17所示。

表4-17 单品直播间排品结构占比

产品类型	目 的	比 例
引流款	低价商品，吸引流量	40%
利润款	拉高店铺利润	30%
主推款	品牌主推、当季必备，维持店铺运营	30%

例： 一场直播1小时，单品直播间主要介绍利润款与主推款。按照上述比例，得出如表4-18所示结果。

表4-18 产品统计

产品类型	引流款	利润款	主推款	合计
产品数量	2	1	1	4

活动2 过款直播间排品

过款直播间是指多个品类或款式轮流过款的直播间。过款直播间的优点在于提供了更多选择和购物机会，观众可以在一个直播间内看到多种不同的产品或款式，并进行比较和选择。过款直播间排品能够优化观众的购物体验，提升销售效果。

1. 排品组合技巧

过款直播间的排品组合思路主要有以下两种：

（1）根据产品用途搭配组合

根据产品的用途、款式等因素，选择最合适的搭配方案，进行直播组品，达成连带销售的目标。

例： 1号链接为19.9元的不烫手盖碗，2号链接为99元半斤的铁观音，3号链接为129元一套的茶器组合，如图4-9所示。

图4-9 产品用途搭配组合

（2）根据产品属性搭配组合

根据产品的功能、功效等因素，选择最合适的搭配方案，进行直播组品，达成连带销售的目标。

例： 1号链接为9.9元3片装的保湿面膜，2号链接为保湿乳液，3号链接为保湿面霜，如图4-10所示。

图4-10　产品属性搭配组合

2. 排品方法

（1）三品组合法

三品组合法的基本原理是将三款产品进行组合销售，需要在直播时将这三款产品来回切换，其中常规款起到过渡和缓冲的作用，常规款的位置安排需要主播结合直播间情况，通常放在利润款前后，给买家一定的心理准备，避免买家因利润款价格高且性价比低而退出直播间。

例： TikTok某咖啡机品牌直播间可以将一台咖啡机、一包咖啡豆和一套咖啡杯组合在一起销售（如图4-11所示），其排品思路如图4-12所示。

图4-11　直播产品

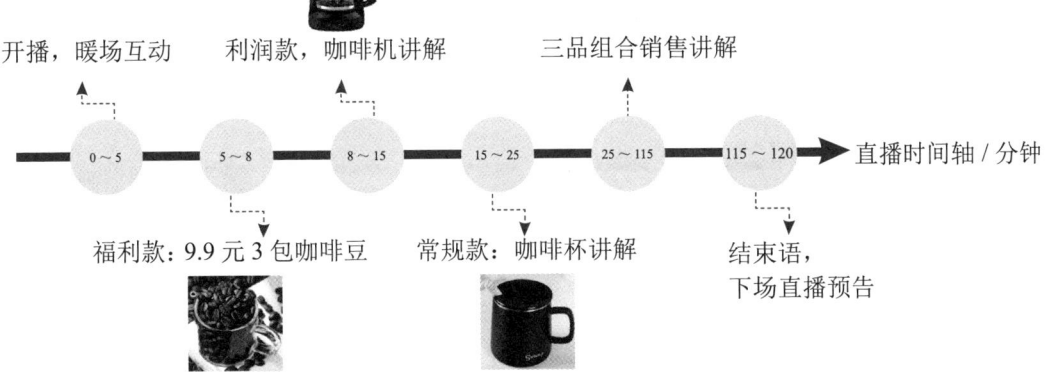

图 4-12 三品组合法排品示例

（2）六段循环排品法

六段循环排品法的基本原理是"AB + CDE/MNJ/XYZ + F"，如图 4-13 所示。

A	B	C	D	E	F
A	B	M	N	J	F
A	B	X	Y	Z	F
开播宠粉		组合利润			促单

图 4-13 六段循环法排品思路

A 为宠粉款或引流款，起留人作用；B 为独家品牌产品，吸引客户留存直播间；CDE/MNJ/XYZ 为直播间组合产品；F 为福利款，起提高直播间人气作用。

例： 表 4-19 为 TikTok 某美妆品牌直播间大促活动排品示例。六段循环排品示例如图 4-14 所示。

表 4-19 TikTok 美妆直播间大促活动排品示例

阶 段	产 品	产 品 政 策
宠粉 A 款	防晒霜	19.9 元，秒杀价
B 款	温泉水喷雾	159.9 元，拍 1 发 8
C 款	敏感肌乳液	258 元，赠 3 mL 旅行装 ×5
D 款	洁面泡沫	70 元，2 支
E 款	玻尿酸 B5 精华乳	300 元，赠 3 mL 旅行装 ×3
F 款	修复面膜	135 元，一盒共 5 片，粉丝加送一盒

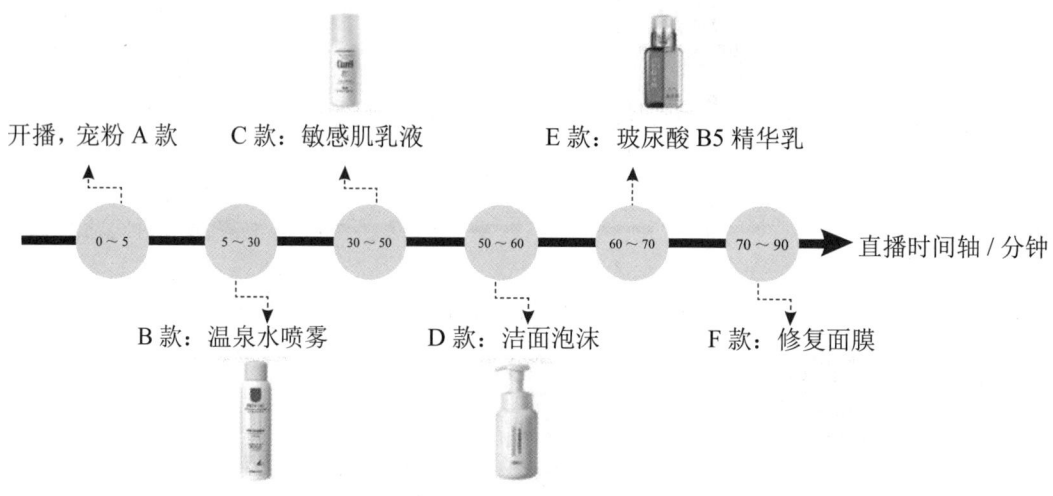

图 4-14 六段循环排品示例

3. 排品结构占比

过款直播间的产品类别通常会包含爆款、引流款、福利款、利润款和常规款，每个类别产品所占的比例不同，需根据不同的直播内容进行判断。

例： 洗护美妆直播间各类别产品的占比如图 4-15 所示。

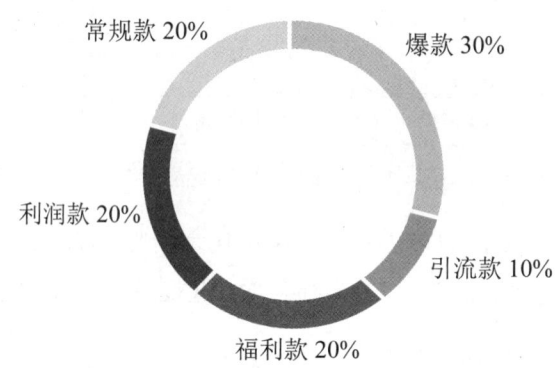

图 4-15 各类别产品占比

例： 一场直播 2 小时，需准备 20 款产品左右。按照常规款 30%、爆款 20%、利润款 20%、福利款 20% 和引流款 10% 的比例，得出如表 4-20 所示结果：

表 4-20 产品统计

产品类型	常规款	爆款	利润款	福利款	引流款	合 计
产品数量	6	4	4	4	2	20

 小贴士

三阶段法

针对账号进行的直播排品可以采用三阶段法：

（1）起号阶段：7~15天，福利款占比80%，该阶段不追求销售额或利润率，以增加直播间人气、互动量、停留量、关注量为主；

（2）拉升阶段：1~3个月，爆品主推款占比70%，该阶段需同时关注人气、互动量、停留量、关注量，及转化率、销售额；

（3）稳定阶段：3~6个月，各分层产品数据均衡，该阶段重点关注直播间整体数据与产品供应链、售前售后服务。

 延伸拓展

扫码阅读以下学习资源，拓展自己的知识和视野：

文章1：TikTok活动内容创意案例

文章2："黑五"大促备战指南

文章1　　　　文章2

 思政园地

TikTok Shop 反假冒和山寨商品政策

思政元素：诚实守信、版权意识。

TikTok Shop 对假冒或山寨商品采取零容忍的态度。在 TikTok Shop 平台出售的商品必须为正品，并且不得因与第三方的知识产权相似而产生混淆。政策规定如下：

（1）假冒行为：通常指非法制造、分销和/或销售品牌商品的复制品，包括未经授权在注册商品上或商品的包装或营销材料上，使用与其他注册商标相同或非常相似的商标。TikTok Shop 严禁发布、宣传和销售假冒商品。其中包括未经品牌所有者授权，在

商品身上、商品图片或描述中（包括直播或短视频）展示品牌名称、徽标或商标。

（2）山寨品：又称为"翻版"或"仿冒品"，是指外观类似品牌正品，但并非与其完全相同的商品。这些商品通常缺乏与所模仿的品牌完全一致的商标或标志，并且其质量或定价往往低于所模仿的原始商品。山寨商品也可具有与其模仿的原始商品相似的商标、徽标、颜色组合、包装、商品设计和／或"式样"（如适用）。山寨商品可能以不公平／不诚实的方式模仿或侵犯品牌正品所有者的合法权利，有时还可能违反当地法律。在这类情况下，TikTok Shop 严禁卖家发布、宣传和销售山寨商品，包括在直播或短视频中展示此类商品。

（资料来源：TikTok Shop 反假冒和山寨商品政策 [EB/OL].（2023-11-16）[2024-12-18]. https://www.2zixun.com/a/280169.html）

思考与讨论

1. 以上案例给你带来了什么启示？
2. 在选择上架商品时，商家应当如何避免产品侵权问题？

Module 5

模块五　跨境供应链管理

学生工作页

任务描述

【任务情景】

经过一段时间的摸索和实践,小万在市场、产品、渠道和推广上都取得了不错的成绩,订单数量稳定且保持向上趋势。但是在此期间,总会遇到货物储藏不到位、订单交付、配送不及时等问题,这都反映出供应链管理上出现了纰漏。供应链管理涉及上下游产业的协作,尤其是对于小万这名刚毕业的大学生来说,是非常复杂的工作。

但小万并没有因此迟疑,而是去请教了老李。老李从业多年,对供应链上下游十分清楚。对于小万面临的困境,老李说,货物供应链管理难点就在于采购、仓储和物流三大环节,这些环节都要建立标准流程,要学会科学管理……

【任务要求】

根据任务的情景描述,通过与班组长沟通,以独立或小组合作的方式,制定工作计划,在规定工期内,按照技术规范完成跨境供应链管理。

【任务资料】

完成上述任务时,可以使用所有的教学资料,如工作页、信息页、实训任务书、个人笔记以及网络资料等。

模块五 跨境供应链管理·学生工作页

学习目标

序号	学习环节	学时	学习目标
1	获取跨境供应链管理信息	4	能概述产品质量把控的要点
			能解释供应商质量审查的方法
			能说明库存分析及跟踪的方法
			能概述库存风险管理的要点
2	制定跨境供应链管理计划	1	能准确分析跨境供应链管理的要点
			能根据审查流程，制定合理的审查计划
3	做出跨境供应链管理方案决策		能讨论已制定的工作计划并做出决策
			能提升处理和分析问题的能力
4	实施跨境供应链管理任务	6	能完成采购记录表的填写
			能完成库存数据图表的制作与分析
			能完成物流数据图表的制作与分析
5	跨境供应链管理过程控制		能判断图表质量并优化
			能评估分析结果并优化
6	评价反馈	1	能按分组情况，派代表展示工作成果，正确规范地撰写工作总结
			能够辩证地看待问题，从多角度思考并做出独立的判断，养成独立思考的习惯

学习路径

序号	学习环节	学习步骤	学习活动
1	获取跨境供应链管理信息	跨境直播品控管理	产品质量把控
			供应商审查
2		跨境直播库存管理	库存分析及跟踪
			库存风险管理
3	制定跨境供应链管理计划	制定计划	制定品控管理及库存管理的计划
4	做出跨境供应链管理方案决策	做出决策	小组讨论计划可行性，确定最优方案
5	实施跨境供应链管理任务	跨境直播品控管理	产品质量把控
			供应商审查
6		跨境直播库存管理	库存分析及跟踪
			库存风险管理

续表

序号	学习环节	学习步骤	学习活动
7	跨境供应链管理过程控制	工作质量控制	图表质量检查及优化
8		工作过程控制	任务清单检查
9	评价反馈	评价与反馈	展示任务成果
			记录意见建议
			书写心得体会
			考核计分

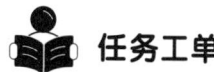 任务工单

任务名称	跨境供应链管理		
任务负责人		任务接收时间	
任务下达者	运营主管	要求完成时间	1 天内

工作任务说明：
根据进货单，审查即将入库的一批新产品，完成进货的品控管理，并根据现有的库存数据，分析当前的库存水平。

情况记录：

任务等级	□重要且紧急	□重要但不紧急	□紧急但不重要	□不重要且不紧急
完成时间	□提前完成	□按时完成	□延期完成	□未能完成
完成质量	□优秀	□良好	□一般	□差

任务分组

将学生按每组 4～6 人分组，明确每组的工作任务。

班 级		组 号		指导老师	
组 长		学 号			

续表

组员	姓　名	学　号	姓　名	学　号
任务分工					

例如：_____同学，主要负责_____工作。

获取信息

根据引导问题，从信息页的相关学习任务中获取对应的信息，回答引导问题并在空白处填写答案。

步骤1　跨境直播品控管理

学习活动1　产品质量把控

● 引导问题1：请简述品质审查的范围重点。

_____

_____

● 引导问题2：通过审查样品，可以确保供应商提供的产品符合_____。这有助于避免采购到_____，减少后期的_____和_____。

● 引导问题3：请简述需要审查样品的情况有哪些。

_____

_____

● 引导问题4：请简述常见的抽样方法有哪些。

_____

● 引导问题 5：通过审核产品信息，可以了解_____、_____、_____等方面的真实情况，避免_____和_____，对消费者的权益进行保护，从而提高直播间的信誉度。

● 引导问题 6：请简述产品信息审核的审查角度有哪些。

_____

● 引导问题 7：请简述产品信息审核的审查方法有哪些。

_____

学习活动 2　供应商审查

● 引导问题 8：请简述选择供应商的常见方法有哪些。

_____

_____

● 引导问题 9：供应商选择是为了找出符合采购方在质量、成本、供应、服务等方面要求的优质供应商，请根据供应商的选择流程完成图 5-1 内容的填充。

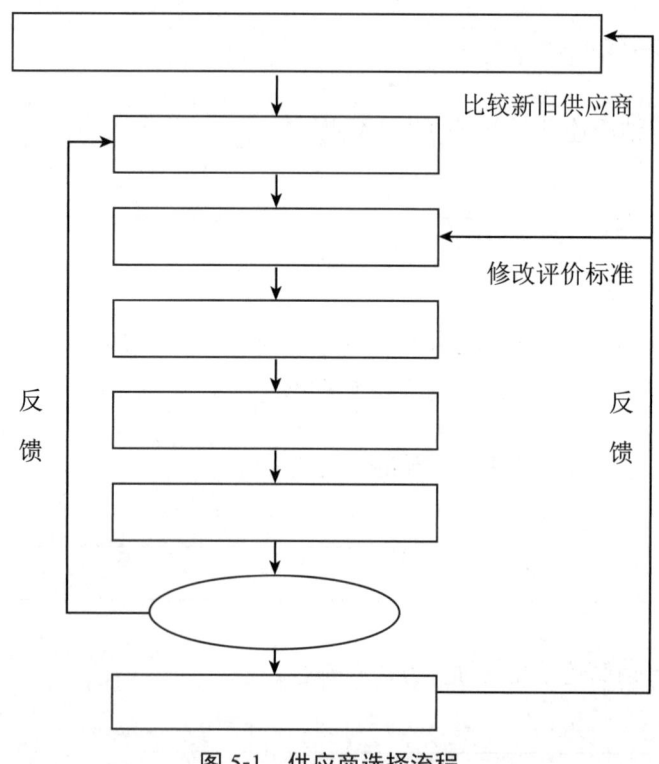

图 5-1　供应商选择流程

引导问题 10：请根据供应商的分类，完成图 5-2 内容的填充。

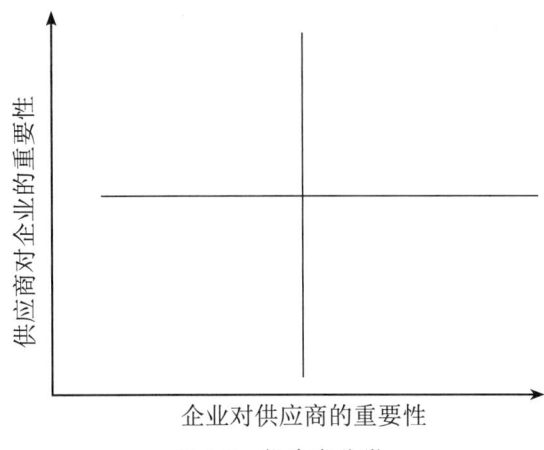

图 5-2　供应商分类

引导问题 11：请简述供应商维护的常用方法有哪些。

_____

_____

引导问题 12：请简述如何加强供应商质量管理。

_____

_____

步骤 2　跨境直播库存管理

学习活动 1　库存分析及跟踪

引导问题 1：通过库存分析及跟踪，企业可以更好地了解供应链的运作情况，找到潜在的_____和_____，优化供应链管理，提高供应链的效率和响应速度。

引导问题 2：在货物销售过程中，货物的库存数量要_____，既要保证货物满足日常销售所需，又不能有_____，产生较多的_____。

引导问题 3：请简述什么是库存占比分析。

● 引导问题 4：在库时间是反映库存货物是否老化、_____的重要指标。库存老化，就会导致企业货物资金_____，_____低，_____低，对于"大龄"库存应该加大清理力度，防止库存呆滞造成损失。

● 引导问题 5：存销比是指在一个周期内，_____与_____销量的比值，用来反映商品的_____状况的相对数，也称之为库销比。

● 引导问题 6：请简述库存过程的主要环节有哪些。

_____
_____

● 引导问题 7：请在下面方框中绘制 ABC 库存分类法。

学习活动 2　库存风险管理

● 引导问题 8：请简述什么是库存周转率，如何进行计算。

_____
_____

● 引导问题 9：库存动销率的高低，直接影响到_____。一般来说，动销率越高，周转率越快；动销率越_____，库存周转越_____。

● 引导问题 10：企业为了更好地进行库存管理，会将库存结构划分为三类，请在下方画出库存结构划分。

制定计划

确定完成工作的途径、步骤和所需的工具材料,制定任务实施的计划。

● 引导问题1:根据任务工单的要求,分析直播品控管理的角度有哪些?

_____

_____

● 引导问题2:结合任务工单的要求,制定库存管理的内容与步骤,填入表5-1中。

表5-1 任务工单

步　骤	要　点
1	
2	
3	
4	
5	

做出决策

组内就实施计划进行深入探讨,确定实施重点和难点并提出解决方案。再根据表5-2所列的几方面进行评分,选定分值最高的计划作为最终的任务实施方案。

表5-2 方案评价表

评价内容	评价细则	评分(1~5分)
目标和需求	① 计划制定与工单目标需求一致; ② 数据分析结果能达到任务要求的标准	
时间和资源	① 能够在工期要求内完成计划; ② 图表质量符合计划实施需求	
技术可行性	有足够的技术能力和专业知识来执行计划	
风险管理	对潜在的技术难题、时间延误等风险做了应对备案	
综合得分		
结论(组内最终决策): 例:选择_____同学提出的方案,同时调整了_____处。		

实施任务

根据制定的工作计划，按照下方步骤完成任务实施。如果无法独立完成，可以参考配套实训任务书及微课视频。

步骤1 跨境直播品控管理

学习活动1 产品质量把控

● 引导问题1：根据采购需求，确定采购商品的规格、数量、质量要求等，如表5-3所示。

表5-3 产品质量把控

品 类	护肤品
产 品	洗面奶、面膜、爽肤水、防晒霜、润唇膏、精华液
数 量	各500件
质量要求	符合国家标准，无瑕疵或损坏，非临期品，保质期大于70%
交付时间	15天内交付，交付截止日期2024-06-01

根据如表5-4所示的盘点记录，填写采购入库记录表与采购异常记录表。

表5-4 采购入库与异常登记表

商品编号	商品名称	规 格	单 位	生产日期	保质期	数 量
001	洗面奶	150 mL	瓶	2024-01-01	9个月	500
002	面膜	25 g	盒	2024-05-01	9个月	450
003	爽肤水	200 mL	瓶	2023-12-01	12个月	350
004	防晒霜	50 mL	瓶	2024-03-01	12个月	450
005	润唇膏	10 g	支	2023-12-01	24个月	400
006	精华液	30 mL	瓶	2024-03-01	24个月	500
采购入库记录表						
商品编号	商品名称	规 格	单 位	生产日期	保质期	数 量	备 注

续表

采购异常记录表		
商品编号	商品名称	异常原因

学习活动 2　供应商审查

● 引导问题 2：根据表 5-5 中的市场调研结果，撰写供应商评估报告（填入表 5-6），筛选潜在供应商。

表 5-5　市场调研结果

公司 A	特点：专注于高品质护肤品的供应商
	优势：与多个知名护肤品品牌合作，提供广泛的护肤产品选项。具备丰富的产品知识和行业经验，能够提供专业的市场推广支持和产品培训
	产品范围：面部护肤品、身体护理产品、美容工具、面膜等
公司 B	特点：专注于有机天然护肤品的供应商
	优势：致力于提供纯天然、无化学添加的有机护肤品，符合健康和环保意识的消费者需求。拥有认证和资质，能够提供可追溯的原料和可持续的生产过程
	产品范围：有机面霜、天然洁面产品、有机身体乳液、精油等
公司 C	特点：专注于抗衰老护肤品的供应商
	优势：专注于研发和提供抗衰老护肤解决方案，包括抗皱、紧致、提亮肤色等产品。具备先进的科研技术和配方，能够提供高效的护肤方案和创新产品
	产品范围：抗衰老面霜、抗皱精华液、紧致面膜、护肤仪器等

表 5-6　供应商评估报告

选择合作的供应商	
选择理由	

步骤 2　跨境直播库存管理

学习活动 1　库存分析及跟踪

● 引导问题 1：下半年产品的库存水平情况如表 5-7 所示。

表 5-7　本年度产品库存数据　　　　　　　　　　单位：件

入库时间	期初数量	入库数量	出库数量	结存数量	库存标准量
7月10日	500	2 800	3 200	100	350
8月10日	400	2 600	2 700	300	400
9月10日	300	2 300	2 400	200	350
10月10日	400	1 900	2 100	200	350
11月10日	300	1 900	2 150	50	200
12月10日	250	2 100	2 250	100	500

根据库存数据，在表 5-8 中制作相应的数据图，并分析库存水平。

表 5-8　库存分析

库存分析图表

学习活动 2　库存风险管理

● 引导问题 2：下半年产品的库存情况如表 5-9 所示。

表 5-9　本年度产品库存数据

入库时间	入库数量	出库数量	呆滞数量	结存数量	销售成本/美元	平均库存/件
7月10日	2 800	3 200	0	400	2 400	300
8月10日	2 600	2 700	0	100	2 600	350
9月10日	2 300	2 400	0	100	2 400	500
10月10日	1 900	2 100	50	200	3 200	250
11月10日	1 900	2 150	200	250	3 200	200
12月10日	1 900	2 250	300	350	3 000	500

计算并分析库存周转率,将结果记录到表 5-10 中。

表 5-10 市场调研结果

库存周转率分析

计算并分析库存动销率,将结果记录到表 5-11 中。

表 5-11 库存动销率

库存动销率分析

计算并分析库存呆滞率,将结果记录到表 5-12 中。

表 5-12 库存呆滞率

库存呆滞率分析

过程控制

根据以下任务检查清单,小组合作进行必要的最终任务检查,并根据任务实施过程和结果的实际情况,优化改进工作计划。

步骤1 工作质量控制

观察数据计算是否准确,图表质量是否合格,若发现存在缺陷,请分析原因并提出解决方案,填写在表 5-13 中。最终对问题进行解决,直到图表质量达到标准。

表 5-13　工作内容检查优化表

产品质量把控	
检查事项	检查结果
采购入库记录表是否完整	符合 □　　不符合 □
采购异常记录表是否合理	符合 □　　不符合 □
供应商审查	
检查事项	检查结果
供应商选择是否合理	符合 □　　不符合 □
供应商评估是否详细	符合 □　　不符合 □
库存分析	
检查事项	检查结果
库存分析图表是否合理	符合 □　　不符合 □
库存周转率计算是否正确	符合 □　　不符合 □
库存周转率分析是否合理	符合 □　　不符合 □
库存动销率计算是否正确	符合 □　　不符合 □
库存动销率分析是否合理	符合 □　　不符合 □
库存呆滞率计算是否正确	符合 □　　不符合 □
库存呆滞率分析是否合理	符合 □　　不符合 □

步骤 2　工作过程控制

请进行必要的任务完成情况的最终检查，将结果填入表 5-14 中。

表 5-14　任务检查清单

序号	检查事项	检查结果
1	数据计算公式准确，计算过程完整记录	符合 □　　不符合 □
2	图表类型选择合理，内容清晰准确	符合 □　　不符合 □
3	分析结论条理清晰，结论与计算结果一致	符合 □　　不符合 □

评价反馈

1. 各组派代表上台展示成果,并介绍任务的完成过程。
2. 其他组同学给你们提供了哪些意见或建议?请记录在下面。

_____
_____
_____

3. 本任务的心得体会:

_____
_____
_____

4. 评价方式采用多元化评价,评价主体由学生、小组与教师构成,评价标准、分值及权重如下所示:

(1) 学生进行自我评价,并将结果填入表 5-15 中。

表 5-15 学生自评表

班级:_____ 组名:_____ 日期:_____年___月___日

评价项目	评价标准	分值	得分
信息检索	能有效利用网络资源、配套资料查找有效信息	10	
知识掌握	能准确理解学习任务中讲述的知识内容	15	
技能训练	能按任务书要求,按计划完成工作任务	15	
感知工作	认同工作价值,在工作中能获得成就感	10	
团队素养	教师、同学之间相互尊重、理解,平等交流	10	
职业素养	能严格遵守相关工作守则和法律法规	10	
思维状态	能发现问题、分析问题并解决问题	10	
参与状态	能发表个人见解,倾听他人意见和看法	10	
创新意识	能在工作过程中做出创新点	10	
合 计		100	

(2) 学生以小组为单位,对学习任务的实施过程与结果进行互评,将互评结果填入表 5-16 中。

表5-16 小组互评表

班级：_____   被评组名：_____   日期：_____年____月____日

评价项目	评价标准	分 值	得 分
团队素养	该组小组成员间合作紧密，能互帮互助	15	
	该组的工作计划周密，组织有序	15	
	该组态度端正，有较强的吃苦耐劳精神	10	
工作情况	该组的工作效率突出	20	
	该组的工作成果完整且质量达标	30	
	该组严格遵守相关工作守则和法律法规	10	
合 计		100	

（3）教师对学生工作过程与工作结果进行评价，并将评价结果填入表5-17中。

表5-17 教师评价表

班级：_____   组名：_____   姓名：_____

评价项目	评价标准	分 值	得 分
考 勤	无无故迟到、早退、旷课现象	10	
工作过程	能正确回答引导问题并填写答案	20	
	能制定详细的工作计划	10	
	能按任务书要求规范实施工作活动	20	
项目成果	能按时完成任务	10	
	项目实施过程中态度认真、细致、严谨	10	
	任务成果完整且质量达标	20	
合 计		100	
综合评价	自我评价（20%）	小组互评（30%）	教师评价（50%）	综合得分

学习任务 1　跨境直播品控管理

跨境直播品控管理是指在跨境电商平台上进行直播销售时，对产品和服务质量进行有效监控和管理的一系列措施，有助于提升消费者对品牌的信任度，促进销售业绩的稳健增长。

本任务将从以下两方面展开讲解：
➤ 产品质量把控
➤ 供应商审查

活动 1　产品质量把控

在跨境直播品控管理中，产品质量把控是指对产品的质量进行监控和管理，以确保产品符合标准和客户的要求。在跨境直播品控管理中，产品质量把控是非常重要的一个环节，它可以帮助企业提高产品质量，降低产品质量风险，提高客户满意度，增强企业的竞争力。在产品质量把控环节，企业可以着重考虑以下两方面：

一、产品品质管理

产品品质管理的关键在于确保直播中所售卖的商品符合质量标准。这需要对商品进行多方面的严格审查，以确保它们符合相关的行业标准和法规。

1. 审查范围

不同的产品可能会有不同的审查重点，需要根据具体情况进行调整。品质审查的范围主要有以下几点：

（1）外观检查：检查产品的外观是否符合预期，包括表面质量、颜色、形状等方面；

（2）尺寸和规格检查：检查产品的尺寸和规格是否符合要求，将实际测量值与标准值进行比较；

（3）功能性测试：针对产品的功能进行测试，确保其能够正常工作，并满足预期的性能指标；

（4）材料检查：检查产品所使用的材料是否符合规范和标准，包括原材料的质量和成分；

（5）包装检查：检查产品的包装是否完好无损，以及是否符合运输和储存的要求；

（6）可靠性测试：通过模拟实际使用环境或使用寿命测试，评估产品的可靠性和耐久性；

（7）安全性评估：对产品进行安全性评估，确保其使用过程中不会对用户或环境造成危险；

（8）性能验证：验证产品的性能指标是否符合要求，比如速度、功耗、容量等；

（9）文件和文件记录检查：检查供应商提供的文件和记录，如质量证明书、检测报告等，确保其真实可靠。

2. 审查方法

样品审查的方法与流程可能因行业、产品类型和公司政策而有所不同。通过审查样品，可以确保供应商提供的产品符合质量要求。这有助于避免采购到劣质产品，减少后期的退货和投诉。

需要审查样品的情况主要有以下两种：

（1）选品审查：在直播间选品环节，对供应商提供的样品进行审查，以确保商品的质量和性能符合要求；

（2）进货抽检：在商品进货后，对部分商品进行抽检，以确保商品的质量和性能符合要求。

为了确保产品质量评估的准确性，在进行进货抽检时，必须制定科学合理的样品选取方案，并确保样本的代表性和可靠性。

以下是一些常见的抽样方法：

（1）简单随机抽样：适用于批量不大的商品。在简单随机抽样中，每个样本单位都有相等的概率被选中；

（2）分层随机抽样：适用于较大批量的商品。在这种方法中，将总体分成若干层，然后在每一层中随机抽取样本。

二、产品信息审核

通过审核产品信息，可以了解产品质量、安全、健康等方面的真实情况，避免虚假宣传和误导消费者，对消费者的权益进行保护，从而提高直播间的信誉度。

产品信息审核主要注意以下两点：

1. 审查角度

为了更全面、客观、准确地评估产品，需要从不同角度进行审查，以避免单一视角的偏见或局限性，并发现一些隐藏的问题或潜在的风险，提高产品信息的可信度和可靠性。

（1）准确性：产品信息是否准确，包括产品名称、规格、型号、产地、生产日期、保质期等；

（2）完整性：产品信息是否完整，包括产品说明书、标签、包装等；

（3）合法性：产品信息是否合法，包括产品是否符合国家法律法规、行业标准等。

2. 审查方法

了解审查方法可以帮助审核人员获取和验证产品信息，发现和纠正产品信息中的错误或遗漏，常见的审查方法有以下几种：

（1）资料查阅：通过查阅相关资料，了解产品的基本信息、性能特点、市场需求等；

（2）实地考察：通过实地考察供应商的生产车间、仓库等，了解产品的生产过程、质量控制等；

（3）市场调研：通过对市场上同类产品的调研，了解产品的市场竞争力、价格水平等。

活动 2　供应商审查

供应商所提供的产品质量将直接影响到最终直播内容的质量。因此，对供应商进行审查是至关重要的，确保其具备符合标准和要求的生产能力，从而提高整体品质水平。

在供应商审查环节可以围绕以下两个方向进行思考：

一、供应商选择

供应商选择是为了找出符合采购方在质量、成本、供应、服务等方面要求的优质供应商，其工作流程如图 5-3 所示：

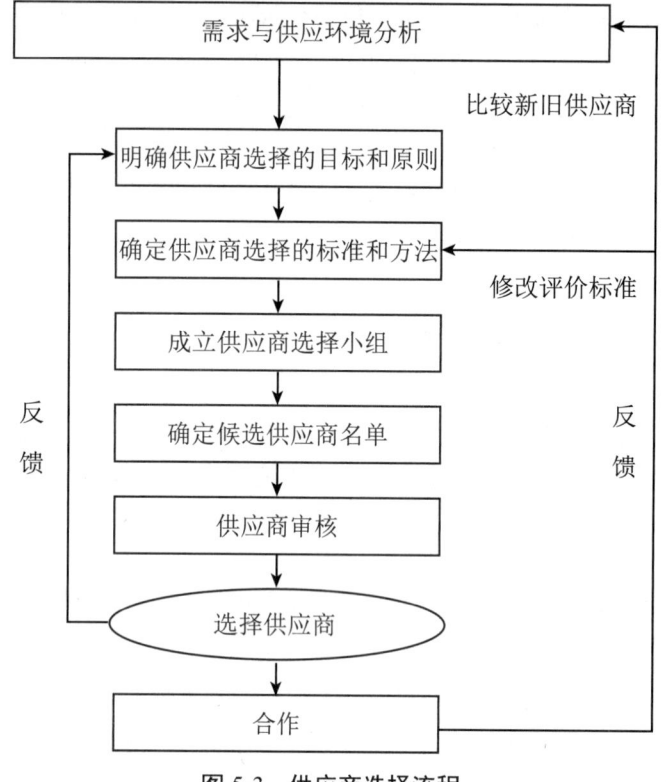

图 5-3 供应商选择流程

1. 供应商选择标准

选择供应商有短期标准和长期标准，企业应统筹兼顾。

短期标准主要考察：

（1）货物质量，质量合适即可，既不能过高，也不能过低；

（2）总成本最低；

（3）交付能力，包括交货及时，且货物运输过程中质量有保证；

（4）整体服务水平，即配合购买者的能力与态度，如处理问题的速度，提供技术咨询与服务、代办运输和送货服务等。

长期标准主要考察：

（1）供应商信誉，如企业在行业中的地位、履行合同的能力等；

（2）财务状况，一般通过财务报表等间接方式来观察；

（3）内部组织与管理，主要看组织机构设置和运行的合理性、员工的稳定性以及供应商所处的环境等。

2. 供应商选择方法

选择供应商要根据具体的情况采用合适的方法。常用的方法主要有直观判断法、招标选择法、协商选择法和采购成本比较法。

（1）直观判断法：此方法主要依赖于经验丰富的采购人员意见，或者由采购人员根据经验直接做出判断。它通常应用于选择企业非主要原材料的供应商。这种方法简单易行，但主观性较强，容易受到采购人员人为因素的影响，因此可靠性较差。

（2）招标选择法：采购企业采用招标方式，吸引多个有实力的供应商参与投标竞争。评标小组对投标书进行分析评估，最终选择最优供应商。当采购物资数量较大、市场竞争激烈时，招标选择法是较为合适的供应商选择方法。

（3）协商选择法：企业首先筛选出供应条件较为有利的几个供应商，与他们分别进行协商。根据协商结果，确定最合适的供应商。在采购时间紧迫、投标单位较少、竞争程度较低，以及订购物资规格和技术条件复杂的情况下，协商选择方法比招标法更为合适。

（4）采购成本比较法：对于质量和交货期都能满足要求的合作伙伴，此方法通过计算和分析各个不同合作伙伴的采购成本，选择采购成本最低的合作伙伴。采购成本一般包括售价、采购费用、运输费用等各项支出的总和。

在选择供应商时，我们应首先考虑现有的供应商群体，例如我们当前正在合作的供应商。如果现有的供应商无法满足我们的需求，我们应进一步在社会供应商群体中进行寻找。在选择供应商时，我们需要进行综合考虑，以确保我们能够获得高质量的货物并确保供应链的稳定性。

二、供应商维护

供应商对企业生产效率、经营业绩乃至战略目标实现具有重大影响，因此供应商关系管理是供应链管理中的战略性问题。

1. 供应商关系细分

对供应商进行细分是管理的基础。采购方依据采购物品的金额、采购商品的重要性以及供应商对采购方的重视程度和信赖性等因素，可以将供应商分成伙伴型、优先型、重点型、商业型四类，如图 5-4 所示。

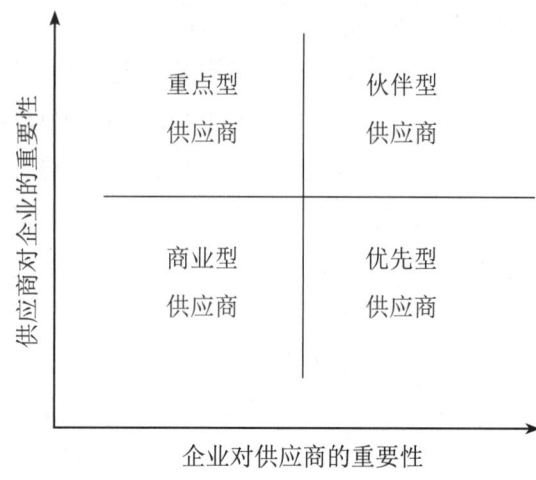

图 5-4 供应商划分

（1）伙伴型供应商：当企业评估供应商具备强大的产品供应能力，且采购的产品对企业的运营至关重要，同时供应商也认为企业的采购业务对其具有重大价值时，该供应商即被视为伙伴型供应商。

（2）优先型供应商：如果供应商认为企业的采购业务对其具有重大价值，但该项业务对企业的重要性一般，此类供应商通常对企业具有积极意义，是企业的优先选择。

（3）重点型供应商：当供应商认为企业的采购业务对其价值有限，但该采购业务对企业的运营至关重要时，这类供应商需要企业给予特别关注并进行改进。

（4）商业型供应商：对于那些对供应商和企业均不重要的采购业务，相应的供应商可以很容易地进行选择和替换，这些采购业务所对应的供应商即为普通的商业型供应商。

基于以上四种供应商细分类型，采购方可以根据具体情况制定不同的供应商关系策略。通常来说，对于伙伴型和优先型供应商，采购方需要投入更多的精力和资源进行管理和维护；对于重点型供应商，则视具体情况而定；而对于商业型供应商，则可采取一般的管理方式。

2. 供应商关系维护

供应商关系维护是为了供需双方实现共同的目标而采取的共担风险、共享利益的长期合作关系。常用的供应商关系维护方法有以下几种：

（1）合作之前签订必要的采购协议，并把相关流程告知供应商得到供应商认可，这样使后续的合作有据可依，减少纠纷避免关系恶化。

（2）与供应商的沟通中尽量做到言简意赅但不失礼貌，这样不仅避免误会也让双方合作更有时效性，从而获得供应商的好感和提高服务水平的意向。

（3）定期沟通。定期沟通是指对于长时间没有合作的供应商，要定期进行电话沟通，了解供应商的最新进展，掌握产品的最新信息，做到信息共享。

（4）满意度调查。在货物通过验收交付后，对供应商有选择性地进行满意度调查，通过供应商的意见反馈，发现整个采购过程中出现的问题，以此来反思工作中的不足，改进不足之处，完善采购工作，提高工作效率。

对于有以下行为的供应商则应尽快淘汰。

（1）送货无保障的：不及时，缺品严重；
（2）质量不稳定的：良品率不足，货物出现大量残次品；
（3）价格无竞争力的：价格偏高与促销力度价格差距小；
（4）库存周转不合理的：滞销与库存剩余量多的；
（5）联营供应商占比大：缺乏有效管控。

3. 优化品质标准

选择质量有保障的供应商和产品可以降低供应链风险。低质量产品可能导致生产中断、库存积压以及与供应商的纠纷，而这些问题都可能对直播间的稳健经营产生不利影响。通过优化品质标准，有助于建立直播间声誉，提高用户满意度，从而促进销售和用户忠诚度的增长。优化品质标准需要注意以下几点：

（1）加强对供应商的管理，提升采购管理水平。
（2）建立严格的产品评审机制，升级质量指标，提高入选门槛，如图5-5所示。

图 5-5 指标升级

（3）聚焦产品的"三品"（品类、品质、品牌）与"三化"（规模化、标准化、信息化）。

（1）供应商送货时，要求附带该批产品出货检查报告书和原材料证明件，并做好检验记录。

（2）对供应商对应速度、对应态度及产品不良再发率进行评估，综合给出相应分数，并划分为 A、B、C、D、E 五个等级：连续多次出现 C、D 级的，约谈负责人，并进行现场检查；对突然等级下滑的，约谈对方品质担当并做出书面原因报告；处于 E 级直接淘汰。

（3）对供应商进行员工、设备、材料证明等方面的稽核。

（4）评价供应商对不良品的紧急处理及对策是否有效且及时，若因对策无效造成的售后费用将由供应商承担。

学习任务 2　跨境直播库存管理

库存管理是指根据市场需求、销售历史和预测数据等信息，制定库存规划策略，包括确定哪些产品需要备货、备货数量以及备货的时间点，以确保在直播销售期间能够满足需求。

本任务主要从以下两方面展开讲解：

➤ 库存分析及跟踪

➤ 库存风险管理

活动 1　库存分析及跟踪

通过库存分析及跟踪，企业可以更好地了解供应链的运作情况，找到潜在的瓶颈和改进点，优化供应链管理，提高供应链的效率和响应速度。在库存分析及跟踪环节可以围绕以下两个方向进行思考：

一、库存水平分析

库存水平是指一定时期的库存量，可以用计量单位表示，也可用金额表示，它是了解供需状况的一个较为直接的指标。在做库存水平分析时，重点要了解库存数量，另外，库存占比、库存天数和库存结构等也是分析的重点。

1.库存数量分析

在货物销售过程中，货物的库存数量要保持适中，既要保证货物供应充足，满足日常销售所需，又不能有太多库存积压，产生较多的仓储成本。因此需要对库存数量进行分析，为下次入库数量提供数据支持。

例： A 企业的货物出入库记录如表 5-18 所示。

表 5-18　A 企业货物出入库记录表　　　　　　　　　　　单位：吨

货品编号	入库时间	期初数量	入库数量	出库数量	结存数量	库存标准量
B2-101	2023-01-10	22	30	40	12	10
B2-102	2023-01-10	20	30	33	17	15
B2-103	2023-01-10	27	30	48	9	15
B2-104	2023-01-10	25	30	50	5	10
B2-105	2023-01-10	35	30	50	15	10
B2-106	2023-01-10	35	30	50	15	10
B2-107	2023-01-10	35	30	50	15	10

为了直观地判断是否需要补货，可以将表 5-18 中"结存数量"与"库存标准量"的数据转化为柱形图进行对比，如图 5-6 所示。（注：库存标准量为企业自行设定的日常定额库存量，即库存的标准线。）

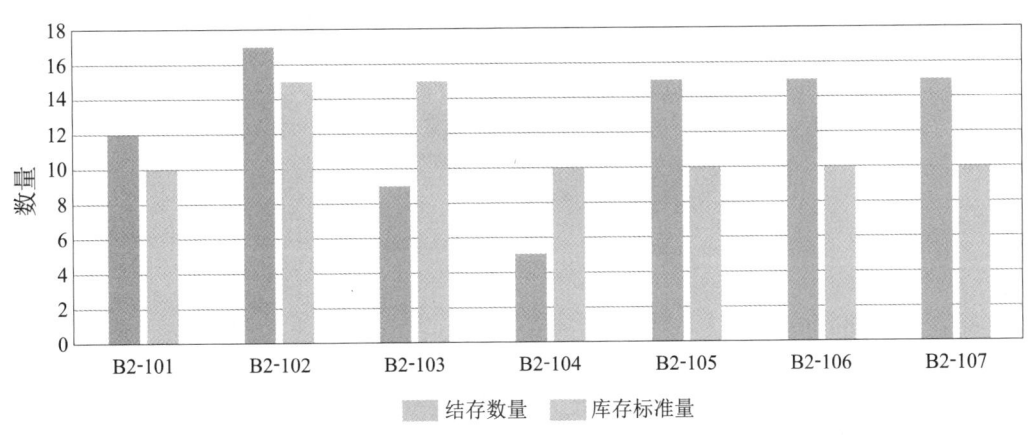

图 5-6　结存数量与库存标准量对比

通过图 5-6，可以清晰地观察到，编号 B2-101 和 B2-102 的结存数量和库存标准量差距不大，库存量适中；其余 5 款货物则差距较大，其中 B2-103 和 B2-104 需要补货，而 B2-105、B2-106 和 B2-107 的库存量过多。

2. 库存占比分析

库存占比分析主要是通过统计库存商品的占比情况，让企业管理人员能直观地了解库存占比现状，从而及时调整销售策略。

例： B 企业上半年的货物库存数量如表 5-19 所示。

表 5-19　B 企业上半年货物库存数量表　　　　　　　　　单位：吨

月　份	产品 A	产品 B	产品 C	产品 D
1 月	11	14	18	17
2 月	13	12	21	13
3 月	8	16	25	14
4 月	15	12	19	16
5 月	12	9	24	21
6 月	17	7	17	11

为了直观地表现出各货物的占比关系，可以将表 5-19 中的数据转化为三维饼状图，设置数据标签格式为百分比，再通过控件设置，即可在表格中选择不同的月份，图表就能对应显示相应的库存商品数据，如图 5-7 所示。

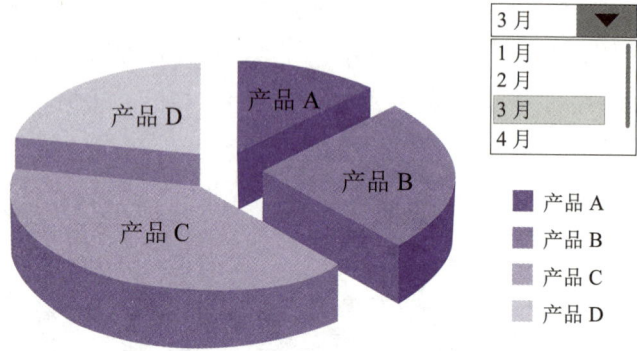

图 5-7　1—6 月库存占比情况

3. 在库时间分析

在库时间是反映库存货物是否老化、质量好坏的重要指标。库存老化，就会导致企业货物资金周转慢，利润低，投资回报率低，对于"大龄"库存应该加大清理力度，防止库存呆滞造成损失。

例：某店铺货物在库天数占比数据如图 5-8 所示。

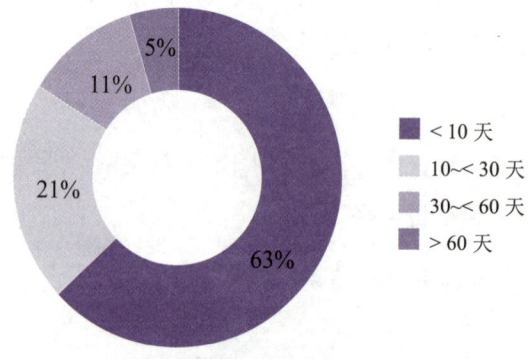

图 5-8　在库天数占比情况

许多企业在做库存分析时，都会对不同天数的库存贴上"标签"，并会根据实际情况制定内部的库存合格标准，因此不同企业存在差异。

例： 某企业将超过1个月的库存定义为"老货"，并制定了企业内部的新老货库存合格标准，如表5-20所示。

表5-20　新货占比合格标准

库存评级	优秀	良好	差
1个月内新货占比	>80%	65%～80%	<65%

4. 库存存销比分析

存销比是指在一个周期内，商品库存与之前一定时期内销量的比值，用来反映商品的即时库存状况的相对数，也称之为库销比。存销比的计算公式如下：

$$存储比 = \frac{月末库存}{本月销售}$$

其中计算单位可以是数量，也可以是金额。

计算存销比的意义在于，企业可以知道一单位的销售量需要多少倍的库存来支持，反映的是资金使用效率的问题。

例： 某企业1—2月的存销比数据如表5-21所示。

表5-21　某企业1—2月存销比数据

12月31日库存	1月销售	1月存销比	1月31日库存	2月销售	2月存销比
200	67	2.98	180	45	4.0

越是畅销的商品，存销比越小，说明商品的周转率越高；越是滞销的商品，存销比就越大，说明商品的周转率越低。

（1）存销比过高（一般大于4），意味着库存总量过大或结构不合理，货品资金周转慢，资金效率低。

（2）存销比过低（一般小于3），意味着库存不足，利润难以最大化。

二、库存跟踪控制

库存控制是希望将货物的库存量保持在适当的标准之内，以免过多造成资金积压，增加保管困难，过少则导致浪费仓容、供不应求的情况。

1. 库存控制过程

为了达到控制库存量的目的，由库存过程可知，可控制定货过程，也可控制销售出库过程。但是，控制销售出库过程限制了用户需求，所以最好通过控制定货过程来控制库存量。这样，不但可主动控制库存量，而且不影响企业发展和社会效益。库存过程主要包括以下环节：

（1）订货过程：从发出订货到订货成交为止。这是商流过程，库存增加。

（2）进货过程：从订货成交到货物入库为止。这是物流过程，库存增加。

（3）保管过程：从货物入库到货物出库为止。这是物流过程，库存不变。

（4）领料、销售出库过程：从货物点交到货物领料出库或销售出库发运为止。这是商流、物流过程，该环节结束，库存减少。

货物的特殊性决定了库存控制的复杂性。要做好货物库存控制，重点把握好以下三个问题：

（1）何时必须补充库存？——订购点的问题（订购点指货物库存量降至某一数量时，应即刻请购补充的界限）；

（2）必须补充多少库存？——订购量的问题；

（3）应维持多少库存？——库存基准的问题（库存基准包括最低库存量和最高库存量）。

2. 库存控制方法

在库存控制中，使用最广泛也是最具代表性的方法就是 ABC 分类管理法。它将库存物品按品种和占用资金的多少分为三种：特别重要的库存（A 类）、一般重要的库存（B 类）和不重要的库存（C 类），如图 5-9 所示。

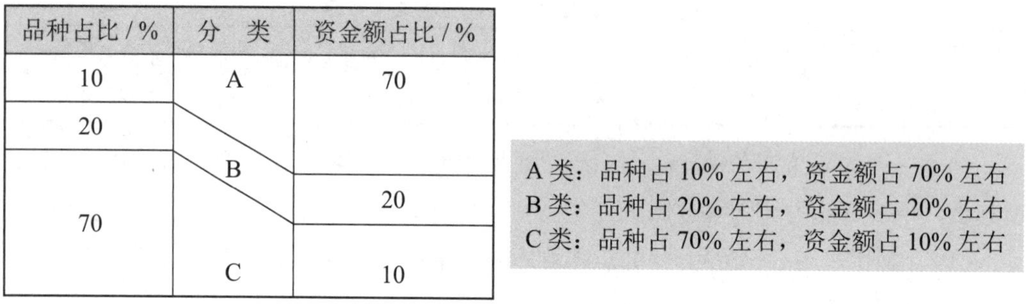

品种占比 / %	分 类	资金额占比 / %
10	A	70
20	B	20
70	C	10

A 类：品种占 10% 左右，资金额占 70% 左右
B 类：品种占 20% 左右，资金额占 20% 左右
C 类：品种占 70% 左右，资金额占 10% 左右

图 5-9　ABC 库存分类法

针对不同等级分别进行管理与控制，其核心是"抓住重点，分清主次"。以 A 类作为重点管理对象，这样就可以达到事半功倍的效果。

三类采用的库存控制方法如下：

（1）A 类：定期订货法；

（2）B 类：以定量订货法为主，辅以定期订货法；

（3）C 类：定量订货法。

定期订货法是指按预先确定的订货时间间隔进行订货补充的库存管理方法。定量订货法指当库存量下降到预定的最低库存量时，按规定数量进行订货补充的一种库存控制方法。

活动 2　库存风险管理

库存风险管理是针对库存的实际情况，以一定的指标进行测验，以判断库存是否处于健康水平，是否存在经济损失的风险。要衡量库存的健康程度，主要是通过以下三个指标进行分析：

一、库存周转率

库存周转率是反映库存周转快慢程度的一个指标，是指在一定周期内的出库总金额（数量）与库存平均金额（数量）的比率。与之相对应的是库存周转天数，库存周转天数是库存周转一次需要的天数。

计算公式如下：

$$库存周转率 = \frac{周期内出库总金额（数量）}{周期内平均库存金额（数量）} \times 100\%$$

$$周期内平均库存 = \frac{期初库存 + 期末库存}{2}$$

$$库存周转天数 = \frac{计算周期}{周期内库存周转率}$$

其中库存周转率通常以月或年来统计。

例： 某跨境直播企业在一季度的库存价值为 200 万元，其季度初的库存价值为 30 万元，该季度末的库存价值为 50 万元。

则库存周转率 = 周期内出库总数量 / 周期内平均库存量

$$= 200 \div \frac{30+50}{2} \times 100\% = 500\%$$

相当于该企业用平均 40 万的库存资金在一个季度里面周转了 5 次，赚了 5 次利润，库存周转天数约为 18 天。

库存周转率是从库存流动的速度衡量库存健康水平。库存周转率越大，表明销售情况越好；反之，当库存周转率较低时，库存占用资金较多，库存费用相应增加，资金运用效率差，经营销售水平较低。因此，提高库存周转率对于加快资金周转、提高资金利用率和变现能力具有积极的作用。

例： 如表 5-22 所示为某跨境直播企业的库存周转率与周转天数统计，该企业对周转良好与较差的数据做了标记。

表 5-22　某企业库存周转率数据示例

月份	本月天数	日平均销售量/千克			月平均库存/千克			库存周转率/%			库存周转天数		
		土豆	玉米	高粱	土豆	玉米	高粱	土豆	玉米	高粱	土豆	玉米	高粱
1月	31	521	356	425	14 050	18 000	26 000	115	61	51	●27	51	61
2月	28	689	427	367	30 090	26 000	8 900	64	46	115	44	61	●24
3月	31	781	425	542	28 900	25 660	16 500	84	51	102	37	60	30
4月	30	650	359	346	56 800	69 800	25 630	34	17	40	⊗87	⊗179	74
5月	31	480	378	289	32 400	46 350	13 660	46	25	66	68	⊗123	47
6月	30	320	580	156	10 900	19 600	10 720	88	89	44	34	34	69

二、库存动销率

动销率,原是销售指标,指店铺现有销售的商品品种数与本店经营商品总品种数的比率。因其能很好地反映库存结构变化,故经常与呆滞率、库存周转率一起用于衡量库存健康程度。

计算公式如下:

$$周期内库存动销率 = \frac{动销 SKU 数}{实际 SKU 数} \times 100\%$$

动销 SKU 指统计周期内有销售出库的 SKU 数,但不包括呆滞报废等非正常出库。实际 SKU 是期末的实际库存 SKU 数。

例: 某跨境直播企业第一季度库存实际 SKU 数量总计为 290 种,第一季度有产生销售的 SKU 数为 285 种。

该企业第一季度库存动销率 =(动销 SKU 数/实际 SKU 数)× 100%

$$= (285 \div 290) \times 100\% \approx 98.28\%$$

库存动销率的高低,直接影响到库存周转。一般来说,动销率越高,周转率越快;动销率越低,库存周转会越慢。库存动销率还和呆滞率有一定的负相关:库存动销率低,呆滞率高;动销率高、则呆滞率低。

三、库存呆滞率

顾名思义,库存呆滞率就是呆滞库存金额占总库存金额的比率。呆滞库存是指长时间不用或者一直用不上的具有风险的库存。也就是说,库存呆滞率反馈的是企业现有的库存里面,有多少是有风险的库存。

计算公式如下:

$$呆滞率 = \frac{呆滞库存金额（数量）}{总库存金额（数量）} \times 100\%$$

库存呆滞率是衡量库存健康的一个时间点的指标,而库存周转率及库存动销率均是衡量库存健康的一个时间段的指标。如可以说 8 月的库存周转率是多少，但说呆滞率时必须准确到 8 月的某一天。

例： 截止到 10 月 31 日，A 企业的货物呆滞库存金额达到 45 万元，总库存金额为 876 万元。

则该企业的库存呆滞率 = 呆滞库存金额 / 总库存金额 × 100%
= 45 / 876 × 100% ≈ 5%

企业为了更好地进行库存管理，会将库存结构划分为三类，分别是周转库存、安全库存和风险呆滞库存，如图 5-10 所示：

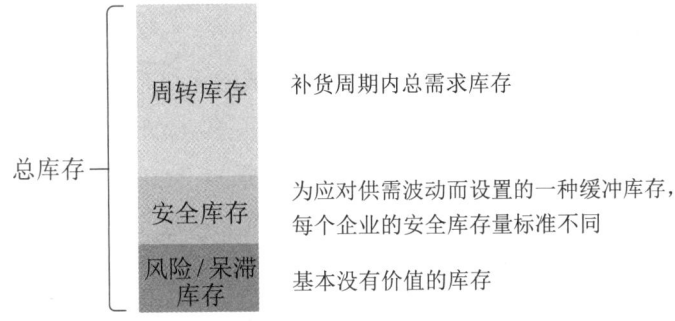

图 5-10　库存结构划分

（1）风险 / 呆滞库存占总库存的比例越高，库存越不健康；

（2）安全库存占总库存的比例越高，对企业也并不好，因为安全库存存量过多，很容易随着时间推移成为风险 / 呆滞库存；

（3）周转库存占总库存的比例越高，整体企业的库存健康度越高。

 延伸拓展

扫码阅读以下学习资源，拓展自己的知识和视野：

文章 1：跨境供应链业务浅析

文章 2：如何做好跨境电商的供应链产品

　　文章 1　　　　　文章 2

 **思政园地**

口罩背后：一个世界上最完整的产业链供应链

思政元素、社会责任感、民族自信心。

疫情期间，打开百度搜索键入"口罩"二字，显示结果多达9 230万条，小小口罩吸引着全世界几十亿人的目光。

小小口罩，背后是环环相扣的生产链条和系统完整的工业体系，是一个当今世界最完整的产业链供应链。

口罩的原材料主要是高熔指聚丙烯材料加工制成的无纺布。医疗口罩一般采用多层结构，其中最内层和最外层为纺粘无纺布，中间层便是熔喷布。

熔喷布是口罩中起过滤作用的关键材料，是口罩的"心脏"，除了能阻挡较大粉尘颗粒外，还可以通过表面的静电荷将细小粉尘、细菌和病毒飞沫吸住。作为过滤功能口罩的必要原料，1个普通医用外科口罩要使用1层熔喷布，1个N95口罩则至少要用掉3层熔喷布，1吨熔喷布可以做100万只医疗外科口罩。

我国熔喷布的产能并不高。数据显示，2018年中国熔喷法非织造布实际产量为5 523万吨，占当年纺丝成网非织造布产量的1.8%。

疫情期间，面对急剧扩张的需求和口罩原材料短缺的矛盾，央企纷纷"跨界护盘"。

（资料来源：口罩背后：一个世界上最完整的产业链供应链[EB/OL].（2020-03-16）[2024-12-18]. http://www.xinhuanet.com/politics/2020-03-16/c_1125720455.htm）

思考与讨论

1. 以上案例给你带来了什么启示？
2. 2020年疫情期间，国内外出现"一罩难求"的问题，是供应链上哪个环节出了问题？

Module 6

模块六　跨境直播策划

学生工作页

任务描述

【任务情景】

小刘是一名直播运营人员，主要工作是进行直播策划。但由于没有太多经验，经常遇到直播效果不佳的问题，为了提升自己，她花了大量时间研读相关书籍，观看大量直播录像，并积极请教了一些优秀的前辈。

经过了一段时间的学习，她了解到想要做好直播需要先制定流程清晰、内容丰富的直播方案，通过对产品卖点提炼、直播脚本撰写、话术设计帮助主播在直播过程中吸引观众注意力，促使观众产生购买欲望。

【任务要求】

根据任务的情景描述，通过与班组长沟通，以独立或小组合作的方式，制定工作计划，在规定工期内，结合平台规则，完成跨境直播策划相关操作。

【任务资料】

完成上述任务时，可以使用所有的教学资料，如工作页、信息页、实训任务书、个人笔记以及网络资料等。

模块六 跨境直播策划·学生工作页

 **学习目标**

序号	学习环节	学时	学习目标
1	获取跨境直播策划信息	2	理解如何策划直播方案
			了解产品提炼方法
			了解单品、整场直播脚本撰写的技巧
			熟知直播暖场、引导关注、讲解、促单话术
2	制定跨境直播策划计划	1	能根据任务工单要求,制定直播方案、提炼产品卖点、撰写直播脚本、进行话术设计
3	做出跨境直播策划方案决策		能讨论已制定的工作计划并做出决策
			能够树立持之以恒、精益求精的工作精神
4	实施跨境直播策划任务	2	能进行跨境直播内容规划
5	跨境直播策划过程控制		优化直播话术
			内容定位符合产品调性
6	评价反馈	1	能按分组情况,派代表展示工作成果,正确规范地撰写工作总结(心得体会)
			能够辩证地看待问题,从多角度思考并做出独立的判断,养成独立思考的习惯

 学习路径

序号	学习环节	学习步骤	学习活动
1	获取跨境直播策划信息	跨境直播内容规划	获取直播方案策划信息
			获取产品卖点提炼信息
			获取直播脚本撰写信息
			获取直播话术设计信息
2	制定跨境直播策划计划	制定计划	制定跨境直播策划计划
3	做出跨境直播策划方案决策	做出决策	小组讨论计划可行性,确定最优方案
4	实施跨境直播策划任务	跨境直播内容规划	直播方案策划
			产品卖点提炼
			直播脚本撰写
			直播话术设计

163

续表

序号	学习环节	学习步骤	学习活动
5	跨境直播策划过程控制	工作质量控制	直播话术优化
6		工作过程控制	任务清单检查
7	评价反馈	评价与反馈	展示任务成果
			记录意见建议
			书写心得体会
			考核计分

任务工单

任务名称	跨境直播策划		
任务负责人		任务接收时间	
任务下达者	直播部主管	要求完成时间	1 天内

工作任务说明:

运营主管要求小刘在当晚开播 1 小时,利用自己的专业度使品牌主推产品"高光修容综合盘"达成 5 万元的销售额。当下正值"双十一"期间,原价 199 元的高光修容综合盘活动价只需 99 元,立减 100 元,参与评论互动抽奖还有机会获得加赠正装一套的福利。小刘可以利用这次活动机制吸引用户下单。本次直播产品的信息如下:

"高光修容综合盘"产品信息

商品名称	品牌名称	功　效	净含量
高光修容综合盘	Judydoll	立体、提亮肤色	9 g
商品特点			

① 采用 AIR JET 气流切割技术,粉质细腻、好晕染
② 适配任何肤质的中性色调,更柔和、不显脏
③ 哑光高光鼻影色容量增加,使用更贴心
④ 四格分区,一盘立体
⑤ 哑光高光,黄金配比多重云母,柔焦提亮,填充凹陷
⑥ 侧影色升级高融肤中性色调
⑦ 鼻影色自然,易晕染
⑧ 土豆泥高光更清透,不显毛孔
⑨ 精准匹配,轻松选色,不假白、不显脏、不发灰、不发红
⑩ #01 波影盘适合冷粉调、橄榄皮
⑪ #02 树影盘适合暖黄调、自然肤色
⑫ 上市销量 10 400 000+,提供质检报告

#01　　　#02

续表

在众人的齐心协力下，小刘的首播非常成功，也因此吸引了合作品牌方 YSL 的注意。YSL 邀请小刘于明晚 21:00 至官方"YSL 口红福利大放送"的专场活动中担任主播，本次共提供 5 款直播合作样品，产品信息如下所示。由于时间紧急，现需要小刘自行完成整场直播活动脚本的撰写工作，以便在直播的时候更好地体现产品优势，提升转化率，保证直播的顺利实施。

序　号	产品名称	日常价/元	产品图片
1	【绝色回归】YSL610 冰乌龙	395	
2	【明星色】YSL416 烂番茄	395	
3	YSL21 不羁复古红	179	
4	YSL35 金琥珀	395	
5	YSL#NM 裸色缪斯	279	

在两次的直播过程中，小刘意识到自己的直播话术略显青涩，若想要达到更高的销量，那么精进自己的直播话术水平是必需的。现在请你以小刘的身份将首播的"高光修容综合盘"的产品信息调出，从开播暖场、引导关注、产品讲解、促单四方面进行话术设计。

情况记录：

任务等级	□重要且紧急	□重要但不紧急	□紧急但不重要	□不重要且不紧急
完成时间	□提前完成	□按时完成	□延期完成	□未能完成
完成质量	□优秀	□良好	□一般	□差

任务分组

将学生按每组 4~6 人分组，明确每组的工作任务。

班　级		组　号		指导老师	
组　长		学　号			
组　员	姓　名	学　号		姓　名	学　号
任务分工					
例如：_____同学，主要负责_____工作。					

获取信息

根据引导问题，从信息页的相关学习任务中获取对应的信息，回答引导问题并在空白处填写答案。

学习活动 1　获取直播方案策划信息

● 引导问题 1：直播目标主要有_____、_____、_____、_____4 种。

● 引导问题 2：简述直播主题可以根据哪些目的或策略来确定。

_____

_____

● 引导问题 3：简述直播计划需要包含哪些要素。

_____

_____

● 引导问题 4：表 6-1 为中小型规模的直播小组工作内容，请根据各组工作内容在横线处填写对应组别。

表 6-1　中小型规模直播人员分组及工作内容示例

组　别	小组工作内容
_____组	负责准备宣传物料、发布直播预告、发布图文和视频等宣传内容等
_____组	负责直播，讲解商品，与用户互动等
_____组	负责规划直播内容，操作直播后台，复盘直播等
_____组	负责直播间软硬件调试，直播摄像、录屏等
_____组	负责售前售后解答等

学习活动 2　获取产品卖点提炼信息

● 引导问题 5：简述 FABE 法则的含义。

F：_____
A：_____
B：_____
E：_____

● 引导问题 6：简述获取卖点信息的方法。

_____
_____

学习活动 3　获取直播脚本撰写信息

● 引导问题 7：简述单品脚本与整场直播脚本的区别。

_____
_____
_____
_____

学习活动 4　获取直播话术设计信息

● 引导问题 8：简述直播暖场话术技巧有哪些。

_____

● 引导问题 9：判断下列话术属于哪个阶段的话术设计，将结果填入表 6-2 中。

表 6-2 话术阶段判断

话　术	直播阶段
今天的直播间主播将会公布一个惊喜消息，我相信你们一定会喜欢！所以，一定要准时参加我们的直播并且等待揭晓哦！不要错过这个令人兴奋的时刻！	直播暖场 □ 引导关注 □ 直播讲解 □ 直播促单 □
家人们，马上要上一个半价优惠宝贝，原价 398，"双 11"直接 198，直降两百块！这么大的优惠千万不要错过，数量有限，拼手速的时候来了！	直播暖场 □ 引导关注 □ 直播讲解 □ 直播促单 □
这个产品的材料都是经过精心挑选的，具有耐用性和可靠性。它的设计考虑到了用户的使用习惯和舒适度，确保家人们在使用中得到最好的体验！	直播暖场 □ 引导关注 □ 直播讲解 □ 直播促单 □
关注直播间，就有机会参与互动抽奖，获得价值 99 元的精美礼包一份。	直播暖场 □ 引导关注 □ 直播讲解 □ 直播促单 □

制定计划

确定完成工作的途径、步骤和所需的工具材料，制定任务实施的计划。

● 引导问题 1：美妆品类的直播内容应该如何规划？请写出直播内容策划方向，给出具体的策划思路。

_____

_____

_____

● 引导问题 2：美妆品类的产品卖点应该如何进行挖掘与提炼？请写出具体思路。

_____

_____

_____

● 引导问题3：单品脚本与整场脚本的区别是什么？在什么情况下采用整场脚本？分析任务工单中的产品，分析整场脚本撰写的要素有哪些。

_____

_____

● 引导问题4：美妆类目的直播话术设计需要从哪些方面着手。

_____

_____

做出决策

组内就实施计划进行深入探讨，确定实施重点和难点并提出解决方案。再根据表6-3所列的几方面进行评分，选定分值最高的计划作为最终的任务实施方案。

表6-3 方案评价表

评价内容	评价细则	评分（1~5分）
目标和需求	① 计划制定与工单目标需求一致； ② 直播方案、卖点提炼、脚本撰写、话术设计流畅合理、完整全面	
时间和资源	① 能够在工期要求内完成计划； ② 软硬件符合计划实施需求	
技术可行性	有足够的技术能力和专业知识来执行计划	
风险管理	对潜在的技术难题、时间延误等风险做了应对备案	
综合得分		
结论（组内最终决策）： 例：选择_____同学提出的方案，同时调整了_____处。		

实施任务

根据制定的工作计划,按照下方步骤完成任务实施。如果无法独立完成,可以参考配套实训任务书及微课视频。

学习活动 1　直播方案策划

● 引导问题 1:阅读任务工单,完成直播方案策划(须符合产品调性),见表 6-4。

表 6-4　直播方案制定

直播目标	
直播主题	
直播基本信息	
①直播平台与场地:	
②直播时间:	
③直播时长:	
④直播人员分工:	

学习活动 2　产品卖点提炼

● 引导问题 2:阅读任务工单"高光修容综合盘"产品材料,将挖掘到的卖点根据 FABE 法则进行分类梳理并填入表 6-5 中。

表 6-5　产品卖点提炼

分　类	卖　点
F	
A	
B	
E	

学习活动 3　直播脚本撰写

● 引导问题 3:根据任务工单中的信息,对直播活动进行设计,将直播信息汇总到整场直播脚本(表 6-6)中。

表 6-6　整场脚本撰写

时　间	
地　点	

续表

商品数量	
主　题	
主　播	

时间段	总流程	主　播	场　控	主推产品

时间段	总流程	主播	场控	主推产品

预告文案	
注意事项	

学习活动 4　直播话术设计

● 引导问题 4：根据任务工单的"高光修容综合盘"产品信息，完成本场直播活动暖场、引导关注、产品讲解和促单的话术设计并填入表 6-7 中。

表 6-7　直播话术设计

直播暖场话术	
引导关注话术	
直播讲解话术	
直播促单话术	

过程控制

根据以下任务检查清单，小组合作进行必要的最终任务检查，并根据任务实施过程和结果的实际情况，优化改进工作计划。

步骤 1　工作质量控制

检查直播内容方案是否合格，若发现存在违禁词、违规内容，请进行修改，直到符合平台规范，并将修改后的内容填写在表 6-8 中。

表 6-8　跨境直播内容优化分析表

直播内容方案是否合格	是 □　　否 □
TikTok 直播内容方案常见问题对照	任务分析
直播主题不符合产品调性	修改后：
直播话术存在争议	修改后：
直播脚本撰写不完整	修改后：

步骤 2　工作过程控制

请进行必要的任务完成情况的最终检查并完善表 6-9。

表 6-9　任务检查清单

序号	检查事项	检查结果	
1	直播目标明确且可实现度高	符合 □	不符合 □
2	直播计划完整合理	符合 □	不符合 □
3	产品卖点提炼准确	符合 □	不符合 □
4	整场直播脚本撰写完整，能把控直播节奏，吸引目标用户	符合 □	不符合 □
5	直播话术设计新颖独特，吸引观众	符合 □	不符合 □

评价反馈

1. 各组派代表上台展示成果，并介绍任务的完成过程。

2. 其他组同学给你们提供了哪些意见或建议？请记录在下面。

3. 本任务的心得体会：

4. 评价方式采用多元化评价，评价主体由学生、小组与教师构成，评价标准、分值及权重如下所示：

（1）学生进行自我评价，并将结果填入表 6-10 中。

表 6-10　学生自评表

班级：_____　　组名：_____　　日期：_____年____月____日

评价项目	评价标准	分　值	得　分
信息检索	能有效利用网络资源、配套资料查找有效信息	10	
知识掌握	能准确理解学习任务中讲述的知识内容	15	
技能训练	能按任务书要求，按计划完成工作任务	15	
感知工作	认同工作价值，在工作中能获得成就感	10	
团队素养	教师、同学之间相互尊重、理解，平等交流	10	
职业素养	能严格遵守相关工作守则和法律法规	10	
思维状态	能发现问题、分析问题并解决问题	10	
参与状态	能发表个人见解，倾听他人意见和看法	10	
创新意识	能在工作过程中做出创新点	10	
合　计		100	

（2）学生以小组为单位，对学习任务的实施过程与结果进行互评，将互评结果填入表 6-11 中。

表 6-11　小组互评表

班级：_____　　被评组名：_____　　日期：_____年____月____日

评价项目	评价标准	分　值	得　分
团队素养	该组小组成员间合作紧密，能互帮互助	15	
	该组的工作计划周密，组织有序	15	
	该组态度端正，有较强的吃苦耐劳精神	10	
工作情况	该组的工作效率突出	20	
	该组的工作成果完整且质量达标	30	
	该组严格遵守相关工作守则和法律法规	10	
合　计		100	

（3）教师对学生工作过程与工作结果进行评价，并将评价结果填入表 6-12 中。

表 6-12　教师评价表

班级：_____　　　　组名：_____　　　　姓名：_____

评价项目	评价标准	分　值	得　分
考　勤	无无故迟到、早退、旷课现象	10	
工作过程	能正确回答引导问题并填写答案	20	
	能制定详细的工作计划	10	
	能按任务书要求规范实施工作活动	20	
项目成果	能按时完成任务	10	
	项目实施过程中态度认真、细致、严谨	10	
	任务成果完整且质量达标	20	
合　计		100	
综合评价	自我评价（20%）	小组互评（30%）	教师评价（50%）	综合得分

信息页

学习任务 1　内容规划与产品定位

直播内容规划对直播的成功与否起着至关重要的作用。合理的内容规划可以提高直播的质量，提升观众体验。

本任务将从以下两方面展开讲解：

▶ 直播方案策划

▶ 产品卖点提炼

活动 1　直播方案策划

直播方案是对直播活动的整体规划，一般在直播团队内部使用，用于向参与直播的所有人员传达直播运营思路，让参与直播的人员熟悉直播活动的具体事宜安排。

对直播带货而言，有了具体的方案，一场直播活动才算正式"立项"，参与直播的所有人员才能按照直播方案的内容、说明相互配合，按部就班、循序渐进地执行各项工作，最终确保直播活动顺利开展，实现预期的直播目标。

制定直播方案的目的是，将抽象概述的思路转换成明确传达的文字，以便所有参与人员了解整体思路，明确实施方法及步骤。

一、明确直播目标

明确直播目标有助于个人或品牌有目的、有针对性地策划与开展直播活动。直播目标主要有拉新、促活、留存和转化四种（图6-1），四者之间相互促进、紧密联系。

拉新　　　　　　　促活　　　　　　　留存　　　　　　　转化

图 6-1　直播目标

　　直播团队一般以一个目标为主,其他目标为辅,不贪多求全,否则会增加直播难度,导致目标难以实现。针对不同目标定位,衡量是否达成目标的考核指标不同。

　　(1)拉新:增加新用户。以此为目标,主要的考核指标有直播间访问用户数、直播间新增粉丝数、主播粉丝群新增粉丝数等。

　　(2)促活:提高用户活跃度。以此为目标,主要的考核指标有直播间用户点赞数、直播间用户评论量、直播间分享率、直播间用户观看时长等。

　　(3)留存:保持已有观众的参与和忠诚度。以此为目标,主要的考核指标有直播间用户评论数、点赞数、分享数、观看时长、回访次数、注册会员数等。

　　(4)转化:促进用户产生付费行为。以此为目标,主要的考核指标有商品点击率、用户购买率、商品销售额等。

二、策划直播主题

　　直播主题是指在(跨境电商)直播活动中,为了吸引观众和推广产品而设定的特定概念,可以简单理解为电商直播活动所围绕的中心思想。它可以是一个具体的话题、活动或情景,以引起观众的兴趣和关注。

　　直播主题可以根据不同的目的和策略来确定,例如根据产品特点、目标受众需求、季节节日、流行趋势等。

　　例:　图 6-2 所示的 TikTok 直播间主题"Ramadan Flash Sale Event"表明了此次直播为闪卖专场。

图 6-2 直播主题

在策划直播主题时,可通过组合时间节点、用户需求、商品特点等要素传递直播的主要内容。

(1)根据时间节点:不同时节,用户有不同需求,要突出时节特点,如情人节服装类主题为情人节脱单穿搭等;

(2)结合用户需求:如用户需求为防晒,直播主题围绕需求,如夏日防晒、清爽一夏等;

(3)结合商品特点:如假发,主题可以围绕时尚潮流/配饰等。

(4)依据目标人群:如售卖蓝牙耳机,目标人群是年轻群体,而年轻人更在乎外形好看、功能便捷,因此直播主题需突出外观及便捷性。

(5)根据活动:例如"黑色星期五"促销活动,主题可为黑五福利一元包邮、黑五限时秒杀等。

例: "××(品牌名)女装上新,专场半价"是将商品特点(新品)与直播利益点(半价)相结合策划的直播主题;"××(品牌名)双十一换厨具"是将时间节点("双十一""双十二")与用户需求(换厨具)相结合策划的直播主题。

小贴士

常见的时间节点包括:"双十一"、复活节、专场活动、"黑色星期五"等。

三、制定直播计划

直播计划需要包含直播地点、时长、人员分工等。

1. 直播平台与场地

直播基本信息中需说明直播平台（如 TikTok 直播）与直播场地，固定直播场所或根据营销活动需要选择合适的直播场地，选定场地后要布置场地，为直播营销活动创造良好的直播环境。

2. 直播时间

根据用户的观看习惯明确开播时间。例如英国时间 16—0 时为黄金时段。

3. 直播时长

直播时长是影响直播间权重的重要因素，直播时间越长，直播间权重越高，直播间就越有可能被平台判定为优质直播间，从而获得平台更多的流量扶持。

4. 直播人员分工

明确直播人员分工才能确保直播团队成员各司其职、高效协作。直播人员分工具体应视直播规模而定。小规模的直播，按直播团队原有的人员进行职责分工即可，也可适当增加少量人员协助直播团队工作；中大型规模的直播，如果原有直播团队人员不足，就需要根据情况增加相应人员。同时，可根据工作内容对人员进行分组，如运营组、直播组、宣传组等，且每组应设置相关负责人负责工作对接。中大型规模的直播人员分组及工作内容示例如表 6-13 所示。

表 6-13 中大型规模直播人员分组及工作内容示例

组 别	负责人	小组工作内容
宣传组	Xiao Zhang	负责准备宣传物料、发布直播预告、发布图文和视频等宣传内容
直播组	Xiao Wang	负责直播，讲解商品，与用户互动等
策划组	Xiao Li	负责规划直播内容，操作直播后台，复盘直播等
技术组	Xiao Ai	负责直播间软硬件调试，直播摄像、录屏等
客服组	Xiao Zhao	负责售前售后解答等

活动 2　商品卖点提炼

所谓"卖点"，是指所卖商品具备了前所未有、别出心裁或与众不同的特色、特点。卖点既可以是商品与生俱来的特点，也可以是通过直播运营人员的想象力创造出来的。卖点如果能够与消费者需求结合起来，就能打造出最佳的消费理由，快速引起消费者强烈的购物欲望。

那么怎样提炼商品卖点，才能将其与消费者痛点关联起来呢？其工作流程可以参考如图 6-3。

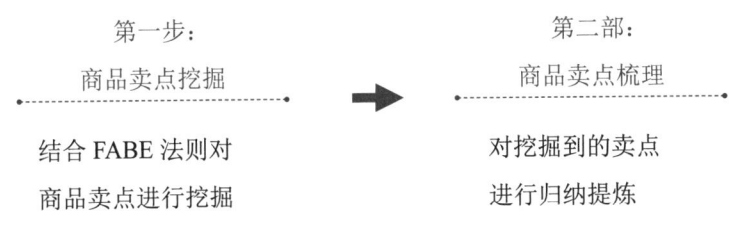

图 6-3　商品卖点提炼工作流程图

一、商品卖点挖掘

在工作中，经验丰富的直播运营人员拿到新产品，都会按照一个标准流程去思考并挖掘该商品的卖点。该标准流程只有两个环节：一是明确商品卖点应该往哪个方向去挖掘，二是知道商品的卖点信息该怎么获取。

1. 明确卖点挖掘方向

FABE 法则是一种说服性的销售技巧，也广泛运用于提炼商品卖点，它是我们在工作中明确卖点挖掘方向的理论基础。FABE 法则含义如图 6-4 所示。

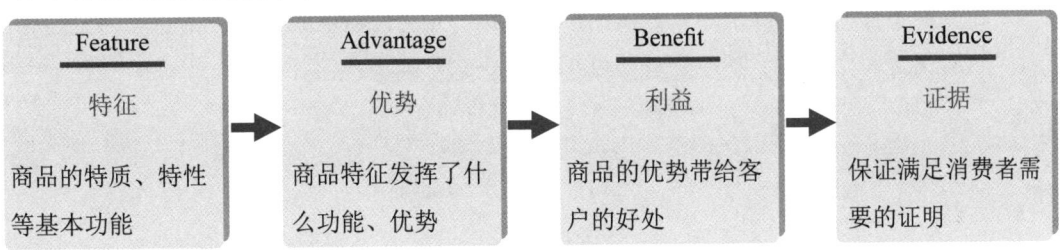

图 6-4　FABE 法则含义

F（Feature）：代表商品的特质、特性等最基本功能。主要从商品的属性、功能等角度来进行潜力挖掘，如外观、材质、工艺等。

A（Advantage）：代表由商品特征所产生的优点，是要向顾客证明购买的理由，如功能优势、功效优势等。

B（Benefit）：代表商品的优点带给客户的好处，如质量、价格、效果等。

E（Evidence）：代表证据，如销量、背书、技术报告、口碑、细节图等。

其实，也可以简单地将 FABE 理解为：（F）商品是什么？（A）商品能做到什么？（B）对客户而言，有什么好处？（E）证明你讲的好处。

例：　一件 T 恤使用 FABE 法则提炼卖点，结果如表 6-14 所示。

表 6-14　基于 FABE 法则的 T 恤卖点提炼

T 恤	F（特征）	A（优势）	B（利益）	E（证据）
	网眼布织法	面料挺直、不易皱	永远跟新衣服一样	生产环节展示
	十字线钉扣	扣子不易掉	结实耐穿、不怕洗	细节图展示
	70% 棉 30% 锦纶	防静电、 强吸水性	不刺激皮肤、透气吸汗	吊牌展示、 质检报告
	每厘米 100 针绣花	图案呈现立体	不易脱线，穿着有品味	细节图展示

2. 获取卖点信息

FABE 法则解决了我们在挖掘产品卖点的时候，知道该往何处着手的问题。但是对于一件新产品，我们往往不知道它到底有哪些特征（F）、优势（A）、利益（B）。因此，我们还得学会如何获取产品的这些卖点信息。

现在使用比较广泛的方法有以下两种：

（1）属性分解法

获取卖点信息，最基础的方法就是从商品自身属性出发，如产品的外观、材质、工艺、功能等方面，不断地对属性进行分解。基本的商品属性信息，在商品出厂时都会在产品报告中说明，因此，我们可以轻易获得这些属性信息。

在分解属性时，可以采用九宫格的形式操作，先将能获取到的属性信息填入九宫格内，然后围绕每个属性不断地分解即可，如图 6-5 所示。

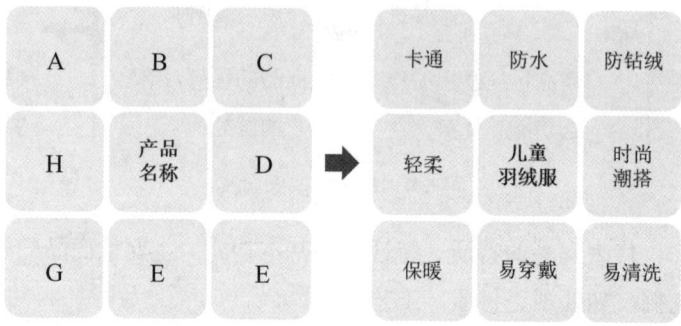

图 6-5 儿童羽绒服属性分解

（2）同行调研法

凡是能做到销量 TOP10 的同行，他们在商品的卖点传达上都有独到之处，因此我们在挖掘商品卖点时，调研竞品的卖点信息也是必不可少的工作环节。

具体操作也很简单：在 TikTok 平台上搜索商品的主关键词，找到竞品并按销量排序，从竞品的主图、详情页上提炼卖点信息即可，如表 6-15 所示。

表 6-15　沐浴露竞品卖点调研

沐浴露商品主图	竞品详情页卖点提炼			
	0 秒出泡	一冲即净	多重植萃精华	久久留香
	一秒顺滑	SPA 级沐浴体验	修护肌肤屏障	权威质检
	滋润肌肤	温和配方	专利抗敏	进口香料
	深层清洁	多重氨基酸表活复配	增强皮肤屏障功能	细节图展示

（3）头脑风暴法

在上面两种方法的基础上，通过在 TikTok 上查询商品热搜词、商品评价等途径获取更多的商品信息，并围绕"目标用户是谁？哪些问题是他们最关心的？在使用场景中，用户还会遇到哪些问题？"三个问题展开头脑风暴，将想到的场景或问题联系到具体的卖点上，再将卖点记录下来。

二、商品卖点梳理

一般来说,商品的卖点信息都比较多,但并不是所有卖点都可以采纳。具体要结合商品特性,将合适的卖点精准梳理出来。主要有两个工作环节:一是将挖掘到的商品卖点全面罗列,二是从罗列出的卖点中提炼出更具优势的卖点。

1. 全面罗列卖点

将挖掘到的所有商品卖点进行罗列,并根据自身商品的特性,删除无用、无关的卖点。如某款净化平衡按摩膏,竞品有紧致淡纹的功能,但自己商品是没有的,那紧致淡纹这个卖点就要删除。最后,将保留的卖点进行汇总,如图6-6所示。

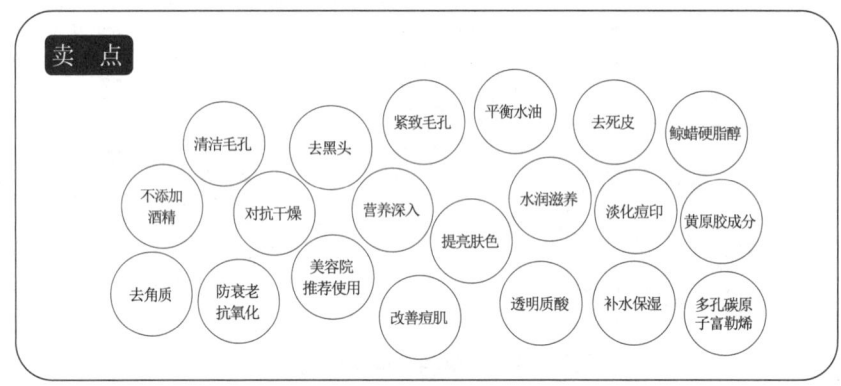

图6-6 某按摩膏卖点罗列

2. 提炼优势卖点

以上罗列的卖点,都是能满足目标用户需求的一切消费理由。但是在市场竞争过程中,光是具备消费理由还不够,还要体现出比竞争对手更好、更优,或者是更独特的商品特性出来。也就是说,我们要从所罗列卖点中提炼出更具优势的卖点来。优势卖点可分为竞争力卖点和核心卖点两种。

(1)竞争力卖点

对比同类商品有超越性的竞争力,或者具有明显的差异化特征,独树一帜,能让人耳目一新,拥有这些特征的卖点就被称为竞争力卖点。竞争力卖点通常用于商品详情页里的卖点图、细节图等场景。

例: 净化平衡按摩膏的竞争力卖点提炼如图6-7所示。

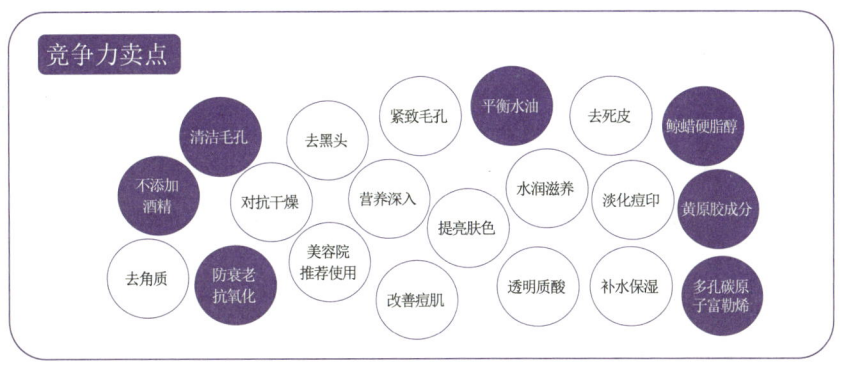

图 6-7 某按摩膏竞争力卖点

（2）核心卖点

核心卖点是唯一的，无论在什么情况下，商品的核心卖点永远只能有一个。买家最关心的，最影响转化的卖点就是核心卖点。核心卖点通常用于主图、海报、详情页首图 banner 展示等场景。

例： 某按摩膏的核心卖点提炼如图 6-8 所示。

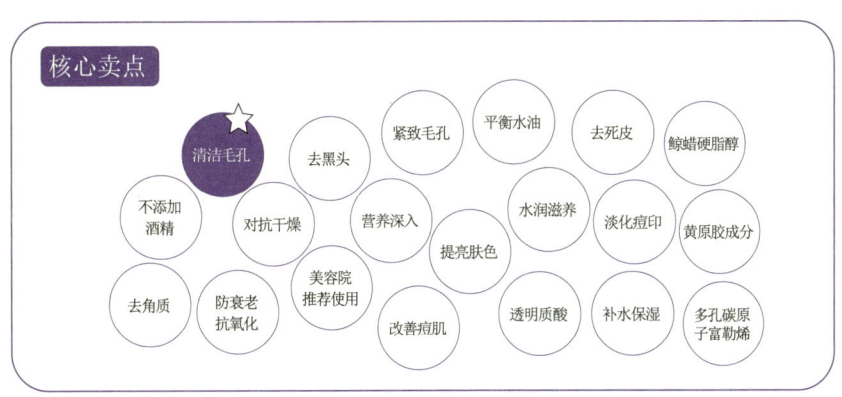

图 6-8 某按摩膏核心卖点

到了这个环节，商品卖点基本已经提炼完成，现在只需按照 FABE 法则将卖点进行梳理即可，如表 6-16 所示。

表 6-16 基于 FABE 法则的某按摩膏的卖点提炼

某按摩膏	F（特征）	A（优势）	B（利益）	E（证据）
	多孔碳原子	吸附毛孔垃圾污垢	深层清洁毛孔	博主推荐
	黄原胶成分	抗氧化	防衰老	功效图展示
	鲸蜡硬脂醇	使皮肤柔润，平衡水油	改善痘肌，平衡水油	功效图展示
	不添加酒精	无刺激配方	温和不过敏	质检报告

学习任务 2　直播脚本与话术设计

直播脚本如同建筑蓝图，从开场预热到产品介绍，再到互动环节和结尾谢幕，每个环节都离不开对直播脚本的精心布局。而直播话术则是主播与观众沟通的桥梁，生动、有吸引力的话术能够迅速吸引观众的注意力，激发他们的购买欲望，提升直播间的活跃度和转化率。

本任务主要从以下两方面展开讲解：
➤ 直播脚本撰写
➤ 直播话术设计

活动 1　直播脚本撰写

在直播过程中，脚本撰写可以帮助主播规划和安排直播内容，提高表达效果，控制直播的节奏和流程，提升直播的效率和质量，增加观众的参与感和互动性。所以，脚本撰写对于一次成功的直播而言至关重要。

一、单品脚本撰写

单品脚本就是针对某款商品的脚本，其主要内容包括商品的品牌、卖点、优惠方式等。主播必须对直播间内商品的特点和营销手段有清晰了解，这样才能更好地将商品亮点和优惠活动传达给用户，以刺激用户的购买欲。

单品脚本可以设计成表格的形式，如表 6-17 所示。将品牌介绍、商品卖点、利益点、直播间注意事项等内容都呈现在表格中，这样既方便主播全方位了解直播商品，也能有效地避免人员在对接过程中产生疑惑。

一场直播一般会持续 2～6 小时，大多数直播间都会推荐多款产品。每一款产品定制一份单品直播脚本，以表格的形式，将产品的卖点和优惠活动标注清楚，可以避免主播在介绍产品时手忙脚乱，混淆不清。

表 6-17　带货产品表

产品名称	产品图片	产品卖点	日常价	直播活动价	核心卖点
狼爪男冲锋衣秋冬新款三合一夹棉内胆防水透气夹克户外休闲外套潮		① YKK 拉链； ② 三合一系统； ③ 夹棉内胆	1 599 元	199 元	折扣力度大、直播间优惠券补贴

续表

产品名称	产品图片	产品卖点	日常价	直播活动价	核心卖点
港风百搭短袖T恤男生韩版ins潮流宽松衣服潮牌半袖潮		① 全新网织技术； ② 潮牌定义； ③ 落肩袖设计	78元	39元	折扣力度大、直播间满减补贴
防晒衣服男夏季新款超薄透气潮流薄款外套潮牌帅气情侣夹克衫		① 防晒透气； ② 弹力微扩； ③ 亲肤舒展	89元	49元	折扣力度大、直播间满减补贴
秋季港风卫衣男圆领春秋款炸街上衣服秋装情侣装宽松外套ins潮牌		① 日系风格； ② 抗皱不紧绷； ③ 独家印花工艺	158元	49.9元	折扣力度大、直播间满减补贴
夏季裤子男士速干休闲宽松工装短裤潮牌ins外穿冰丝五分运动沙滩		① 冰丝工艺； ② 亲肤降温； ③ 弹力不变形	99元	29.9元	折扣力度大、直播间满减补贴
休闲长裤男士新款纯棉工装机能百搭直筒垂感九分ins潮牌裤子		① 拼接工艺； ② 全棉质感； ③ 潮流设计大师推出	99元	39.9元	折扣力度大、直播间满减补贴

二、整场脚本撰写

整场脚本是对整场直播活动的规划与安排，如表6-18所示。重点是直播的思路、玩法和对直播节奏的把控。

表6-18 整场脚本

直播流程	
时间	2020年11月11日（20:00—23:00）
地点	TikTok平台直播间
商品数量	20个
主题	冬日风潮流前线服装
主播	小张+小王（辅助）
场控	小王

续表

直播流程				
运 营	小爱			
时间段	总流程	主 播	场 控	主推产品
20:00—20:10	预热开场	自我介绍 引入直播品牌 进行产品浏览 介绍优惠机制	回复问题推送引流	
20:15—22:15	讲解产品	讲解产品	弹出直播间优惠券	在直播流程中标记
22:50—23:00	结束	回顾本场直播款和优惠机制引人关注		根据直播情况而定
预告文案	男神女神的冬日时尚利器,让你绽放魅力!锁定小爱直播间,相约"双十一"狂欢购物节,等你来选购噢~			
注意事项	① 丰富的直播间互动玩法,提高店铺粉丝新转老。 ② 直播讲解占比:60%介绍产品+40%粉丝互动,从内容入手来进行直播间的规模化包装,不同产品契合专属场景,把控讲解节奏。 ③ 放大产品功能的演绎。 ④ 满400元减5元优惠券,一个订单只能用一张,2件2折——有100个款在专区里。 ⑤ 满199元减150元卫衣券,有20个名额可以参加,所有商品都有活动。			

活动 2 直播话术设计

在当下快节奏时代,尤其是在直播领域,用户在单个直播间的停留时间普遍很短,信任感又不是在短时间内能建立起来的,这无疑加大了直播间的转化难度。因此,延长用户在直播间的停留时长,就成为推动业绩增长的一个重要衡量指标。

要留住直播间用户,就得想方设法营造出有参与感的直播间氛围,让用户沉浸其中,再通过主播本人和直播内容的影响,使用户逐渐产生认同感及购买欲望。

一、直播暖场话术

直播暖场话术是指巧妙使用问候、调侃、介绍或导入话题等形式,营造起良好的直播间氛围,从而让直播进入状态的话术。好的直播暖场话术能够促进观众之间的互动和参与,加强观众与主播之间的联系,能够有效吸引观众的注意力。

1. 开播暖场

开播暖场是指在直播开始之前，通过一些热情活跃的语言和行为，为观众创造轻松、愉快的氛围。开播暖场适用于各种直播场景，如商品推荐、知识分享、娱乐互动等，包括问候观众的常见方式、感谢观众的支持等，目的是引起观众的注意和互动。

例1： Hello, everyone, I am the new anchor. Today is the first day of the live broadcast. Thank you for your support.

译文：大家好，我是一名新主播，今天是直播带货第一天，感谢大家对我的支持。

例2： Welcome to the broadcast room, today to introduce you is the daily makeup skills. If you're interested, give the anchor a point of attention. Don't miss!

译文：欢迎大家进入直播间，今天要给大家介绍的是日常妆容打造的技巧。感兴趣的一定要给主播点个关注，别错过了！

2. 技巧性"自言自语"

技巧性"自言自语"是指主播在直播过程中，通过自言自语的方式表现出对商品的喜爱，调动起直播间的气氛，增加观众的好奇心和兴趣。比如可以念新进直播间观众的名字，读每一条观众的评论，提问式的评论记得及时回复。没有评论时可以说说和直播间主题有关的内容等。

例1： Welcome Sad Frog to the live broadcast, hey! This name is very interesting, what story can you share?

译文：欢迎"悲伤蛙"进入直播间，这名字太有意思了，有什么故事可以分享吗？

例2： Welcome everyone, recently I've taken a liking to cooking. What do you like?

译文：欢迎大家，最近喜欢上了做饭，你们都喜欢什么菜呀？

3. 引起观众好奇

引起观众好奇是指通过一些引人注意的话术，激发观众的好奇心，增强他们对直播的关注和兴趣。

在暖场阶段，利用一些悬念、预告或引人注意的内容，引起观众的好奇心，让他们对接下来的内容保持期待。可以提前宣传新品发布，也可以准备福利或者发布新品，勾起用户对福利的好奇。

例1： Everyone is welcome to enter our live broadcast room. Today, our live broadcast room will have products with unprecedented huge discounts. Don't miss it!

译文：欢迎大家进我们的直播间，今天我们直播间会出一款优惠史无前例的产品，一定不要错过了哟!

例2: Black Friday event is coming, the lowest price in history, we don't want to miss!

译文:黑色星期五活动就要来了,历史最低价,大家千万不要错过了。

4. 直播间福利

直播间福利是指在直播过程中,直播间可以为观众提供一些特别的优惠、折扣或者礼物,提高观众参与的积极性和观看的价值感。

需要注意的是,在直播间内强调了很久的福利不能是空头支票,到时间了就可以发福袋或者抽奖。这个方法很大程度上能减少人员流失,提高直播的回头率和口碑传播效果。

例1: Everyone, we have a red envelope activity at 8:30, and we have a 10 yuan spike activity at 9:30!

译文:家人们,八点半我们有发红包活动,九点半我们有个10元秒杀活动哦!

例2: We will have a lottery right away, and 10 fans will be drawn. I will give you the one in my hand!

译文:马上我们就来一波抽奖,抽中10位粉丝,我把手里的这个直接送给你!

例3: The original price of this product is 20, and now you can enjoy a 20% discount in my live broadcast. The quantity is limited, please place an order quickly!

译文:这个产品原价20美元,现在在我的直播中可以享受到8折的优惠,数量有限,赶快下单吧!

二、引导关注话术

直播引导关注是指在直播过程中,主播通过口头或视觉提示,鼓励观众主动点击关注按钮,关注主播的账号。这样做的目的是建立起忠诚的粉丝群体,增加观众与主播的互动和参与度,扩大品牌的影响力。

1. 口头提示

通过口头提示引导观众关注,可以吸引观众的注意力,观众也会更有动力和意愿去关注主播的账号。

例: Thank you very much for all the fans who still stay in my live broadcast room, my daily live time is 8 o'clock-10 o'clock. If you haven't followed me, remember to follow me. If you have, remember to come on time every day.

译文:非常感谢所有还留在我直播间的粉丝们,我每天的直播时间是8—10点。没点关注的记得点关注，点了关注记得每天准时来哦。

2. 强调互动和奖品

强调互动和奖品可以激发观众积极参与和互动。观众通常对能够与主播互动、表达自己的意见和参与抽奖等活动感兴趣。通过关注主播账号，他们可以参与留言、提问、点赞等，与主播建立更紧密的联系，提升观看体验。

例： Follow the live room, and you will have the opportunity to participate in the interactive lucky draw to win a beautiful gift package worth 99.

译文：关注直播间，就有机会参与互动抽奖，获得价值99美元的精美礼包一份。

三、直播讲解话术

直播讲解话术是指在直播过程中，主播使用一定的表达方式和技巧，清晰、流畅、生动地进行解释和讲解，以便观众理解和接受。好的直播讲解话术能够有效传达直播讲解内容，强化信息传递效果，增加观众的参与感并增强视听体验，从而加深观众对直播间及其商品的了解。

1. 产品信息

在直播中，主播可以向观众详细介绍产品的特点、功能、使用方法等相关信息，以便观众了解产品的价值和功能。通过产品信息讲解，可以让观众全面了解产品的特点和优势，增加对产品的信任感和购买意愿，同时能够帮助观众了解产品的具体特点，为他们提供参考和决策依据，加强观众对产品的认知和信心。

例1： Today I'm going to introduce you to a new smart bracelet. It uses advanced sensing technology to accurately monitor your health data such as step count, heart rate, sleep quality, and more.

译文：今天要向大家介绍的是一款新型智能手环。它采用先进的传感技术，可以准确监测您的步数、心率、睡眠质量等健康数据。

例2： This Bluetooth speaker is not only small and lightweight, but also waterproof and durable. And it provides a two-year warranty. If there is a fault within two years, it can be quality issues.

译文：这款蓝牙音响不仅小巧轻便，还具有防水和耐用的特点。且提供两年质保，一旦出现故障直接换新，大家不需要担心质量问题。

2. 优惠活动

优惠活动讲解可以运用于促销活动、新品发布、特别节日等场景，比如"双11"全民购物狂欢、店铺季度上新等。主播可以重点强调产品的日常售价与直播间价格的对比优势，以及产品在直播期间的特殊促销信息等。

例1： To thank you all for your support, we are now offering a time-limited special. Both regular customers and new customers enjoy a 30% discount.

译文：为了感谢大家对我们的支持，现推出了限时特惠活动。无论是老顾客还是新顾客，均享受全场7折折扣。

例2： In this double 11 national shopping carnival activity, send a comment to get the store no-threshold coupon, what are you waiting for? Come and participate.

译文：在本次"双11"全民购物狂欢活动中，发送评论即可获得店铺无门槛优惠券，还等什么？快来参与吧！

3. 品牌内涵

品牌内涵讲解话术可以着重强调品牌影响力，向观众传达品牌的核心价值观、历史传承和特色文化，增强观众对品牌的信任感和认同感，提高品牌的知名度和忠诚度，为直播间销售做背书。品牌内涵讲解可以用于品牌推广、品牌意识培养、企业形象展示等场景。

例： Our brand has always focused on environmental protection and social responsibility, committed to sustainable development. When you buy our products, you not only get a high-quality experience, but also contribute to the environmental cause. Join us and build a better future together!

译文：我们品牌一直注重环境保护和社会责任，致力于可持续发展。购买我们的产品不仅能够获得高品质的体验，还能为环保事业做出贡献。一起加入我们的行列，共同建设美好未来！

4. 服务保障

通过服务保障讲解话术，向观众介绍品牌提供的优质服务和售后保障措施，帮助观众了解产品质量问题的解决方案，增加观众对购买的信心和安全感，提升购买的信任感和满意度。服务保障讲解可以运用于产品售后服务、品牌形象塑造等场景。

例1： No matter what problems you encounter in the process of use, you can contact our customer service team at any time, we will solve your questions and troubles as soon as possible.

译文：无论您在使用过程中遇到什么问题，都可以随时联系我们的客服团队，我们会尽快解决您的疑问和困扰。

例2： The products in our studio have been strictly inspected and tested before taking photos to ensure the quality and performance of the products. You can rest assured that we will also provide long-term warranty and after-sales support!

译文：我们直播间的产品都经过严格质检，大家拍下之前都会再进行全面的检验和测试，来确保产品的质量和性能。你们可以放心购买，我们也会提供长期的质保和售后支持！

四、直播促单话术

直播促单话术是指在直播过程中主播使用的一种促使观众购买产品的语言表达方式和技巧。好的促单话术可以有效地引导观众购买，并提高产品的销量。它通过激发观众的购买欲望、营造抢购氛围、强调产品优势和分享用户体验等方式，帮助主播在直播中更好地推广和销售产品。

1. 激发购买欲望

主播可以通过语言表达来描述产品的优点、特点、价值以及使用场景，从而激发观众的兴趣和购买欲望。购买欲望是驱动消费者购买行为的关键因素之一，产生购买欲望意味着观众对产品存在一定的兴趣，激发购买欲望能提高他们的决策意愿，从而促成购买行为。

例1： This perfume is available for only 100 orders in our live broadcast room today, and will restore to the original price. Fans, hurry to place an order and grab the purchase.

译文：这款香水今天在我们直播间只提供100单库存，100单之后就恢复原价，心动的粉丝尽快下单抢购吧。

例2： Today we have specially prepared some package offers and combination sales! If you buy our dress, we will offer you a free bag to match. If you miss out today, you'll miss forever.

译文：今天我们直播间特别准备了一些套餐优惠和组合销售！如果您购买我们的连衣裙，我们将赠送您一个包包进行搭配。错过了今天就没有了。

2. 营造抢购氛围

营造抢购氛围这种类型的话术旨在通过有限时间和有限库存等限制条件，创造出紧迫感和抢购热潮,以达到提高订单量的目的。

这种话术能够有效地推动购买决策和增加销售,促使观众尽快购买,减少犹豫和拖延,从而提高产品的销售速度和数量。主要适用于有限时优惠、特定数量或仅限于观看直播的特殊优惠活动。

例1: There are only a few places left for this special offer, so if you want to snap up this product, you have to hurry!

译文:这个特别优惠只剩下最后几个名额了,大家如果想要抢购这款产品,就要抓紧时间了!

例2: Don't hesitate, this event only lasts until today. If you miss it, you will miss it forever. So place your order now!

译文:别犹豫了,这个活动只持续到今天。错过了就再也没有了,赶快下单吧!

例3: There is only one hour left in the special offer, so fans who have not yet participated in the event should hurry up!

译文:特惠活动只剩下最后一小时,还没有参与活动的粉丝们抓紧时间!

3. 强调产品优势

这种类型的话术通过强调产品的特色和优点来吸引观众的关注和兴趣,让观众认为购买产品会带来实际的好处和满足感。目的是让观众了解到产品的独特之处,增强他们对产品的认可度和兴趣。主要适用于有较大特色的产品,例如新品、独家设计或有特殊功能的产品。可以运用的场景包括产品介绍直播、比较评测直播等。

例1: This cleaning cloth in our studio only needs to be wiped once. Dust and oil stains are eliminated, and almost no water stains remain.

译文:我们直播间中的这款清洁布只需要擦一次,灰尘和油渍通通不见,而且几乎不会残留水渍!

例2: This hair dryer in our studio uses a new quick-drying technology, and the effect is completely different from that of ordinary products, which makes you feel that the kind of hair dryer with large sound and large power used before is particularly harmful to hair. You'll be surprised if you buy it!

译文:我们直播间中的这款吹风机采用全新速干技术,跟普通的产品效果完全不同,用上这款吹风机就会觉得以前用的那种声音超大、功率超大的吹风机特别伤头发。买了它将会让你感到惊喜!

4. 分享用户体验

分享用户体验话术是通过分享其他用户的反馈,向观众介绍产品的实际效果和价值,增加观众的购买意愿。

用户体验是购买决策过程中的重要参考因素,分享用户体验可以让观众更好地了解产品的真实效果和优点。分享用户体验可以增加观众对产品的信任和兴趣,促使更多观众下单购买,增加销售量。

例1: I spent a month trying this mask myself and it is absolutely worth it. So I highly recommend it to everyone, and I believe it will meet your needs too.

译文:我花费一个月亲自体验了这款面膜,绝对物超所值,因此我向大家极力推荐,相信它也会满足你们的需求.

例2: The product we launched last year has already won the love and praise of many users. They shared their experience, which you can see in the comment section!

译文:去年我们推出的这款产品已经赢得了很多用户的喜爱和好评。他们分享了他们的使用体验,你可以在评论区看到!

延伸拓展

扫码阅读以下学习资源,拓展自己的知识和视野:

文章1:影响 TikTok 直播效果的关键因素

文章2:TikTok 直播带货话术技巧分享

文章1

文章2

 **思政园地**

新人主播第一场直播销售额超过外籍主播一个月

思政元素：持续行动、大胆尝试。

大多数人对 TikTok 主播晏光桦的第一印象是自信、英语好、感染力强，种草能力一流，可谁能想到，她是一个入行不久的新人。

当第二天收到正向反馈后，她开心地说："就这一单，就能支撑我一个星期的快乐。"然而比起这个小插曲，晏光桦的第一次直播更具有戏剧性。

刚来到公司后，晏光桦和所有新人一样从主播助理开始干起。直到入职第四天，她迎来了自己第一次上播的机会。外籍主播临时有事，让她先顶上。然而距离开播时间只有不到 2 小时，晏光桦才接到上播通知。

"比起紧张，更多的是兴奋。因为我喜欢展示自己。"晏光桦说道。在镜头打开的一刹那，晏光桦的人生也迎来了曙光。在没有公司准备的话术情况下，她现场自由发挥。整场直播下来，晏光桦成功获得了一众粉丝的支持，仅单场直播就完成了外籍主播一个月的销售额。

（资料来源：3 年换了 3 份工作，25 岁的她靠做 TikTok 主播实现月收入翻倍 [EB/OL]．（2022-12-08）[2024-12-18].https://learning.sohu.com/a/615031396_121226505）

思考与讨论

1. 以上案例给你带来了什么启示？
2. 主播人设、外在形象塑造对直播间的销量影响大吗？

Module 7

模块七 跨境直播带货

学生工作页

任务描述

【任务情景】

小王是一名 TikTok 跨境直播主播,主管让她与场控小安搭档进行直播,但小安是职场新人,对直播毫无经验,于是小王详细地跟小安讲解了直播工作的流程,包括如何进行商品讲解、如何回答观众疑问、如何展示商品、如何进行促单,另外也告知小安需要在直播期间协助主播进行暖场互动、分发营销信息、维护直播间秩序、准备物料等。

【任务要求】

根据任务的情景描述,通过与班组长沟通,以独立或小组合作的方式,制定工作计划,在规定工期内,结合平台规则,完成跨境直播带货相关操作。

【任务资料】

完成上述任务时,可以使用所有的教学资料,如工作页、信息页、实训任务书、个人笔记以及网络资料等。

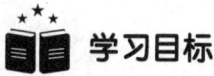

学习目标

序号	学习环节	学时	学习目标
1	获取跨境直播带货信息	1	能概述 TikTok 直播商品的讲解、答疑与展示技巧
			了解直播带货的促单技巧
			了解跨境直播场控的暖场与管理方法

续表

序号	学习环节	学时	学习目标
2	制定跨境直播带货计划	1	能根据直播活动,制定跨境直播讲解展示与促单计划
			能制定跨境直播暖场与管理计划
3	做出跨境直播带货方案决策		能讨论已制定的工作计划并做出决策
			能提升直播带货能力
4	实施跨境直播带货任务	2	能进行商品讲解、展示与答疑工作
			能进行直播促单
			能协助主播进行互动、分发营销信息
			能维护直播间秩序与准备物料
5	跨境直播带货过程控制		能优化直播讲解
			能优化直播间暖场形式来激发观众热情
6	评价反馈	1	能按分组情况,派代表展示工作成果,正确规范地撰写工作总结(心得体会)
			能够辩证地看待问题,从多角度思考并做出独立的判断,养成独立思考的习惯

 学习路径

序号	学习环节	学习步骤	学习活动
1	获取跨境直播带货信息	跨境直播销售	获取产品讲解与展示信息
			获取促单技巧运用信息
2		跨境直播场控	获取直播间暖场信息
			获取直播间管理信息
3	制定跨境直播带货计划	制定计划	制定跨境直播带货的计划
4	做出跨境直播带货方案决策	做出决策	小组讨论计划可行性,确定最优方案
5	实施跨境直播带货任务	跨境直播销售	产品讲解与展示
			促单技巧运用
6	实施跨境直播带货任务	跨境直播场控	直播间暖场
			直播间管理
7	跨境直播带货过程控制	工作质量控制	直播讲解与展示优化
8		工作过程控制	任务清单检查

续表

序号	学习环节	学习步骤	学习活动
9	评价反馈	评价与反馈	展示任务成果
			记录意见建议
			书写心得体会
			考核计分

 任务工单

任务名称	跨境直播带货		
任务负责人		任务接收时间	
任务下达者	直播部主管	要求完成时间	1 天内

工作任务说明：

情景一：阅读下列产品信息，在 TikTok 直播间从产品信息、品牌背书、服务保障、优惠活动四方面进行产品讲解；参考国内电商平台，从商品外观形象、商品使用方法、商品实际效果三方面总结下列产品展示情况。

表 1　维生素面膜产品信息

商品名称	维生素面膜（14 片）
商品品牌	WONJIN：坚持用科学的方式不断探索研究，从肌底呵护肌肤的护肤品；坚持选择优质天然的原料和成分，不含有害成分
商品功效	清洁、修护
核心功效	抗氧化、收缩毛孔、补水
核心成分	维生素 A、B、C、E，香橙皮、蜜柑皮，六重玻尿酸
保质期	36 个月
适用肤质	任何肤质
质检报告	通过低刺激产品认证
服务保障	7 天无理由退货、过敏包退
原　价	168 元
活动价	88 元（5 000 单库存）
总库存	50 000 单

续表

结合上述产品信息,针对下面两位客户针对该产品的疑问,思考应如何回答。
小A:这款维生素面膜的成分有哪些?有没有添加任何有害物质?
小V:长期使用有没有副作用?

情景二:小林与安安是玻色因水乳套装 TikTok 平台主直播间的场控与主播,由于安安连续直播,声带受损,请你帮助场控小林提炼出本场直播产品的特性与促销机制,配合主播安安进行产品补充说明(产品信息如表2所示)。经过两人的默契配合,直播逐渐进入尾声,而直播间的观众也开始纷纷离开,需要你帮助主播安安完成话题引导、互动抽奖工作,继续吸引观众留存。表3是新进直播间观众的部分评论,请你帮助场控小林完成评论区维护工作,对违规用户进行处理或屏蔽敏感词。

直播结束后,直播运营主管找到小林,告知了小林玻色因水乳套装 TikTok 平台第二直播间的场控经验不足,没能充分准备好物料,导致直播效益不佳的情况,让他协助第二直播间的场控完成第二天该直播间的物料准备工作,现需要你帮助小林书写一份物料跟进单。

表2 产品信息

名 称	【圣诞节限定】玻色因水乳礼盒套装
原 价	479 元
活动价	419 元
功 效	保湿补水
促销机制	直播间下单赠4件修护礼,到手玻色因水 130 mL+ 玻色因乳液 110 mL+ 玻色因水 65 mL+ 玻色因乳液 50 mL+ 玻色因面膜 2 片 + 礼盒包装,限量 4 500 份

表3 主直播间用户评论

Tt123	加入我的网络营销团队,赚取大量的金钱!
9900	感谢主播分享这些有趣的知识,我学到了很多!
July	主播,你的身材真是太火辣了!
AA	请问主播能分享一些关于如何使用的干货吗?
小C	这款面膜含有大量防腐剂,大家不要买!

情况记录:

任务等级	□重要且紧急	□重要但不紧急	□紧急但不重要	□不重要且不紧急
完成时间	□提前完成	□按时完成	□延期完成	□未能完成
完成质量	□优秀	□良好	□一般	□差

跨境电商直播

 **任务分组**

将学生按每组 4～6 人分组，明确每组的工作任务。

班　级		组　号		指导老师	
组　长		学　号			
组　员	姓　名	学　号		姓　名	学　号
任务分工					
例如：_____同学，主要负责_____工作。					

获取信息

根据引导问题，从信息页的相关学习任务中获取对应的信息，回答引导问题并在空白处填写答案。

步骤1　跨境直播销售

学习活动 1　获取产品讲解与展示信息

● 引导问题 1：产品讲解四维度主要包含哪些内容？请举例说明并写入表 7-1 中。

表 7-1　产品讲解维度内容

产品信息	品牌背书	服务保障	优惠活动

● 引导问题 2：在直播间进行商品展示时，主要包含哪些要素？

200

● 引导问题 3：消费者对产品存在疑问的情况，主播应当遵循怎么样的答疑流程？

_____

_____

学习活动 2 获取促单技巧运用信息

● 引导问题 4：请判断下列情景分别属于哪种促单心理，并在表 7-2 中勾选。

表 7-2 促单心理判断

情　境	促单心理
限时限量限购	锚点效应 □ 心理暗示 □ 制造稀缺 □
产品价格低的用折扣，产品价格高的用绝对值减价	锚点效应 □ 心理暗示 □ 制造稀缺 □
重复强调全网最低价	锚点效应 □ 心理暗示 □ 制造稀缺 □

● 引导问题 5：请判断下列哪种促单技巧运用正确，并在表 7-3 中打"√"。

表 7-3 促单技巧应用情况判断

情景	描述	
情景一： 100 件秒杀库存	今天的秒杀产品在我们直播间有 500 件库存，但品牌方觉得优惠力度太大减少到 100 件。	□
	今天这款手表只有 50 件库存，但是由于大家十分热情，主播跟商家又多争取了 50 件，总共 100 件，心动的粉丝们抓紧时间下单抢购吧！	□
情景二：折扣	其他直播间都在以八折售卖，但我们直播间给你们的折扣是五折！我是唯一能够提供如此低折扣的人！	□
	这是我特意为大家争取到的独家优惠！我们直播间跟厂家直接合作，为了给你们带来最划算的价格，成功地谈下了全网最低价！	□

步骤 2 跨境直播场控

学习活动 1 获取直播间暖场信息

● 引导问题 1：请列举场控协助主播互动的主要工作内容。

引导问题 2：请判断下列三种话题引导技巧分别属于哪一种类型，并请在表 7-4 中完成勾选。

表 7-4　话术互动判断

话　术	话术互动类型
你们觉得这个口红系列里哪个色号最好看？	提问式互动 □ 选择题互动 □ 刷屏式互动 □
最后十秒，发送"××"进行抽奖。	提问式互动 □ 选择题互动 □ 刷屏式互动 □
套装 A 和套装 B 大家选择一款，限时一折。	提问式互动 □ 选择题互动 □ 刷屏式互动 □

引导问题 3：请简述场控在直播过程中分发营销信息主要包括哪些内容。

学习活动 2　获取直播间管理信息

引导问题 4：请列举直播间敏感词包含哪些内容。

引导问题 5：请简述直播间需要准备哪些物料。

模块七　跨境直播带货·学生工作页

制定计划

确定完成工作的途径、步骤和所需的工具材料，制定任务实施的计划。

● 引导问题1：根据任务工单情景一设定的商品信息，分析应如何进行产品讲解？内容侧重点有哪些？

_____

_____

● 引导问题2：结合所学知识，思考任务工单情景一中的产品应如何进行展示？展示技巧包括哪些？

_____

_____

● 引导问题3：结合所学知识，思考直播产品可以运用的促单技巧。

_____

_____

● 引导问题4：结合所学知识，分析助播进行直播间暖场的主要工作。

_____

_____

● 引导问题5：根据任务工单情景二中的用户评论，分析直播间违禁敏感词有哪些？什么样的用户会被拉黑处理？

_____

_____

● 引导问题6：阅读任务工单情景二中的产品信息，请思考该产品类目的直播间需要准备的物料有哪些？请将结果填入表7-5中。

表 7-5 直播物料清单

物料类别	具体内容
辅助工具	
宣传物料	
样品	

做出决策

组内就实施计划进行深入探讨,确定实施重点和难点并提出解决方案。再根据表 7-6 所列的几方面进行评分,选定分值最高的计划作为最终的任务实施方案。

表 7-6 方案评价表

评价内容	评价细则	评分(1~5分)
目标和需求	① 计划制定与工单目标需求一致; ② 产品讲解与展示促使用户积极下单; ③ 场控互动激发用户热情,物料准备完整	
时间和资源	① 能够在工期要求内完成计划; ② 软硬件符合计划实施需求	
技术可行性	有足够的技术能力和专业知识来执行计划	
风险管理	对潜在的技术难题、时间延误等风险做了应对备案	
综合得分		

结论(组内最终决策):
例:选择_____同学提出的方案,同时调整了_____处。

实施任务

根据制定的工作计划,按照下方步骤完成任务实施。如果无法独立完成,可以参考配套实训任务书及微课视频。

步骤1 跨境直播销售

学习活动1 产品讲解与展示

● 引导问题1:根据任务工单情景一中的产品特点,结合所学知识,进行产品讲解话术设计,填入表7-7;参考国内电商平台,写出该类型产品的直播间展示思路。

表7-7 产品讲解与展示

	话术示例
产品信息	
品牌背书	
服务保障	
优惠活动	

产品展示思路:_____
_____

● 引导问题2:阅读任务工单情景一中的客户疑问,结合所学知识进行答疑,请在表7-8中写出答疑思路。

表7-8 产品答疑

客　户	提出问题	答疑思路

学习活动2 促单技巧运用

● 引导问题3:根据任务工单情景一中的产品特点,从价格锚点、心理暗示、制造稀缺三方面分别进行促单话术设计,从而达到提升产品销量的目的,并将话术填入表7-9中。

表 7-9　促单话术设计

促单方法	话术设计
价格锚点	
心理暗示	
制造稀缺	

步骤 2　跨境直播场控

学习活动 1　直播间暖场

● 引导问题 1：阅读任务工单情景二，提炼产品特性与促销机制，配合主播进行补充说明，写出场控补充话术，设置不少于两种话题与观众进行互动。

补充话术：_____

_____

引导话题：_____

_____

● 引导问题 2：阅读任务工单情景二，设置一种营销信息完成直播间暖场。

分发营销信息：_____

_____

学习活动 2　直播间管理

● 引导问题 3：仔细阅读任务工单情景二中的用户评论内容，分析判断是否违规，若是，如何处理？请填写表 7-10。

表 7-10　直播间秩序维护

用户评论	判　断	处　理
Tt123：加入我的网络营销团队，赚取大量的金钱！		
9900：感谢主播分享这些有趣的知识，我学到了很多！		
July：主播，你的身材真是太火辣了！		

续表

用户评论	判　断	处　理
AA：请问主播能分享一些关于如何使用的干货吗？		
小C：这款面膜含有大量防腐剂，大家不要买！		

● 引导问题4：仔细阅读任务工单情景二中表1的产品信息，完成表7-11的填写。

表7-11　物料跟进单

项目名称	玻色因水乳套装TikTok平台第二直播间			
物料类别	具体内容	跟进内容	使用场景	完成情况（完成则画"√"）
辅助工具				
样品				

过程控制

根据以下任务检查清单，小组合作进行必要的最终任务检查，并根据任务实施过程和结果的实际情况，优化改进工作计划。

步骤1　工作质量控制

结合直播产品特性，分析直播是否有违规操作，填入表7-12中。

表7-12　违规操作分析表

跨境直播带货环节是否符合规范	是□　　否□	
直播互动中常见问题	分　析	
产品展示不完全，影响用户观看	原因：	
	解决方案：	

续表

直播互动中常见问题	分析	
评论管理情况，敏感词未屏蔽，随意拉黑用户	原因：	
	解决方案：	
直播互动尴尬，造成用户流失	原因：	
	解决方案：	
光线不足或过亮	原因：	
	解决方案：	
背景过于空旷或单调	原因：	
	解决方案：	

步骤 2　工作过程控制

请进行必要的任务完成情况的最终检查，将结果填入表 7-13 中。

表 7-13　任务检查清单

序　号	检查事项	检查结果	
1	产品讲解与展示全面，给观众留下良好观感	符合 □	不符合 □
2	产品答疑流畅有序、不卡壳	符合 □	不符合 □
3	促单技巧运用合理得当，不引起用户反感	符合 □	不符合 □
4	屏蔽词设置合理全面	符合 □	不符合 □
5	黑名单设置有理有据，不污蔑直播间用户	符合 □	不符合 □
6	直播互动自然，吸引用户注意	符合 □	不符合 □
7	话术互动新颖独特，有创意	符合 □	不符合 □
8	直播间物料准备完整充足	符合 □	不符合 □

评价反馈

1. 各组派代表上台展示成果，并介绍任务的完成过程。
2. 其他组同学给你们提供了哪些意见或建议？请记录在下面。

_____

_____

_____

3. 本任务的心得体会：

_____

_____

4. 评价方式采用多元化评价，评价主体由学生、小组与教师构成，评价标准、分值及权重如下所示：

（1）学生进行自我评价，并将结果填入表 7-14 中。

表 7-14　学生自评表

班级：_____　　组名：_____　　日期：_____年____月____日

评价项目	评价标准	分　值	得　分
信息检索	能有效利用网络资源、配套资料查找有效信息	10	
知识掌握	能准确理解学习任务中讲述的知识内容	15	
技能训练	能按任务书要求，按计划完成工作任务	15	
感知工作	认同工作价值，在工作中能获得成就感	10	
团队素养	教师、同学之间相互尊重、理解，平等交流	10	
职业素养	能严格遵守相关工作守则和法律法规	10	
思维状态	能发现问题、分析问题并解决问题	10	
参与状态	能发表个人见解，倾听他人意见和看法	10	
创新意识	能在工作过程中做出创新点	10	
合　计		100	

（2）学生以小组为单位，对学习任务的实施过程与结果进行互评，将互评结果填入表 7-15 中。

表 7-15　小组互评表

班级：_____　　被评组名：_____　　日期：_____年____月____日

评价项目	评价标准	分　值	得　分
团队素养	该组小组成员间合作紧密，能互帮互助	15	
	该组的工作计划周密，组织有序	15	
	该组态度端正，有较强的吃苦耐劳精神	10	
工作情况	该组的工作效率突出	20	
	该组的工作成果完整且质量达标	30	
	该组严格遵守相关工作守则和法律法规	10	
合　计		100	

（3）教师对学生工作过程与工作结果进行评价，并将评价结果填入表7-16中。

表7-16 教师评价表

班级：_____　　　　组名：_____　　　　姓名：_____

评价项目	评价标准	分　值	得　分
考　勤	无无故迟到、早退、旷课现象	10	
工作过程	能正确回答引导问题并填写答案	20	
	能制定详细的工作计划	10	
	能按任务书要求规范实施工作活动	20	
项目成果	能按时完成任务	10	
	项目实施过程中态度认真、细致、严谨	10	
	任务成果完整且质量达标	20	
合　计		100	
综合评价	自我评价（20%）	小组互评（30%）	教师评价（50%）	综合得分

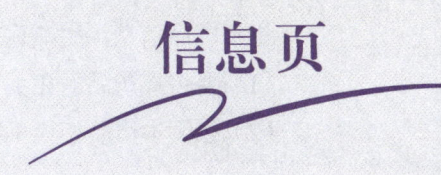

学习任务 1　跨境直播销售

跨境直播讲解与展示可以帮助观众更好地了解和认识商品。通过主播详细介绍商品的特点、功能、材质等信息，观众对产品可以有更全面的了解；通过展示商品的外观和细节，观众可以更直观地感受到商品的质量和价值，这有助于建立观众对商品的信任感。

本任务将从以下两方面展开讲解：

▶ 产品讲解与展示

▶ 促单技巧运用

活动1　产品讲解与展示

全方位的产品解读是主播在直播过程中的主要工作任务。主播不仅要为观众全面讲解产品的功能和优势，而且打消观众下单时的疑虑，提升观众的购买欲望。这里主要从产品讲解、产品展示与产品答疑三方面展开介绍：

一、产品讲解

一场数小时的直播，仅靠个人现场反应能力是很难支撑下来的，因此主播还需要掌握一个标准的讲解框架，用来梳理讲解流程。该框架分为如图 7-1 所示的四个维度。

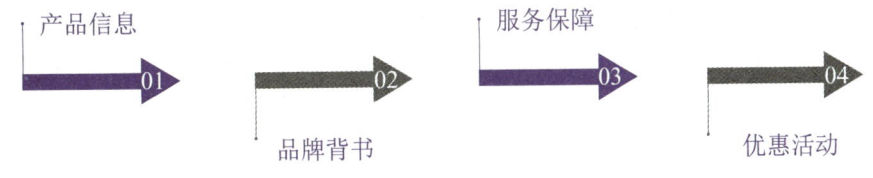

图 7-1　直播产品讲解四维度

1. 产品信息

讲解产品信息，要抓住两个点：

（1）要传播产品的相关专业知识，教观众如何辨别伪劣、真假以及搭配技巧等；

（2）强调本产品相比于同类产品的特殊性，价格、质量、舒适度等均可。

例： 从专业度讲解如图 7-2 所示某品牌香水：

加入了珍珠云母粉，液体呈四色流沙质感。前调是清新的柑橘、茶以及小苍兰的气息，中调融入味道更酸甜的红果、富饶浓郁的牡丹和清新的梨，层次丰富而不张扬，后调淬炼了麝香和香草的气息。

图 7-2　某品牌香水

讲解专业知识是为展示专业度，但要打动观众，还需要用场景化的语言进行描述，营造出一种画面感，让观众能充分想象。

例： 香水的气味，就像穿着白纱裙在海边漫步的女生，非常干净的感觉。

香水的气味就像下过小雨的森林里的味道。

屋顶花园，玫瑰香，非常适合夏天。

不同商品在讲解时的侧重点不同，如食品类更侧重于口感、安全性、营养价值等，服装类更倾向于讲解面料、设计亮点、尺码、款式等，美妆类则更倾向于色号、材质、成分等，如表 7-17 所示。

表 7-17　美妆类商品讲解要点

商品类型	讲解要点
底妆类	色号、适合的肤质、持久度、滋润度、遮瑕度等
唇妆类	色号、持久度、滋润度、是否容易沾杯、适合搭配何种腮红、眼妆等
修容类	质地（如粉状、膏状）、颜色（如偏红、偏灰）、是否飞粉、是否易晕染开等
遮瑕类	适合的肤质、遮瑕度、滋润度等

续表

商品类型		讲解要点
眼妆类	眼线	颜色、持久度、防水性、使用寿命、顺滑程度等
	眼影	质地、显色度、延展度、细腻度、持久性、飞粉程度等
	眉笔	颜色、成分、质地是否柔和、持久度、防水性等
	睫毛膏	持久度、刷头形状、功效（让睫毛显浓密、卷翘），刷完是否出现"苍蝇腿"等
化妆工具类		商品的用途、材质、使用方法、使用感觉等
卸妆类		质地、卸妆效果、适用的场合等
洁面类		商品成分、适合肤质、起泡情况、清洁强度、是否具备卸妆效果，洗完脸后是否有紧绷感等
面膜类		功效、成分、使用方法、精华液含量等
美容工具类		功效、使用方法、使用效果、商品安全保证、商品质量认证等

2. 品牌背书

可以介绍品牌理念、产地信息等，包括品牌创立和发展过程中有意义的新闻、重大事件，品牌创始人的故事等，重在强调品牌影响力，为直播间销售做背书。

3. 服务保障

主要介绍物流发货速度、产品的退换货条件、到货买家的真实感受、当前已销售数量等，目的就是打消观众对产品真实性和售后保障的疑虑。

4. 优惠活动

介绍优惠活动信息时应重点强调产品的日常售价与直播间价格的对比优势，以及产品在直播期间的特殊促销政策等，如现在下单不仅享受直播间价，还另赠送××礼品，如图 7-3 所示。

图 7-3　优惠活动

小贴士

直播间有不断加入的新用户,因此主播需要重复引导。也就是说,在单品播出时间内,要对以上四个维度的重要信息不断重复讲。

二、产品展示

在TikTok直播间进行商品展示时,主要包含以下三个要素:

(1)能体现商品各角度的外观形象(Show);

(2)能体现商品的使用方法(试用);

(3)能体现商品的实际效果(真实)。

通过两个类目的商品展示做法对比进行举例说明:

1. 食品类——薯片

错误展示:只展示包装,不展示实物;

正确展示:将不同颜色包装的薯片排列整齐放在靠镜头近的桌上——Show;
　　　　　展示包装拆开流程并试吃——试用;
　　　　　向观众近距离展示单个薯片实物——真实。

2. 美妆类——口红

错误展示:只展示色号;

正确展示:将口红置于镜头前,360度缓慢展示外观、口红图案等——Show;
　　　　　涂抹手背进行色号展示,并上嘴涂抹——试用;
　　　　　从不同角度向观众展示口红上嘴后的效果——真实。

小贴士

商品展示有几个注意点:

(1)如果直播间送礼物的人数较多,助理需要将商品展示区避开礼物区;

(2)在进行商品展示时要注重美感,包括与镜头的位置、试用时的表情控制等;

(3)借助道具和模特展示时要控制中心,不能喧宾夺主。

三、产品答疑

即便主播能将直播产品的各方面都介绍到位，但观众依然会存在各式各样的疑虑，这是不可避免的，因此在直播带货过程中，主播要及时回应观众提出的问题，做好观众的疑问解答，答疑情况直接影响着部分观众的购买决策。

因此，主播应当遵循以下答疑流程：

（1）挑选与产品相关并能解答的问题。

（2）参照 FAQ 给出回复。

（3）收集观众高频疑问，完善 FAQ。

 小贴士

FAQ 即常见问题解答，通过事先收集一些客户经常问到和遇到的问题，提前制定好应答话术。FAQ 要经常更新，不能一成不变！

 想一想

思考：若观众的某些问题对产品销售有着较大的影响，但主播又无法解答，该怎么处理呢？

若观众的某些问题对产品销售有着较大的影响，但主播又无法解答，那么主播可以采取以下措施：

（1）可以立刻解决的，邀请团队人员补充解答；

（2）不能立刻解决的，直接忽略问题，做好控评或选择跳过该商品的讲解；

（3）问题严重的，先安抚观众情绪，下播后再做声明回复，做好补救。

例： ××号链接产品和实际发货的一样吗？

应答技巧：复述问题＋给出证据。

话术示例：It is guaranteed that the goods received are consistent with the live broadcast products, official and authentic, and triple refund is guaranteed for fake goods. If there is any problem, you can return or exchange the goods at any time.

译文：保证收货与直播一致，官方正品，假一赔三，有问题随时可以退换货。

例： ××产品有什么优惠吗？

应答技巧：明确流程。

话术示例：××× who asked about the offer, now follow the anchor to receive a $10 coupon, order over 120 will be reduced by 30.

译文：提问优惠的××，现在关注主播即可领取10美元优惠券，下单满120还减30。

活动2 促单技巧运用

直播做的一切铺垫，都是服务于一个最终目的——促单。人是感性动物，容易被视觉影响，更容易被情绪影响。以下是常见的几种促单技巧：

一、价格锚点促单

简单地说就是给自己的产品价格寻找合适的打折方式，使促销活动更吸引人。

例： 100元的产品领优惠券减20元，跟1 000元的产品减100元，给消费者的第一印象是折扣力度不一样，前者的吸引程度比不上后者；但是换一种方式，100元的产品打八折，1 000元的产品还是减100元，消费者就会觉得都很吸引人。这样直播的时候，TikTok主播喊出来的优惠就能够给观众制造出惊喜。

所以产品价格低的最好用折扣，产品价格高的最好用绝对值减价，这就是我们说的锚点效应。具体操作时，TikTok主播可以举同类产品或者其他电商直播平台销售的同款产品进行对比，强调自己产品的优势。

用一个比较价格来衬托预先设置好的价格，这个预先设置好的价格就是价格锚点。促单时，主播要不断强调价格锚点，给观众传达"买到就是赚到"的感觉。

例： 强调手提包优惠价+赠品的话术：

错误示范：今天这款包包在我直播间的价格是699，同时赠送一个50 mL的面霜。

话术示例：The original price of this bag is 999 yuan. Today the price in my broadcast room is 699 yuan, and we also give you a face cream worth 499 yuan. It means that you only pay 699 for goods worth 999+499, saving 799 yuan for everyone!

译文：这款原价999元的包包，今天在我直播间的价格是699元，而且还赠送大家一个价值499元的面霜，相当于大家付699元，可以买到999+499元的商品，为大家省下799元！

 小贴士

运用价格锚点技巧时，最好进行现场比价，在TikTok平台搜索同款商品，将商品在电商平台的日常销售价与直播间价格进行对比，增强价格锚点的真实性。

二、心理暗示促单

我们经常在电视上看到的各种重复广告就属于这类，不仅仅是优惠折扣，心理暗示的某些点也是可以提前设置的。比如，主播经常在直播中强调"我们是全网最低价"，一场下来重复几十上百次。因此主播要学会在潜意识中改变观众的认知，不断重复这种心理暗示，使观众确信在直播间买最划算。

例： 强调产品为全网最低价的话术

错误示范：其他直播间都在以80%折扣售卖，但我们直播间给你们的折扣是50%！我是唯一能够提供如此低折扣的人！

话术示例：This is an exclusive offer I got for you! Our direct cooperation with manufacturers, in order to bring you the most cost-effective price, successfully negotiated the lowest price of the whole network!

译文：这是我特意为大家争取到的独家优惠！我们直播间跟厂家直接合作，为了给你们带来最划算的价格，成功地谈下了全网最低价！

三、制造稀缺促单

稀缺其实就是让观众感受到"再不买就没了""机不可失"等，缩短观众的决策时间，这也是大多数人理解的"饥饿营销"。

在直播促单时制造稀缺，就要做到以下两点：

（1）不断提醒用户限时限量

（2）营造争抢的氛围

营造争抢氛围是制造稀缺的重点，方法也很简单：控制销量。

所谓的控制销量，其实就是控制公布出来的数字而已，在库存上体现出供不应求的表象，让大家疯狂抢购。

例： 100件秒杀库存的话术

错误示范：今天的秒杀产品我们直播间有500件库存，但品牌方觉得优惠力度太大减少到100件。

话术示例：Today, there are only 50 pieces of this watch in stock, but because of everyone's enthusiasm, I asked the merchant for 50 pieces of inventory, a total of 100. Fans, take the time to place an order now!

译文：今天这款手表只有50件库存，但是由于大家的热情，我跟商家又多争取了50件库存，总共100件。心动的粉丝们现在抓紧时间下单抢购吧！

错误示范中，粉丝开始看到的库存是"先充足、后紧张"；而正确示范中，粉丝开始看到是"先紧张、后充足"，且易被主播的真诚打动从而选择下单。两者相较之下，很明显是正确示例中的方式更易烘托抢购氛围。

当产品由充足变成稀缺时,观众产生了更积极的正面反应。这意味着,比起一直稀缺的产品,刚变成稀缺的产品具有更大的吸引力。通过粉丝的"损失厌恶"心理进行促单。

例： 在直播间常见的就是限时限量限购,如图7-4所示。在TikTok平台直播时,主播会不断强调、不断操作商品上架,最后观众会发现几乎没有一件直播中的产品是可以让自己敞开钱包随便买、随时买的,总有各种限制。而这些限制,就会让观众因为害怕错过和等待而选择赶紧下单。

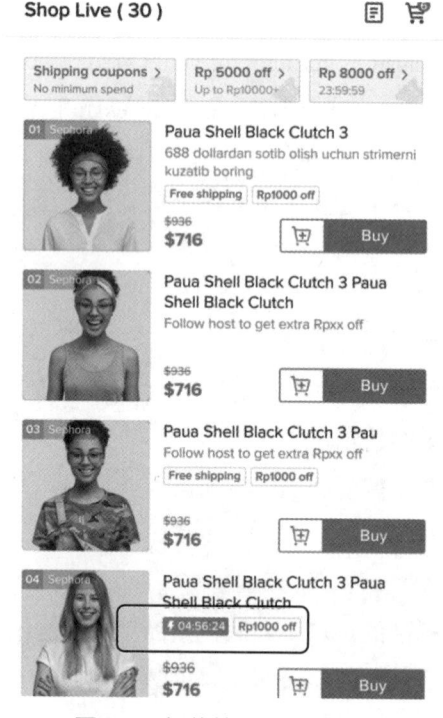

图7-4 促单技巧之"秒杀"

促单注意事项

(1)好的产品需要主播能把它的优点清晰地介绍给自己的粉丝,这就需要一个好文案。

(2)推销产品的时候主播一定要自然植入,不能经常性插入硬广告,这样会引起部分粉丝的反感,从而流失顾客,主播可以选择在聊天话题中引入自己想要宣传的产品,做软植入。

（3）主播可以建立自己的粉丝群，在直播里留下自己的群号，平时在群里与粉丝互动，发自己使用产品的生活照，但记住照片要自然，不能让粉丝觉得是摆拍。

（4）主播和助理之间要亲密合作，在话术表演上进一步刺激引导观众领取优惠券，这样促销会更加成功。懂得促销心理技巧的主播，会与助理配合引导观众产生激动、兴奋的快感。

学习任务 2　跨境直播场控

跨境直播场控是指在跨境直播活动中对整个直播过程进行管理和控制的一系列工作和策略。它涉及对直播环境、内容、技术、观众和风险的全面管理，旨在确保跨境直播的顺利进行并达到预期的效果。

本任务主要从以下两方面展开讲解：

➤ 直播间暖场

➤ 直播间管理

活动 1　直播间暖场

一个合格的直播场控，需要协助主播把控直播间氛围和秩序，引导粉丝互动，并提前将需要的物料准备齐全，辅助主播将直播开场、直播互动、直播收尾等环节顺畅地推进，从而达到预期的直播营销效果。

一、协助主播互动

直播互动对于提升观众参与度、建立信任、提高销售转化率和创造娱乐价值具有重要的影响。它为品牌和观众之间建立了更紧密的连接，打开了品牌推广和营销的新可能。因此场控的主要工作之一就是协助主播互动。

1. 筛选评论

主播及时且专业地解答观众的问题，可以有效建立信任感，促进订单的转化。在直播过程中，主播会遇到遗忘产品关键卖点或漏看用户提问等情况，此时就需要助理协助进行评论互动。特别是对于观看人数较多的直播间，评论区的留言数量多且内容五花八门。主播助理需要筛选出粉丝的正向提问，汇总并提醒主播回复。

> **例：** 某直播间评论区的内容有："Same as Cantonese."此时，TikTok 主播可以与观众进行打招呼互动，如图 7-5 所示。

图 7-5　某直播间评论区截图

2. 补充讲解

整场直播下来，主播想要记住每个产品的特性、促销手段，并准确无误地讲解是有一定难度的。当到了某个关键时间节点或介绍某款产品时，主播可能忘记或讲解不全，此时就需要主播助理配合主播进行补充说明。如图 7-6 所示。

图 7-6　某直播间场控辅助讲解

3. 引导话题

对于准备好的话题，场控需要运用巧妙的方式抛出，让观众接得上。参与方式要尽量简单，因为观众的参与兴趣会随着参与方式的复杂度升高而逐渐衰减。

以下是三种典型的话题引导技巧：

（1）提问式互动

> **例：** 直播间主要售卖口红，场控可以提出问题：

话术示例一：Have you ever used this lipstick before?

译文：这款口红你们用过吗？

话术示例二：Which shade do you think looks best in this lipstick line?

译文：你们觉得这个口红系列里哪个色号最好看？

（2）选择题互动

> **例：** 品牌为服装产品，场控可以提出问题：

话术示例一：Deduct 1 for type a, deduct 2 for type b.

译文：想要 a 款的扣 1，要 b 款的扣 2。

话术示例二：Choose one of set A and set B, limited-time 10% off.

译文：套装 A 和套装 B 大家选择一款，限时一折。

（3）刷屏式互动

> **例：**

话术示例一：If you like it, post it in the comment section.

译文：大家喜欢的话把"想要"发在评论区。

话术示例二：In the last ten seconds, send "××" for the draw.

译文：最后十秒，发送"××"进行抽奖。

4. 营造氛围

场控可以通过刷弹幕、播放适当的音乐或应用特效等方式来营造直播的氛围。

> **例：** 在宣布福利、上架新产品或特殊时段刷弹幕，提醒观众参与互动或传达特定的信息；或者选择合适的背景音乐、特效，以增加直播的趣味性和吸引力。

二、分发营销信息

场控分发营销信息可以增加品牌曝光度和知名度，还可以有效促进直播间用户参与和互动，提高直播间活跃度。

1. 互动抽奖

场控可以与主播配合组织互动抽奖活动以吸引观众参与，并在抽奖环节中传达营销信息。例如在直播中留言特定关键词、回答问题或完成任务，然后从参与者中抽取获奖者。

例： 图 7-7 所示为某直播间设置的礼品抽奖活动，用户通过点击屏幕左上方礼盒，发送"This product is very good"参与抽奖。

图 7-7　直播间互动抽奖

2. 宣传促销活动

场控可以在直播中宣传品牌的促销活动，如限时优惠、打折销售或特别套餐。辅助主播提供促销活动的详细信息，如活动时间、优惠内容和购买途径，并鼓励观众参与购买。通过这种方式，有效传达营销信息，并促使观众采取行动。

例： 图 7-8 所示为某直播间"双十二"大减价，场控与主播实时查看观众互动情况，对"双十二"活动的详细内容进行介绍。

图 7-8　宣传促销活动

活动 2 直播间管理

直播间管理可在品牌和观众之间建立更紧密的连接，为品牌推广和营销提供了新可能。下面主要从三点展开介绍：

一、直播间秩序维护

直播间的评论区常会遇到打商业广告、挖人、带节奏等影响直播间秩序的事情。此时直播团队可通过设置屏蔽词和黑名单等控评行为维护直播间秩序。

1. 屏蔽敏感词

直播间的敏感词主要包含政治类、迷信邪教、黄赌毒、枪支弹药类、谩骂讽刺类、时事类、广告和非法信息等。主播可以结合产品特性和互动技巧，设置动态敏感词，引导直播间气氛。

例：某直播间，主播在对一款暖风机进行介绍时，评论区里有用户发表"暖风机有电辐射，大家不要买"之类的言辞，然而实际是网友夸大了暖风机的电磁辐射对人体的危害。针对该名粉丝的评论，主播可进行科普并将"电辐射"这一词进行屏蔽设置。

（2）设置黑名单

将在直播间内恶意评论的人员拉入黑名单，是进行直播间控评最有效的方式。但不要轻易拉黑粉丝，避免粉丝因被拉黑而对主播团队进行恶意报复。直播团队应优先通过敏感词信息过滤，来把握整场直播的气氛和秩序。

例：TikTok 直播间设置屏蔽词与黑名单的界面如图 7-9 所示。

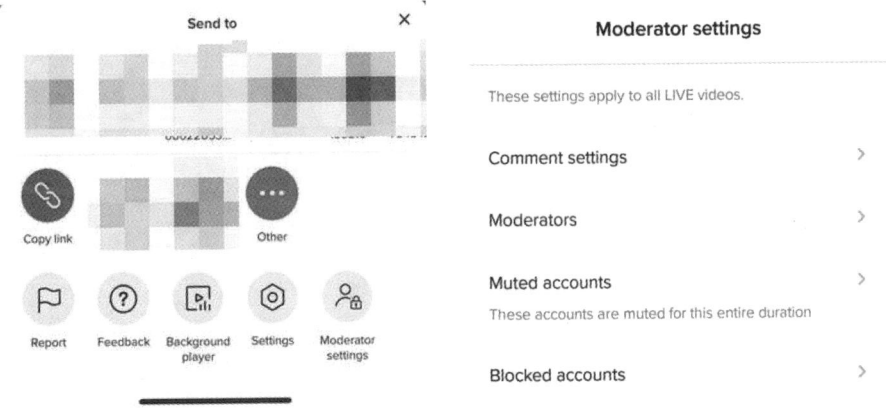

图 7-9 TikTok 直播间屏蔽用户、评论管理设置界面

二、直播间物料准备

一场成功的电商直播活动离不开完善的物料支持。直播前,主播助理需要根据活动策划准备相关物料,并跟进物料的情况。做好物料管理,需要掌握以下两点:

1. 物料准备

直播前,需要准备的物料有很多,主要包含以下两方面:

(1)样品

主播通过现场展示并体验商品,可以有效地增强产品功能的可信度。因此,为了确保商品的展示效果,主播助理需要提前准备商品样品并进行检查,包括其功能、材质、外观、型号等,避免直播过程中出现商品不存在、商品型号不对或产品功能演示失误等情况。

(2)辅助道具

为了使直播更加生动形象,主播可以借助一些辅助道具,如提示牌、手牌等,激发用户参与直播活动的兴趣,提升整体直播间氛围。

例: "双十一"大促,为了带动用户参与预付定金活动,许多 TikTok 主播使用了词条贴片等道具,用非常显眼的提示来提醒观众并活跃气氛,如图 7-10 所示。

图 7-10 物料管理

另外,如果是企业借助直播进行品牌推广、信息传播,就必须准备相应的宣传道具,这类道具种类繁多,凡是能出现在直播镜头中的道具,均可算在此类。宣传道具按照使用场景划分,可分为:线下物料——背景板、台标、胸卡、贴纸、展板等;线上物料——直播间封面图、贴片、预热海报、预热视频等。

模块七 跨境直播带货·信息页

例： joychildhold 在 TikTok 平台进行直播带货时，在直播间背景板放置产品货柜，还放上爆款产品的贴片图进行宣传，如图 7-11 所示。

图 7-11　joychildhold 的 TikTok 直播间

2. 物料跟进

观众看到的直播，只有屏幕前短短的几个小时，但一场完整的直播，离不开直播团队幕后的准备工作。直播助理需要根据直播主题及内容，在不同时段跟进物料的进展。

物料的跟进主要是在以下两个阶段：

（1）筹备阶段：制作宣传物料（品牌 logo、预告封面图等），确认样品是否已寄到；

（2）开播检查：道具物料是否就位，待播商品是否有变动，商品样品是否已就位。

例： 某 TikTok 小店计划三月份上市一批新品，店铺计划月初举办一个新品宣传类的直播活动，该店铺工作人员为保证直播期间不出差错，需根据物料跟进单核实每项物件在直播前已到位。如表 7-18 所示。

表 7-18　物料跟进单

项目名称		3 月份新款推介会	
物料类别	具体内容	跟进内容	完成情况（完成则画"√"）
辅助工具	充电宝 ×2	电量是否满格	
	提词器 ×2（手卡 / 白板）	是否到位	
	铃铛 ×2	是否到位	
	计算器 ×2	是否到位	

续表

物料类别	具体内容	跟进内容	完成情况（完成则画"√"）
宣传物料	直播贴片×2	是否到位	
	背景板	是否到位	
	预告图和封面图	是否到位	
	印有店铺 logo 的手牌	是否到位	
样品	新品 1	是否到位	
	新品 2	是否到位	
	新品 3	是否到位	
	新品 4	是否到位	
	新品 5	是否到位	

 延伸拓展

扫码阅读以下学习资源，拓展自己的知识和视野：

文章 1：跨境商家如何做好 TikTok 直播带货

文章 2：TikTok Shop 如何更好地展示商品

文章1　　　　　文章2

 **思政园地**

TikTok 直播带货案例分享

思政元素：创新精神。

（1）打火机：卡通人物的打火机、名牌造型的打火机、饮料造型的打火机……各种各样的打火机，直播内容很简单，就是不断展示各种打火机，从一个精致的小物品到打开的状态，如此循环展示。

（2）首饰：单纯展示首饰的做工和造型是很常见的，但这个直播间是直接展示首饰的源头，比如玛瑙玉石这些，跟着直播镜头，看他们带着手电筒一起挖。

模块七 跨境直播带货·信息页

(资料来源：TikTok 直播带货：TikTok LIVE 起飞？分享 4 个直播带货案例和 3 个带货特点 [EB/OL].（2021-08-21）[2024-12-18]. https://mp.weixin.qq.com/s/A730MWmRTo1k-WI6T-SO6w）

思考与讨论

1. 以上案例给你带来了什么启示？
2. 服饰、玩具类的直播可以采取哪些有趣的商品展示方式？

Module 8

模块八　跨境售后处理

学生工作页

任务描述

【任务情景】

小林是一名跨境直播电商客服人员,主要负责处理 TikTok 平台跨境订单的发货、售后以及客户维护工作。在工作中,小林发现了一些问题:一是订单物流信息不准确,客户反馈无法及时更新;二是客户异议问题未能得到有效处理,导致客户不满意度增加,大量客户流失,这些问题严重影响了店铺的口碑和客服的专业度。

为了解决这一问题,小林采取了一系列措施,包括积极与物流公司沟通、加强对客户关系的维护等。经过一段时间的努力,店铺获得了许多客户的好评,客户满意度也得到了显著提升。

【任务要求】

根据任务的情景描述,通过与班组长沟通,以独立或小组合作的方式,制定工作计划,在规定工期内,按照平台操作规范完成跨境售后处理。

【任务资料】

完成上述任务时,可以使用所有的教学资料,如工作页、信息页、实训任务书、个人笔记以及网络资料等。

模块八 跨境售后处理·学生工作页

 学习目标

序号	学习环节	学时	学习目标
1	获取跨境售后处理信息	2	认识 TikTok 订单管理与发货流程
			能概述 TikTok 物流查询方法
			了解 TikTok 订单到货后的反馈方法
			理解 TikTok 售后处理话术
			了解维护老客户与挽回流失客户的关系维护方法
2	制定跨境售后处理计划	1	能根据订单信息制定订单发货计划
			能制定跨境订单售后处理计划
			能制定跨境客户维护计划
3	做出跨境售后处理方案决策		能讨论已制定的工作计划并做出决策
			能提升问题处理与解决能力
4	实施跨境售后处理任务	3	能对异常订单进行处理
			能采取有效措施进行客户关系维护
5	跨境售后处理过程控制		能规范话术应答,耐心回复客户
			具备良好的职业道德和沟通能力
6	评价反馈	1	能按分组情况,派代表展示工作成果,正确规范地撰写工作总结(心得体会)
			能够辩证地看待问题,从多角度思考并做出独立的判断,养成独立思考的习惯

 学习路径

序号	学习环节	学习步骤	学习活动
1	获取跨境售后处理信息	跨境订单发货	获取订单管理与发货信息
			获取物流跟踪与反馈信息
2	获取跨境售后处理信息	跨境订单售后	获取退换货处理信息
			获取异常订单处理信息
			获取纠纷处理信息
3		跨境客户维护	获取老客户维护信息
			获取流失客户挽回信息
4	制定跨境售后处理计划	制定计划	制定跨境售后处理计划

231

续表

序号	学习环节	学习步骤	学习活动
5	做出跨境售后处理方案决策	做出决策	小组讨论计划可行性，确定最优方案
6	实施跨境售后处理任务	跨境订单发货	订单管理与发货
			物流跟踪与反馈
7		跨境订单售后	退换货处理
			异常订单处理
			纠纷处理
8		跨境客户维护	老客户维护
			流失客户挽回
9	跨境售后处理过程控制	工作质量控制	话术规范优化
10		工作过程控制	任务清单检查
11	评价反馈	评价与反馈	展示任务成果
			记录意见建议
			书写心得体会
			考核计分

任务工单

任务名称	跨境订单处理		
任务负责人		任务接收时间	
任务下达者	客服部主管	要求完成时间	1天内
工作任务说明			

情景一：跨境订单发货

July 是 TikTok 平台某啤酒品牌直播间的售后工作人员，现需要他完成对客户订单的发货操作。相关订单信息如图 1。

收货姓名	331
收货地址	Jakarta Province,East Jakarta City,Cakung
联系电话	（+86）12396893864

331 客户于 9 月 10 日联系店铺客服，询问包裹位置及物流状态。现需要你针对此客户提出的相关物流问题进行物流跟踪并反馈。相关物流信息如图 2。

续表

图1　　　　　　　　　　　　　　图2

工作任务说明
情景二：跨境订单售后

事件①：Anny 在 TikTok 平台的直播间购买了一件衣服，但衣服存在严重色差，质量也很差。于是，Anny 提出了退换货的申请，并要求卖家退还货款。现在需要你作为店铺客服，给出一个合理的解决方案，解决这起退换货订单，维护品牌声誉的同时也要保障消费者的权益。

事件②：李华在 TikTok 上购买了一批商品，选择了快递配送。然而，由于货物不符合进口目的地海关的要求而被扣留。李华紧急联系该店客服，表达了自己急需使用这批商品的心情。作为店铺客服，现在你需要安抚李华的情绪，尽快解决货物被扣留的问题，确保小华能够尽快收到他购买的商品。

事件③：Mr. Qiang 于三天前在 TikTok 平台某男鞋品牌直播间下单一双皮鞋，在签收商品时发现包裹包装破损且边缘有一道划痕，Mr. Qiang 对此非常不满。现需要你作为该店铺客服给出合理的解决方案平息客户怒气，挽回店铺信誉。

事件④：Alice 在 TikTok 购买了一条项链，经过4天的等待，物流信息显示已到货，但 Alice 却并没有收到该货品，于是找到店铺客服，要求查询原因，现需要你作为店铺客服了解清楚情况，解除客户的不满，并提供必要的帮助和支持。

事件⑤：Ms. Wang 在 TikTok 平台的一个直播间中成功抽中了一台笔记本电脑，在显示商家已发货后，二十天的时间内物流都没有再更新。Ms. Wang 认为该直播间存在欺诈行为，因此打算提出投诉。现需要你作为该店铺客服给出合理的解决方案，告知事情真相，消除该事件对品牌造成的不良影响。

事件⑥：顾客小王在 TikTok 平台购买了一件精美的陶瓷花瓶作为礼物要送给自己的朋友。然而，当他收到包裹时，却发现花瓶在运输过程中受到了损坏，花瓶的一侧已经破碎，小王非常失望，认为商家没有用心对待自己的货品才导致货品损坏。现需要你作为店铺客服给予小王安慰和理解，并协调解决方案，以恢复客户对店铺的信任和满意度。

续表

情景三：跨境客户维护
某 TikTok 平台女装直播店铺近半年的重心都在提高知名度，拉新促活，导致店铺运营人员 Lili 在做数据汇总时发现直播间、店铺的老客户流失严重，现需要你帮助 Lili 根据老客户维护技巧挽回损失的老客户，令他们重新回购店铺/直播间产品。经过了一系列的操作，店铺产品逐步获得了一大波老客户的回购，但 Lili 发现了一个新的问题，直播间/店铺大量重要客户流失，主要流失的重点客户集中在下列两种类型，请你帮助她判断客户类型并分析如何挽回这两类的重要客户。

客 户	最后一次购买时与客服的聊天记录
A	产品质量问题与客服协商退货
B	要求产品优惠未果

情况记录：

任务等级	□重要且紧急	□重要但不紧急	□紧急但不重要	□不重要且不紧急
完成时间	□提前完成	□按时完成	□延期完成	□未能完成
完成质量	□优秀	□良好	□一般	□差

任务分组

将学生按每组 4～6 人分组，明确每组的工作任务。

班 级		组 号		指导老师	
组 长		学 号			
组 员	姓 名	学 号		姓 名	学 号
任务分工					
例如：＿＿＿＿同学，主要负责＿＿＿＿工作。					

获取信息

根据引导问题，从信息页的相关学习任务中获取对应的信息，回答引导问题并在空白处填写答案。

步骤1　跨境订单发货

学习活动1　获取订单管理与发货信息

- 引导问题1：TikTok 平台的订单状况包括哪些？

　_____
　_____

- 引导问题2：如果一个订单中包含两种及以上 SKU，_____ 按钮将会展示给卖家。

- 引导问题3：简述面单粘贴规范原则。

　_____
　_____

学习活动2　获取物流跟踪与反馈信息

- 引导问题4：简述 TikTok 卖家中心物流查询步骤。

　_____
　_____

- 引导问题5：常见的物流状态有哪些？

　_____
　_____

- 引导问题6：商品到货可以通过系统通知、_____、发布公告或留言以及_____等途径反馈给用户。

步骤 2　跨境订单售后

学习活动 1　获取退换货处理信息

● 引导问题 1：常见的退换货原因有哪些？

_____

● 引导问题 2：简述买家不同意退还货物时应该如何处理。

_____

学习活动 2　获取异常订单处理信息

● 引导问题 3：常见的异常订单问题包含哪些？

_____

_____

学习活动 3　获取纠纷处理信息

● 引导问题 4：简述纠纷处理的原则。

_____

_____

● 引导问题 5：简述针对质量问题的纠纷处理方法。

_____

_____

步骤 3　跨境客户维护

学习活动 1　获取老客户维护信息

● 引导问题 1：简述维护老客户的好处。

_____

● 引导问题 2：简述维护老客户的技巧。

_____

_____

学习活动 2　获取流失客户挽回信息

● 引导问题 3：请判断表 8-1 中的情景是由于哪种因素导致客户流失的。

表 8-1　客户流失因素判断

情　景	客户流失因素	
直播内容过于平淡或同质化	产品问题 □ 服务问题 □ 宣传问题 □	需求转移 □ 价格问题 □
客户不再需要这类型的产品或服务了	产品问题 □ 服务问题 □ 宣传问题 □	需求转移 □ 价格问题 □

● 引导问题 4：简述挽回流失客户的技巧。

_____

_____

制 定 计 划

确定完成工作的途径、步骤和所需的工具材料，制定任务实施的计划。

● 引导问题 1：浏览 TikTok 平台规则，结合所学知识，请写出核实订单信息的要点，并写出具体的订单发货思路。

_____

_____

● 引导问题 2：针对客户提出的货物物流问题，请写出具体的回答思路。

_____

_____

● 引导问题 3：分别列举退换货、异常订单、纠纷三种售后订单的处理思路，要求处理方案要能消除客户疑虑，维护店铺信誉度，请将回复话术思路填写在表 8-2 中。

表 8-2 售后订单处理方案

物流延迟	货　损	到货未收到货

● 引导问题 4：针对店铺/直播间的老客户维护，请写出具体的维护思路。

_____

● 引导问题 5：了解流失客户的类型并相应写出具体的挽回策略。

_____

_____

做出决策

组内就实施计划进行深入探讨，确定实施重点和难点并提出解决方案。再根据下表 8-3 所列的几方面进行评分，选定分值最高的计划作为最终的任务实施方案。

表 8-3 方案评价表

评价内容	评价细则	评分（1～5 分）
目标和需求	① 计划制定与工单目标需求一致； ② 订单发货流程符合平台规范； ③ 物流跟踪反馈与售后订单话术得当； ④ 有效进行客户关系维护	
时间和资源	① 能够在工期要求内完成计划； ② 硬件设备、工具符合计划实施需求	
技术可行性	有足够的技术能力和专业知识来执行计划	
风险管理	对潜在的技术难题、时间延误等风险做了应对备案	
综合得分		

结论（组内最终决策）：
例：选择_____同学提出的方案，同时调整了_____处。

实施任务

根据制定的工作计划,按照下方步骤完成任务实施。如果无法独立完成,可以参考配套实训任务书及微课视频。

步骤 1　跨境订单发货

学习活动 1　订单管理与发货

- 引导问题 1:查看任务工单情景一中的信息,描述订单发货相关操作流程。

_____

_____

学习活动 2　物流跟踪与反馈

- 引导问题 2:将任务工单情景一中所提供的物流信息转化为应答话术,回答客户疑问。将应答话术写在横线处。

_____

_____

步骤 2　跨境订单售后

学习活动 1　退换货处理

- 引导问题 1:阅读任务工单情景二中的"事件①",分析客户退换货原因,制定相应的解决方案和设计处理话术,填写在表 8-4 中。

表 8-4　退换货处理

订单售后情景	处理话术
Anny 在 TikTok 平台的直播间购买了一件衣服,但衣服存在严重色差,质量也很差。于是,Anny 提出了退换货的申请,并要求卖家退还货款。现在需要你作为店铺客服,给出一个合理的解决方案,解决这起退换货订单,维护品牌声誉的同时也要保障消费者的权益。	退换货原因: 解决方案: 话术内容:

学习活动 2　异常订单处理

● 引导问题 2：根据不同的情景，判断异常订单类型，并制定相应的解决方案，将处理话术填写在表 8-5 中。

表 8-5　异常订单处理

订单异常情景	处理话术
李华在 TikTok 上购买了一批商品，选择了快递配送。然而，由于货物不符合进口目的地海关的要求而被扣留。李华紧急联系该店客服，表达了自己急需使用这批商品的心情。作为店铺客服，现在你需要安抚李华的情绪，尽快解决货物被扣留的问题，确保小华能够尽快收到他购买的商品。	客户异议问题情况： 解决方案： 话术内容：
Mr. Qiang 于三天前在 TikTok 平台某男鞋品牌直播间下单一双皮鞋，在签收商品时发现包裹包装破损且边缘有一道划痕，Mr. Qiang 对此非常不满。现需要你作为该店铺客服给出合理的解决方案平息客户怒气，挽回店铺信誉。	客户异议问题情况： 解决方案： 话术内容：

学习活动 3　纠纷处理

● 引导问题 3：根据不同的情景，判断纠纷原因，并制定相应的解决方案，将处理话术填写在表 8-6 中。

表 8-6　异常订单处理

订单异常情景	处理话术
Ms. Wang 在 TikTok 平台的一个直播间中成功抽中了一台笔记本电脑，在显示商家已发货后，二十天的时间内物流都没有再更新。Ms. Wang 认为该直播间存在欺诈行为，因此打算提出投诉。现需要你作为该店铺客服给出合理的解决方案，告知事情真相，解除该事件对品牌造成的不良影响。	判断纠纷原因： 分析解决方案： 话术内容：

续表

订单异常情景	处理话术
顾客小王在 TikTok 平台购买了一件精美的陶瓷花瓶作为礼物要送给自己的朋友。然而，当他收到包裹时，却发现花瓶在运输过程中受到了损坏，花瓶的一侧已经破碎，小王非常失望，认为商家没有用心对待自己的货品才导致货品损坏。现需要你作为店铺客服给予小王安慰和理解，并协调解决方案，以恢复客户对店铺的信任和满意度。	判断纠纷原因： 分析解决方案： 话术内容：

步骤3　跨境客户维护

学习活动1　老客户维护

● 引导问题1：仔细阅读任务工单情景三，根据所学知识采取相关措施完成老客户的关系维护，并将采取的措施整理在表8-7中。

表8-7　老客户关系维护

措　施	维护技巧（具体做法）

学习活动2　流失客户挽回

● 引导问题2：阅读任务工单情景三列举的两类客户，请你根据他们最后一次购买时与客服的聊天记录判断流失客户类型（填入表8-8中），并分析应采取哪种挽回策略（填入表8-9中）。

表8-8　流失客户类型

客　户	最后一次购买时与客服的聊天记录	流失客户类型
A	产品质量问题与客服协商退货	
B	要求产品优惠未果	

表8-9　流失客户挽回策略

客　户	挽回策略	具体做法
A		
B		

过程控制

根据以下任务检查清单，小组合作进行必要的最终任务检查，并根据任务实施过程和结果的实际情况，优化改进工作计划。

步骤1　工作质量控制

对订单异常、客户异议等问题的回答话术进行进一步检查，确保话术符合语言规范，修正态度不当、易引发歧义的相关内容。对于不合理的话术内容，写出修改方案，确保替换的话术符合评估维度，填入表8-10中。

表8-10　话术规范分析表

话术是否符合语言规范	是 □　　否 □
话术评估维度	任务分析
话术符合语言规范、通俗易懂	是否符合：是 □　　否 □
	解决方案：
话术易引发争议	是否符合：是 □　　否 □
	解决方案：

步骤2　工作过程控制

请进行必要的任务完成情况的最终检查，填入表8-11中。

表8-11　任务检查清单

序号	检查事项	检查结果
1	对不同的订单状态进行相应的管理操作	符合 □　　不符合 □
2	规范操作订单发货	符合 □　　不符合 □
3	快速查询物流信息并反馈给客户	符合 □　　不符合 □
4	售后异常订单的处理话术得当	符合 □　　不符合 □
5	对客户异议问题判断正确	符合 □　　不符合 □
6	检查违规话术	符合 □　　不符合 □
7	客户关系维护措施有效、持续性强	符合 □　　不符合 □

评价反馈

1. 各组派代表上台展示成果,并介绍任务的完成过程。
2. 其他组同学给你们提供了哪些意见或建议?请记录在下面。

_____
_____
_____

3. 本任务的心得体会:

_____
_____
_____

4. 评价方式采用多元化评价,评价主体由学生、小组与教师构成,评价标准、分值及权重如下所示:

(1) 学生进行自我评价,并将结果填入表 8-12 中。

表 8-12 学生自评表

班级:_____ 组名:_____ 日期:_____年___月___日

评价项目	评价标准	分 值	得 分
信息检索	能有效利用网络资源、配套资料查找有效信息	10	
知识掌握	能准确理解学习任务中讲述的知识内容	15	
技能训练	能按任务书要求,按计划完成工作任务	15	
感知工作	认同工作价值,在工作中能获得成就感	10	
团队素养	教师、同学之间相互尊重、理解,平等交流	10	
职业素养	能严格遵守相关工作守则和法律法规	10	
思维状态	能发现问题、分析问题并解决问题	10	
参与状态	能发表个人见解,倾听他人意见和看法	10	
创新意识	能在工作过程中做出创新点	10	
合 计		100	

(2) 学生以小组为单位,对学习任务的实施过程与结果进行互评,将互评结果填入表 8-13 中。

表 8-13　小组互评表

班级：_____　　　被评组名：_____　　　日期：_____年____月____日

评价项目	评价标准	分　值	得　分
团队素养	该组小组成员间合作紧密，能互帮互助	15	
	该组的工作计划周密，组织有序	15	
	该组态度端正，有较强的吃苦耐劳精神	10	
工作情况	该组的工作效率突出	20	
	该组的工作成果完整且质量达标	30	
	该组严格遵守相关工作守则和法律法规	10	
合　计		100	

（3）教师对学生工作过程与工作结果进行评价，并将评价结果填入表 8-14 中。

表 8-14　教师评价表

班级：_____　　　组名：_____　　　姓名：_____

评价项目	评价标准	分　值	得　分
考　勤	无无故迟到、早退、旷课现象	10	
工作过程	能正确回答引导问题并填写答案	20	
	能制定详细的工作计划	10	
	能按任务书要求规范实施工作活动	20	
项目成果	能按时完成任务	10	
	项目实施过程中态度认真、细致、严谨	10	
	任务成果完整且质量达标	20	
合　计		100	
综合评价	自我评价（20%）	小组互评（30%）　　教师评价（50%）	综合得分

信息页

学习任务 1　跨境订单发货

在订单的处理中，TikTok 直播电商客服人员需要重点关注订单的信息核对情况并发货，另外关于订单的物流情况，也应迅速向客户反馈，询问客户的满意情况，及时解决客户的问题，提升客户满意度。

本任务将从以下两方面展开讲解：
▶ 订单管理与发货
▶ 物流跟踪与反馈

活动 1　订单管理与发货

以 TikTok 平台为例展开介绍，处理订单时主要需要对订单进行管理以及根据客户信息对订单进行发货。

一、订单管理概况

在 TikTok 卖家中心左侧菜单栏的"订单—订单管理"（注：本模块中截图为对应的中文界面）下，是所有订单的基本情况，如图 8-1 所示。

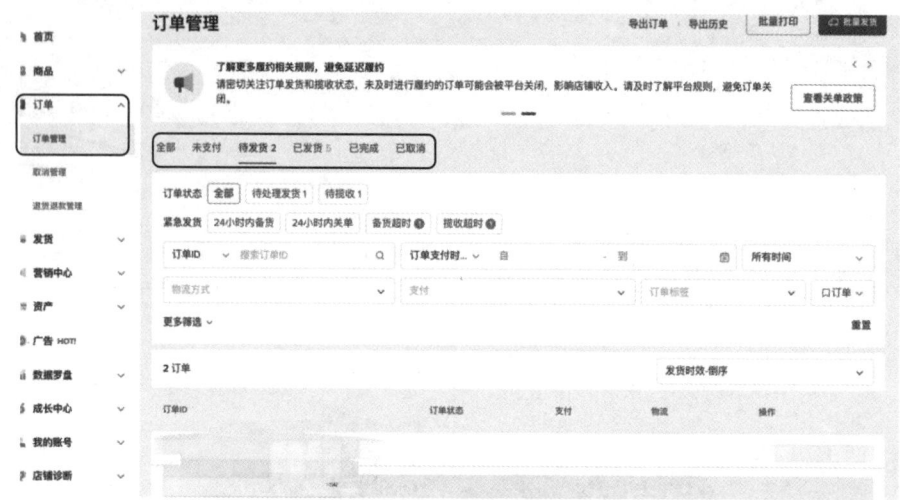

图 8-1 订单管理

1. 未支付

用户已拍下，但未支付的订单。针对未支付订单平台会在 15 分钟、16 小时分别提醒买家付款。如超 48 小时仍未付款，平台将会自动取消订单，并告知买家订单已被取消。

2. 待发货

（1）待发货订单中，如有"Cancellation requested"，代表买家发起了订单取消请求，商家需在 48 小时内做出响应（拒绝或接受）。若超 48 个小时卖家未做出响应，则该订单自动被取消。

（2）显示待处理发货表示用户已经支付，卖家需要在 48 小时内打印拣货单、面单，并完成包裹打包。卖家可线下自行联系快递公司或者采用自送的方式，在 72 小时内将包裹送到集货仓，即面单上的地址，或根据自身情况选择就近的分拨中心投递。

（3）显示待揽收表示集货仓尚未收到卖家包裹。

3. 已发货

（1）显示运输中表示包裹在集货仓入库，此时会由平台签约的物流公司完成相应的运送及清报关。

（2）显示已送达表示包裹已妥投给用户。

二次改派

（1）Delivery can't be completed，对于物流状态为"Delivery can't be completed"的订单，在该状态的12天内（含），卖家可向平台客服发起改派申请（每个订单支持改派一次）。

（2）卖家可在"商家后台—帮助中心—创建新客服工单"，问题类型选择"Order Fulfillment-Logistics and Fulfillment"，细节选择"Re-delivery request"，在问题详情中填写新地址的用户姓名、电话、地址（精确到门牌号）、邮编、工单链接：https://seller.TikTokglobalshop.com/ticket/create。

（3）平台收到工单需求后，会在2个工作日内联系物流商派送包裹至新地址。后期的二次改派处理结果会更新到工单中。如图8-2所示。

图8-2 二次改派的客服工单

4. 已完成

表示订单已过售后期。

5. 已取消

表示订单已被取消，包含买家下单48小时内未付款、买家发起订单取消、48小时内商家未响应、商家主动取消、配送异常取消等情况。

若订单为整单取消，在订单维度展示订单取消发起方及取消原因。

若订单非整单取消（如订单都是 SKU 维度的取消），展示 SKU 维度的取消发起方和取消原因，如图 8-3 所示。

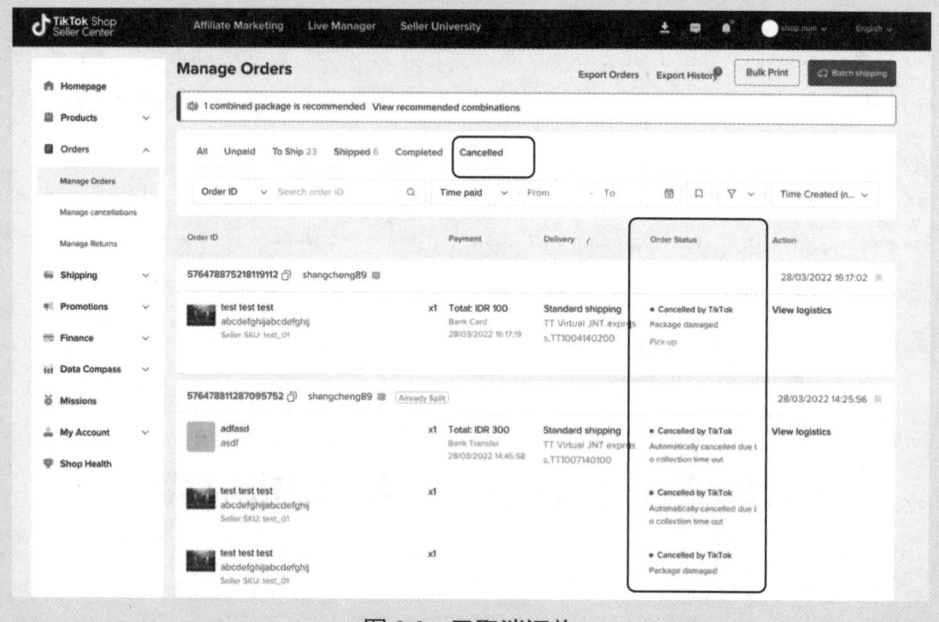

图 8-3　已取消订单

二、订单发货

订单发货有单件发货和批量发货两种形式。单量不多的商家，可以接到订单之后第一时间生成拣货单（picking list），打印订单拣货单，备注商品 SKU 名称和库位，再根据拣货单进行拣货，拣货完成后，对拣货完成的订单及时点击"Arrange Shipment"（安排发货）；单量大的商家，可以选择接入 ERP 管理进行批量订单发货。

1. 单件发货

（1）进入 TikTok 卖家中心的"订单管理"菜单栏下，找到"待发货"订单，确认可以履约后，点击要发货订单下的"安排发货"。如图 8-4 所示。

图 8-4　单件发货

如果一个订单中包含两种及以上 SKU，"拆包"（Split Order）按钮将会展示给卖家。将鼠标移动到有两种及以上 SKU 的订单右侧的三点按钮上，点击"拆包"按钮。如图 8-5 所示。

图 8-5　单件拆包发货

点击"拆包"按钮后，将看到订单中包含的多个 SKU 以及将这些 SKU 移动到新包裹的按钮，如图 8-6 所示的订单有 3 个不同的 SKU（SKU A、SKU B、SKU C），可以将该订单中所有的 SKU 拆分为 2 个包裹：点击 SKU A 上的"移动到新包裹"按钮，该订单被拆分为 2 个包裹，其中包裹 1 包括 SKU B 和 SKU C，包裹 2 包括 SKU A。订单一旦被拆分，在订单 ID 右侧会有"已拆包"标签。

图 8-6　拆包订单

（2）点击"安排发货"，确认弹窗出现提示是否设置为"待揽收"，点击"确认"后，页面提示订单已发货成功，订单状态变更为"待揽收"。如图 8-7 所示。

图 8-7　安排发货

（3）商家在商家后台完成"待发货"操作以后，需按照平台的包装要求打包好待发运的包裹。然后切换到"待发货"界面，选择待发运的包裹，打印包裹面单并把面单粘贴到对应的包裹上。平台提供的是 10 cm×15 cm 的面单格式，需要商家准备好相应的热敏打印机及热敏纸，商家物流面单如图 8-8 所示。

图 8-8　商家物流面单

面单粘贴规范

为杜绝在末端派送时遇到的偷盗情况，商家需按照如下规范进行面单粘贴：
（1）针对 PE 袋类包裹，将面单贴在封口处如图 8-9 所示。

图 8-9　PE 袋类包裹面单

（2）针对纸箱类包裹，面单张贴时覆盖两个面如图8-10所示。

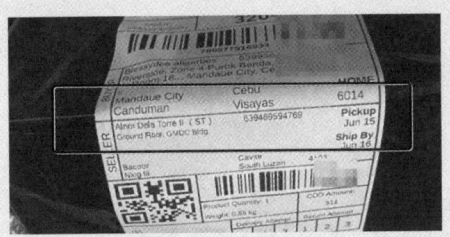

图8-10　纸箱类包裹面单

2. 批量发货

（1）手动勾选订单，点击"批量发货已勾选的包裹"或者按照条件筛选订单，点击"批量发货已筛选的包裹"，筛选条件包括订单打印状态、物流方式、订单支付时间、商品名称，如图8-11所示。

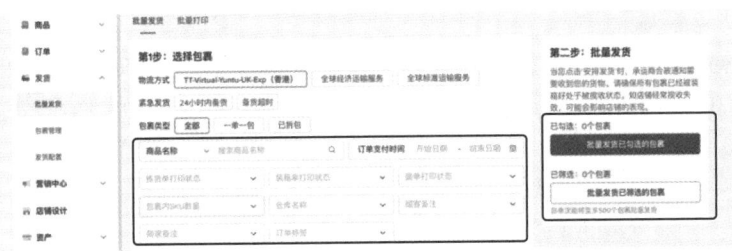

图8-11　批量选择订单

（2）卖家准备好相应的热敏打印机及热敏纸，手动勾选订单，点击"批量打印已勾选的包裹"如图8-12所示。

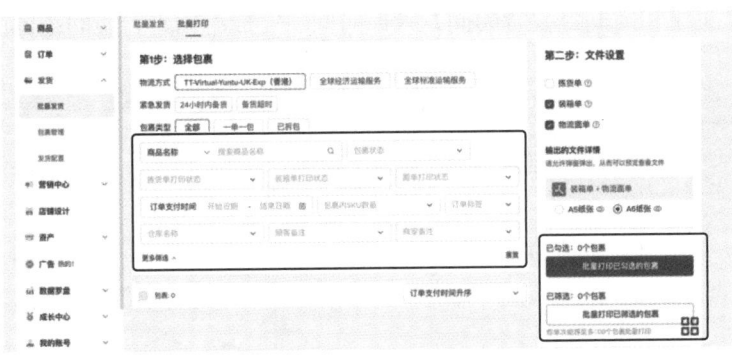

图8-12　批量打印

活动 2　物流跟踪与反馈

物流跟踪与反馈是指对快递在物流运输过程中的跟踪和管理，目的在于及时了解运输进度，提高物流的安全性和效率。直播电商客服人员需要了解物流查询方法，对物流状态进行精准判断，为客户提供更好的配送与反馈服务。

一、物流跟踪处理

物流跟踪是指在物流运输过程中，从货物发出到送达目的地之前，经过多个节点和环节，商家利用一定的技术手段和网络平台，对货物的位置、状态、时间等信息进行实时追踪和监控的过程。

1. 物流查询方法

商家后台的"发货—包裹管理"能实现对包裹的物流流转全流程的信息查询、异常包裹定位与处理。

（1）查找包裹

可分别根据订单 ID、物流单号、包裹编号、商品 ID 进行筛选查找，最多支持 50 个 ID 同时查找，ID 之间需要用逗号或者空格隔开，如图 8-13 所示。

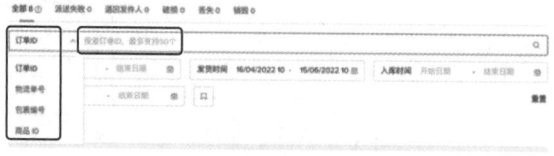

图 8-13　查找包裹

（2）时间筛选

可分别根据下单时间、发货时间、入库时间、完成时间进行时间范围的筛选，如图 8-14 所示。

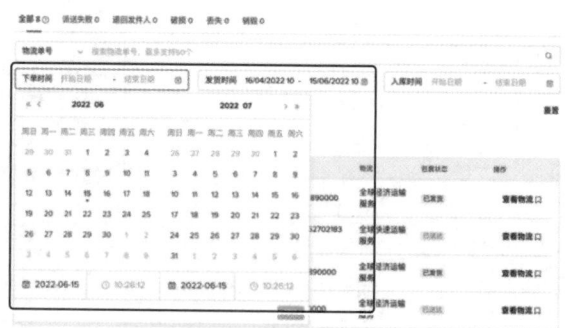

图 8-14　时间筛选

模块八 跨境售后处理·信息页

（3）查看包裹详情

可以点击包裹下拉栏查看包裹详细信息，包括包裹的属性和重量、买卖家运费信息、包裹各节点时间，同时可以点击"查看物流"进行物流详情的查看，如图8-15所示。

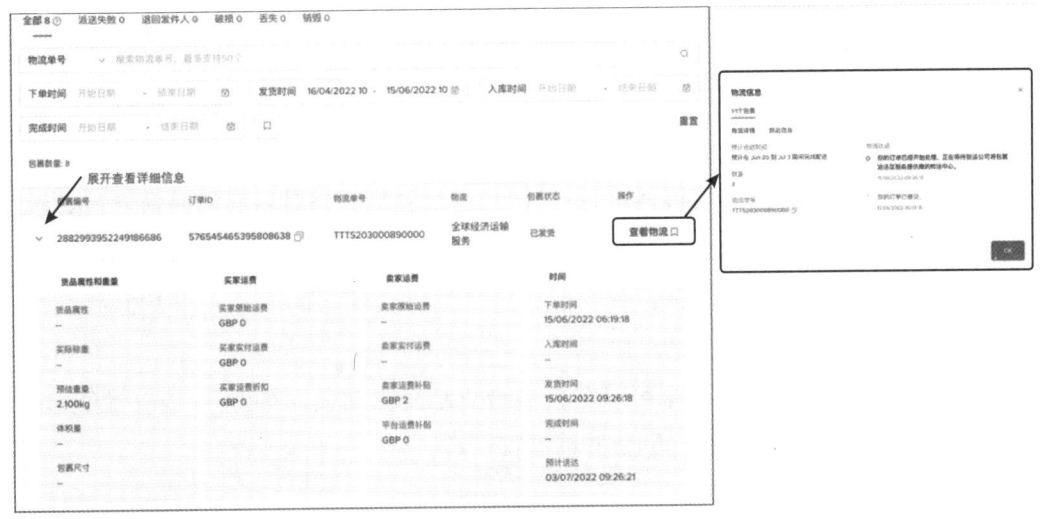

图8-15 查看包裹详情

2. 物流状态识别

在查询物流信息时，网站会显示不同的状态，常见的物流状态主要包括以下几种，如图8-16所示：

图8-16 常见的物流状态

（1）已下单：表示订单已经生成，但尚未开始物流运输阶段。

（2）准备发货：表示商家正在准备将商品发货。

（3）已发货：表示订单已经由商家发货，但尚未到达目的地。

（4）运输中：表示快递仍在运送中，已经离开发件城市，正在前往收件人填写的到达城市。

（5）派件中：表示快递已经到达目的地，快递员正在对包裹进行配送。

（6）已送达：表示收货人已经签收了快递，并确认收货成功。

（7）配送异常：表示因各种原因，配送过程中出现异常情况，需要进一步处理。

（8）退回中：表示订单正在退回给商家，可能是地址不准确、收件人拒收等原因。

（9）已退回：表示订单已经退回给商家。

253

（10）包裹取消：表示订单在物流过程中已经被取消。

二、商品到货反馈

对于商家来说，商品到货反馈可以了解客户对商品的满意度和使用情况。对于客户来说，商品到货反馈可以帮助商家改进产品性能。因此商品到货反馈对于商家和客户都具有重要的意义。

（1）系统通知：当买家的订单已经到达，TikTok 平台会向买家发送系统通知。

（2）短信通知：卖家也可以选择通过短信告知买家订单已到货并注意签收。这通常需要买家提供正确的手机号码，并在订单中选择接受短信通知。

（3）TikTok 消息/聊天功能：卖家可以通过 TikTok 平台的消息或聊天功能，向买家发送消息告知订单已到货并请尽快签收。

（4）发布公告或留言：卖家可以在其 TikTok 店铺页面上发布公告，或在订单页面上给买家留言，提醒买家订单已到货并请签收。

例1： Dear customer, we are pleased to inform you that your purchase has been delivered successfully. Please check and confirm the receipt in time. If you have any questions about the goods, please contact our customer service team immediately.

译文：尊敬的顾客，您好！非常高兴地告诉您，您购买的商品已经顺利送达。请您注意查收，并及时确认收货。如果对商品有任何问题，请立即联系我们的客服团队。

例2： Dear customer, we are pleased to inform you that the order you placed at our store has arrived. Please pay attention to the delivery of the courier, and confirm the receipt of the goods after receiving. If you have any questions about the product or need to return or exchange it, please feel free to contact us, and we will try our best to solve your problem. Thanks for your support!

译文：亲爱的客户，很高兴地通知您，您在我们店铺下单的商品已经送达。请您留意快递员的派送，并在收到商品后确认签收。如果对商品有任何问题或需要退换货，请随时联系我们，我们将尽力解决您的问题。谢谢支持！

学习任务 2　跨境订单售后

跨境订单售后是指在 TikTok 平台上进行交易后，出现退换货、异常订单和纠纷等情况时所进行的售后处理。在跨境电商领域，售后服务的重要性不可低估，它对于维护消费者权益、提升用户体验以及建立可靠的电商生态系统至关重要。

本任务将从以下三方面展开讲解：

- 退换货处理
- 异常订单处理
- 纠纷处理

活动 1　退换货处理

退换货处理是保护消费者权益的重要手段。当消费者购买的商品存在质量问题、尺寸不合适或不符合预期时，TikTok 直播电商客服需要了解清楚原因，与客户协商沟通最终处理方案以提升客户满意度。

一、退换货原因

在任何环节出现的问题都有可能让客户对一次交易感到失望，从而提出退换货，退换货原因大致可分为以下几点：

1. 商品破损、少件

跨境运输周期长，在运输过程中可能会造成包裹外包装破损，商品内部也被损坏，或者从破损处掉落部分商品引起少件，客户因此申请退换货。

2. 与描述不符

客户收到包裹后认为商品与平台上展示的照片有出入，或者卖家发错商品，都可能导致退换货。

3. 质量问题

商品在正常使用的情况下，用了很短时间就损坏，或者客户一收到便无法使用，都可能导致退换货。

二、退换货协商沟通

由于物流成本高昂，大多卖家不希望客户发起退换货，因此除了退换货处理之外，TikTok 店铺客服人员也应尽量提出解决方案避免退换货，并给客户留下好印象。

1. 请客户提供凭证

如果客户因货物质量或包裹破损问题想要退换货，TikTok 店铺客服人员可以私信客户根据问题类型提供相应的凭证，比如包裹状态的照片和视频等。

> **例：** We must ask you to record a video to illustrate this issue and send it directly to us.
> 译文：我们必须要求您录制视频以说明此问题，并将其直接发送给我们。

2. 提出解决方案

对客户提供的凭证予以认定后，判断是否到需要退换货。由于退换货费时且费用高，如果客户无法接受退换成本，可以给予弥补方案；当然，也可以表示允许退换货。

> **例：** We accept returns or exchanges as long as the item is unopened and/ or unused.
> 译文：只要物品未开封和 / 或未使用，我们接受退换货。

3. 留下良好印象

为了留住潜在客户，TikTok 店铺客服人员也可以在线联系客户主动提出为了弥补客户本次不愉快的购物体验，下次下单可以拥有折扣等补偿，并表示期待下次的合作。

> **例：** We sincerely look forward to establishing long business relationship with you.
> 译文：我们真诚期待与您建立长期的业务关系。

三、退换货处理方法

由于客户要求以及物流成本等原因，退换货分为仅退款和退货退款两种情况。

1. 仅退款处理

即买家购买商品后申请仅退款无需退还商品，适用于买家未收到货物的情况。若货物还在运送途中应尽量拦截，拦截成功作全额退款处理；若货物已无法拦截，可与买家协商，等收到货后再决定是否要货。处理流程如图 8-17 所示。

图 8-17　仅退款处理流程

2. 退货退款处理

卖家需要尽可能明智地处理退换货，让买家对产品、服务感到满意的同时，将店铺的损失降到最低。退货退款处理流程如图 8-18 所示。

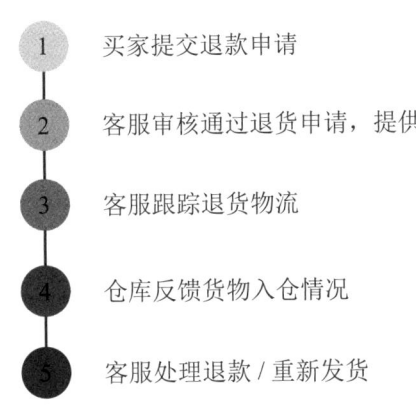

图 8-18 退货退款处理流程

在决定退换货的处理方式时,我们可以根据以下两点进行判断:

(1)买家不同意退还货物

情况 1:可根据产品成本酌情协商,作仅部分退款处理,或免费送给买家。

情况 2:买家不接受部分退款,如果货值不高建议退全款,并进行好评协商;货值高可按正常程序,让买家拒绝收货,运费由物流承担。

(2)买家同意退还货物

情况 1:如果卖家有海外仓,可将货退回海外仓,待货到仓库后再退款处理。

情况 2:退回的货物如果没有破损,可联系海外仓重新贴标签再次销售。

情况 3:若已经损坏,可以让海外仓运回国内,或让提供维修退货服务的海外仓公司处理。

活动 2　异常订单处理

物流异常处理是指在物流链路中出现了问题或者异常情况时,TikTok 店铺客服人员需要主动与客户沟通,避免客户提起纠纷或者产生不好的印象。物流异常的情况主要有以下几种。

一、物流延迟处理

物流因各种原因延迟,使货物在预期时间内未到达客户所在地。此时 TikTok 店铺客服需主动联系客户,希望客户耐心等待,承诺若客户未能收到货物,将会重新补发商品或者全款退回。TikTok 客服沟通处理话术示例如下:

例: Could you please kindly wait for a couple of days? If it still does not reach you, we will send you a new one or issue the full refund for you.

译文:可以请您等待几天吗?如果您仍然无法收到商品,我们将为您发送一个新的或全额退款。

包裹的物流信息长时间未更新,也无法查询到其他物流相关信息,此时 TikTok 店铺客服人员应该主动与客户沟通,告知包裹可能丢失。遇到丢件问题,可以请客户申请退款或重新下单,并表示抱歉,避免客户提起投诉。

例: We can either resend you the item or provide you with a full refund.We are sorry for any inconvenience this may have caused.

译文:我们可以向您重新发送商品或向您全额退款。对于由此造成的不便,我们深表歉意。

二、货损处理

在运输过程中由于颠簸或寄出时包装不当导致包裹外表及商品内部破损,当客户反馈这个问题时,TikTok 店铺客服人员首先需要表示歉意,若商品损坏可表示重新发货或退款,如果破损不影响使用可以提出给予补偿或折扣。

例: As the goods can still be used normally, we will give you a compensation of $3.
译文:由于商品还能正常使用,我们将给您 3 美元的补偿。

三、到货未收到货处理

物流信息出现错误时,需要向客户核实。比如物流显示正在派送或已签收但客户没收到包裹,或是签收的具体地址和签收人不一致,此时需向客户提供发货凭证,并请客户核实是否让他人签收等。

例 1: Here is the shipping receipt,please see the attachment.
译文:这是发货收据,请看附件。

例 2: Please contact any family member or neighbor who might have signed for your package.

译文:请联系可能已签收您包裹的任何家庭成员或邻居。

活动 3　纠纷处理

交易过程中与客户产生纠纷若不及时处理,就容易影响到店铺的服务指标,损害卖家的利益。因此 TikTok 店铺客服人员需分析产生原因,并掌握处理方式。

一、引起纠纷的原因

1. 对商品不满意

客户对商品的期望与实际使用效果存在一定差距，如质量问题、货物短缺，或是在运输过程中造成货物破损，以上情况都可能引起客户的异议；如果卖家销售假货、使用图片侵权等则可能会被投诉。

2. 物流运输问题

主要包括客户长时间没收到包裹、海关扣关、包裹投递延误等，这类在 TikTok 平台都归为"包裹异常"的客户异议问题。

二、纠纷处理原则

TikTok 店铺客服人员面对客户的异议问题时要积极面对，主动与客户协商，提升客户满意度。

1. 以客户为中心

要站在客户角度考虑，用友好的方式一起解决，尽量让客户减少损失，了解客户所在地的风俗习惯，判断客户的性格脾气，积极调整沟通方式。

2. 运用有效的沟通技巧

TikTok 店铺客服人员要及时回应，提前想好解决方案。尽管货物不能让客户满意，态度也要让客户无可挑剔。

例1： We sincerely regret that we have been unable to come to terms thus far.

译文：我们对迄今为止未能达成协议深表遗憾。

例2： Whatever the outcome, we will continue to honor you as a valued customer.

译文：无论结果如何，我们将继续把您视为宝贵的客户。

三、纠纷处理方法

较高的客户满意度可以给卖家带来额外的交易，从而直接影响到商品的曝光排序，更进一步地影响其他客户的购买行为。因此 TikTok 店铺客服人员需要做好售后服务，降低纠纷率，提高店铺的服务指标。

1. 处理对商品的纠纷

针对商品的纠纷主要有以下两种：

（1）质量问题

TikTok 店铺客服人员首先应询问具体问题，并要求客户提供证据。其次检查客户提供的证据，如果不是质量问题，应在与客户对话中陈述事实并列举支持自己观点的证据或商品截图。商品质量问题有以下两种情况：

① 质量问题严重，询问客户要求退款还是重新发货。涉及退换货时，TikTok 店铺客服人员应提供退货地址，注意提醒客户退换的货物不能影响二次销售。

② 如果不影响使用，可以协商后给客户退回小额补偿。

（2）破损纠纷

破损纠纷有两种情况：

① 卖家在包装时没有使用牢固的材料包装造成破损，那么卖家需接受客户的退款要求并赔偿。

② 不是公司货物包装造成的破损，TikTok 店铺客服人员应首先给予诚挚歉意，用礼貌的语言给客户解释货物破损可能是由于物流运输问题造成，并表示可以给出一定弥补，请求客户谅解并取消纠纷申请。

2. 处理物流问题

物流问题主要有以下几种：

（1）未收到货

首先了解该包裹的最新状态，核实客户反映的情况。然后针对客户提出未收到货的时间，进行有针对性的回复。一般来说，根据时间长短可以分为两种情况。

① 20～30 天：TikTok 店铺客服人员可以解释国际物流的运输时间较长，希望客户能耐心等待。

② 30 天以上：若客户表示已经超过 30 天还没收到货，TikTok 店铺客服人员应表示可以给客户重新发货或全额退款，希望能取得客户的谅解。

（2）包裹投递延误

造成物流延误的原因一般为物流高峰期、海关审查、恶劣天气以及节假日等。TikTok 店铺客服人员应及时向客户解释延误原因，请客户耐心等待，必要时可以提出一定的补偿。

（3）海关扣关

货物因不符合通关要求而被进口目的地海关扣留。一旦被扣关，TikTok 店铺客服人员应立刻和客户联系，尽量说服客户协助清关。如果清关费低，可先和客户协商清关费双方平摊。如果客户不愿意，则看包裹能否退回，主要有两种情况：

① 包裹能免费寄回，TikTok 店铺客服人员可与客户沟通，等包裹寄回后再重新给他发货。

② 包裹不能寄回且清关费很高，此时可能需要卖家放弃包裹。因为如果拖着不处理，一旦客户没收到货，发起争议对卖家非常不利。

> 如果根据以上方法进行处理，客户仍未撤销纠纷反而升级为投诉，TikTok 店铺客服人员需要等待平台裁决，后续执行平台裁决结果即可，联系客户时可以表示遗憾并期待下次的合作。

学习任务 3　跨境客户维护

客户活跃度是具有生命周期的，一般会经历引入、成长、成熟、休眠和流失五个阶段。其中，引入、成长、成熟伴随着客户的消费行为，而成熟期客户的消费意愿和信任度最高，是客户价值的黄金阶段。延长客户的成熟期是客户关系维护的最终目的。在客户快要流失时必须尽力挽回客户并延长其生命周期，以最大程度地提升客户价值。

本任务将从以下两方面展开讲解：
➤ 老客户维护
➤ 流失客户挽回

活动 1　老客户维护

老客户是购买过商品的买家，至少有过一次交易关系，一般二次购买的意愿相对第一次更强烈。因此，对于 TikTok 平台的直播间或店铺而言，老客户无论是在转化率还是客单价上，都比新客户更具有商业价值。

一、老客户维护原因

在购物时，新客户往往会考虑许多因素，比如款式、价格、销量、店铺信用度和中差评情况等等，经常会问很多问题，并表示对售后保障的担心；老客户已经对店铺进行过消费并体验过售后服务，因此对店铺的信任感更加强烈，更容易成交。新客户与老客户的两者购买流程对比如图 8-19 所示。

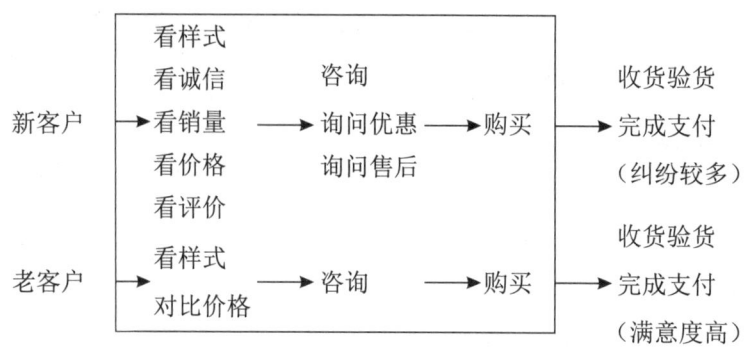

图8-19 新老客户购买流程

维护老客户带来的好处可以总结为以下几方面：

（1）减少营销推广费用支出

老客户本身自带流量，不需要做过多的营销，老客户就会自发地浏览直播间、店铺和商品，且由于对店铺已经有了一定的信任和认知，重复购买的老客户会很多。相比于通过推广开发新用户的费用来说，老客户的维护更为便宜。

（2）减少沟通成本和服务成本

拉新客户的成本不仅仅表现在宣传推广上，也会体现在人力成本上。新买家通常需要花费较多时间去了解产品，TikTok店铺客服人员需要耐心地解答客户疑问，并赢得客户的信任才能提高询单转化。相比之下，老客户在对产品有一定认知和信任的基础上，无论是新款还是老款商品，只要商家进行解答，客户基本上都会接受，从而为店铺节省客服售后的相关成本，减少纠纷的发生。

（3）相对稳定的销量

老客户的销量通常比较稳定，抗风险能力强。虽然店铺依靠推广的流量增幅来决定总销量的高低，但活跃老客户可以成为店铺稳定业绩的输出点。

（4）帮助宣传和测款

老客户对产品认可度高，他们愿意分享、愿意评价，全是自愿地帮助宣传，是店铺最忠实的宣传者。另外，用老客户来测款，成本低，见效快，且能避免图片和商品详情对测款的影响，测试结果更为准确。

老客户维护的本质是店铺花80%的精力去维护这20%能给店铺贡献80%收益的老客户，保持老客户的忠诚度和黏性，最大限度延长老客户的成熟期。

二、老客户维护技巧

根据 RFM 模型[1]或客户忠诚度划分的客户类型，可采用相应的关系策略来更有针对性地进行老客户维护。维护技巧共有三种，可同时实施。

1. 权益维护

针对不同类型的老客户做营销维护，常用的方法是权益玩法，通过给老客户提供特权和优惠来增加活跃度和黏性。权益玩法包括优惠活动、新品试用、首发促销、免单抽奖等，经常会搭配店铺或平台举办的主题活动进行。

2. 情感维护

相较于权益维护的简单直接，情感维护则更侧重于持续、长期运营。通常要基于社群，对客户进行情感联络并定期关怀，与老客户保持密切联系、互动，关注老客户的生活和工作情况，了解他们的需求和想法，听取他们的反馈和建议，根据反馈及时改进经营商品或服务，提高客户满意度。

3. 服务维护

服务维护是基础，也是最有效的维护方法之一。优质的售前、售后服务是老客户维护的核心，店铺应出于长远考虑，注重新老客户的购买体验和后续服务。同时，还要不断创新，在保证服务质量的前提下，不断优化流程、增加服务项目，让老客户享受到更多的优质服务。

活动 2　流失客户挽回

流失客户指曾经使用过产品或服务，但由于各种原因不再使用产品或服务的客户。一个完整的客户生命周期会经历引入、成长、成熟、休眠和流失五个阶段，但要注意的是，并不是所有客户都会经历完整的生命周期，在每个阶段都会发生客户流失的现象。TikTok 平台的店铺要找到客户流失的原因，并采用相应策略尽可能地挽回流失的客户。

一、分析客户流失原因

客户流失的原因是多样的，有店铺自身的原因，也有客户的原因，下面分两点介绍。

---

[1] RFM 模型是通过客户的最近购买时间（recency）、购买频率（frequency）和购买金额（monetary）三个指标来衡量客户价值的分析模型。

1. 导致客户流失的因素

(1) 店铺自身的原因

① 产品问题：如果店铺提供的产品质量不好，不能满足客户的需求或期望，就会导致客户不再购买或选择其他竞争对手。

② 服务问题：如果店铺的售前或售后服务不好，无法及时解决客户的问题或提供满意的服务，也容易让客户失去信任和忠诚度。

③ 宣传问题：如果店铺的宣传推广不当，如直播内容过于平淡或同质化，就不容易让客户留下深刻的印象，也会导致客户流失。

(2) 客户的原因

① 需求转移，客户不再需要这类型的产品或服务了。

① 价格问题，客户在其他店铺发现了更实惠的价格，就会更倾向于选择其他竞争对手，这个也是客户流失的最常见原因之一。

上述两点是导致客户流失的常见因素，除此之外，还有许多其他因素，例如竞争对手的优势、客户转移地域、不令人满意的促销活动、新兴业态的冲击等。

二、流失客户分类

按照客户流失因素，可以将流失客户划分为四种类型。

(1) 趋利流失型客户：这类客户主要因为价格太高或优惠力度不够而选择离开，容易转向竞争对手。他们通常比较注重价格和优惠，对店铺忠诚度不高。这类客户的流失可以通过调整价格或提供更多的优惠来挽回。

(2) 失望流失型客户：这类客户较为注重服务品质，如果店铺的服务、售后不能满足他们的期望，或者他们对产品的品质有较大的不满，他们就会对店铺失去信任。这类客户的流失可以通过改善服务品质和产品质量来挽回。

(3) 自然消亡型客户：这类客户是因为自然原因，如学生开学无法使用手机，删除直播平台软件等，放弃了原来的购买行为。这类客户通常没有对店铺产生不满意见，流失难以挽救，但流失占比最小。

(4) 需求变化型客户：随着时间的推移，客户的需求发生了变化，不再需要这种产品或服务，这类客户的流失也难以挽回。如母婴用品，随着婴儿的长大，客户就不再需要购买纸尿布、奶瓶等产品。

小贴士

伴随着新客户的到来，老客户却流失了，这就是营销界所称的"漏桶"现象。一方面，店铺开发新客户就像是往桶里添水；另一方面，老客户不断流失就像桶里的水从漏洞中不断流出，漏洞的大小实际上代表着店铺客户流失的速度。

三、如何看待客户流失

首先要正确看待客户的流失，才能做出恰当的客户挽回策略，并积极实施。

1. 客户流失会给店铺带来很大的负面影响

这不仅意味着失去该客户带来的利润，而且导致投入的客户关系维护成本付诸东流，如不能减少流失率，积少成多，会对店铺的发展产生严重威胁。因此，对于客户流失，TikTok 店铺及客服人员要认真对待。

2. 有些客户的流失是不可避免的

在 TikTok 等直播电商平台开店，本身客户的流动性是很大，无论是新客户还是老客户，在任一阶段、任一时间点都有可能流失。对于 TikTok 店铺及客服人员来说，幻想留住所有客户是不现实的，应当理智看待客户的流失，店铺要做的是确保客户流失率控制在一个合理的水平。

3. 流失客户有被挽回的可能

客户流失后并不意味着永远失去了这个客户。实践证明，挽回流失客户的难度远比开发新客户的难度低得多，因为这些客户曾经与店铺建立过联系，有一定的信任和好感度，只要挽回策略得当，依旧有很大概率再次购买。

4. 对待不同类型客户应采用不同态度

不同类型的客户对于店铺的价值和贡献不同，因此在挽回流失客户时，需要采用不同的态度和方法。具体来说：

（1）对"重要客户"的流失要极力挽回。流失前能够给店铺带来较大价值的客户，是挽回工作的重中之重，要不遗余力地挽回。在 RFM 模型的划分中，这类客户属于"重要保持客户"和"重要挽留客户"。

（2）对"普通客户"的流失要尽力挽回。这类客户对店铺的贡献比较平均，虽然不如"重要客户"，但也不能轻易放弃。在 RFM 模型的划分中，这类客户属于"一般保持客户"。

（3）对"小客户"的流失可见机行事。小客户相对价值低，数量多且零散，因此对这类客户的挽回顺其自然，不宜付出较高成本。在RFM模型的划分中，这类客户属于"一般挽留客户"。

（4）彻底放弃不值得挽回的客户。对于那些有损害店铺利益、喜欢给差评、客单价极低且经常退换货等不良行为的客户，这类客户通常不会对店铺带来正面的贡献，应该果断放弃，避免浪费资源和时间。

四、流失客户挽回策略

在实际工作中，判断客户流失的指标就是RFM模型中的"R"指标，离最近一次购买的时间间隔越久，则代表该客户流失的可能性越高。因此在客户真正流失前，要运用多种措施来减少客户流失，如实行个性化营销、提高服务质量等。但对于已经流失的客户（超过店铺制定的R值，如90天未消费，则认定为流失），则要采取相应的措施来最大程度上挽回，具体策略如下：

1. 调查原因，缓解不满

TikTok店铺客服人员要通过在线联系、电话回访的方式对流失客户进行问询，弄清客户流失的真正原因，并虚心听取客户的意见和反馈。对于言辞激烈或不满的客户，要诚恳地表示歉意，缓解他们的不满。

2. "对症下药"，努力挽回

根据调查的结果，对不同类型的流失客户进行对症下药，争取挽回。具体措施有：推送优惠活动，展示新品或推荐商品，采用不同的营销传播方式等。总的来说，优惠、特权和唤醒消费欲望是挽回措施的核心。

 延伸拓展

扫码阅读以下学习资源，拓展自己的知识和视野：

文章1：TikTok Shop 订单退货处理方案

文章2：TikTok Shop 纠纷判责后行动

文章1　　　　　　文章2

思政园地

订单量暴增，TikTok 物流却成为卖家难题

思政元素：问题意识、不畏困难。

TikTok 于 2023 年 9 月 12 日全面开放美国小店。该平台巨大的流量机会和电商发展潜力，吸引了许多卖家前来分一杯羹。

不过，随着商家的大量涌入，TikTok 平台的短板也逐渐暴露出来。有不少卖家吐槽 TikTok 的物流政策，包括无法批量上传单号、发货流程繁琐、容易遭到买家投诉和平台处罚以及售后困难等。

由于 TikTok 还没有建设好自己的"FBT"物流供应链，所以商家无法创建货件表格，批量上传单号回传到平台。这意味着，商家只能通过邮局一件一件扫描，但差错难以避免，总有漏扫的件。

玩具品牌 Educational Insights 反映说，它面临两大挑战：一方面，店铺收到的订单必须通过手动处理，流程繁琐；另一方面，通过 TikTok Shop 订购的订单必须在两天后发货，但由于它周末不营业，许多买家在周五下达的订单要到周一才能发货。这导致它遭到买家的投诉，遭受平台的处罚。

对于卖家来说，这些处罚无疑是雪上加霜。因为当一个品牌的账户被标记后，TikTok 就会限制它每周可以处理的订单数量。并且，处罚当周，品牌发布的产品视频也会被限流。

现阶段，TikTok 与美国本地的物流公司进行合作，存放货物并为卖家包装和运输商品，而不是建立自己的仓库、物流网络。

不难看出，与亚马逊投资百亿美金、花费数十年打造的物流体系相比，TikTok 的物流服务要达到同样的质量还有很长的路要走。

（资料来源：TK 热点洞察|订单量暴增，TikTok 物流却成为卖家难题[EB/OL].（2023-09-29）[2024-12-18]. https://mp.weixin.qq.com/s/4FJSPYEEHmKF7FVacSHYvw）

思考与讨论

1. 以上案例给你带来了什么启示？
2. 作为商家，在平台规则无法改变的情况下，应当如何应对客户提出的物流相关问题？

Module 9

模块九　跨境直播推广

学生工作页

任务描述

【任务情景】

主管决定利用跨境直播推广战略来打入新市场,让小万策划一场面向国际受众的直播活动,以展示最新的产品线并提升品牌知名度。这场直播活动将通过直播预热、直播付费推广等手段,帮助品牌进一步扩展影响力。

主管告诉小万,在直播正式开始之前,首先需要在 TikTok 上进行直播预热,发布一系列预告视频,展示即将推出的新产品和活动亮点,通过这一系列的预热内容吸引大量用户的关注和期待,为即将到来的直播活动营造良好的氛围。其次需要利用直播平台提供的付费推广服务,通过投放广告和提高直播的曝光度,让更多潜在观众知晓并关注此次直播活动。

在直播过程中,主管还让小万鼓励观众进行互动,分享和转发直播内容。通过设置激励机制,鼓励观众在社交媒体平台上分享直播内容,评论互动并提及这次直播带货的品牌,使更多用户参与进来,从而扩大了直播活动的影响范围。

【任务要求】

根据任务的情景描述,通过与班组长沟通,以独立或小组合作的方式,制定工作计划,在规定工期内,结合平台规则,完成跨境直播推广相关操作。

【任务资料】

完成上述任务时,可以使用所有的教学资料,如工作页、信息页、实训任务书、个人笔记以及网络资料等。

模块九 跨境直播推广·学生工作页

 **学习目标**

序号	学习环节	学时	学习目标
1	获取跨境直播推广信息	2	能列举直播促销活动推广方式
			能列举直播促销方式
			能概述直播预告和短视频预热形式
			能说明付费推广的分析要点
			理解广告投放的优化方向
2	制定跨境直播推广计划	1	能策划直播促销活动方案
			能制定跨境直播预热推广计划
			能制定跨境直播付费推广计划
3	做出跨境直播推广方案决策		能讨论已制定的工作计划并做出决策
			能提升处理和分析问题的能力
4	实施跨境直播推广任务	4	能策划直播促销活动
			能在直播间设置商品促销信息
			能根据直播活动创建直播预告
			能利用短视频进行预热
			能有效投放直播购物广告
			能找准时机,发布直播切片,提高直播曝光度
5	跨境直播推广过程控制		能判断广告投放设置是否符合任务要求
			能分析广告优化方向
6	评价反馈	1	能按分组情况,派代表展示工作成果,正确规范地撰写工作总结
			能够辩证地看待问题,从多角度思考并做出独立的判断,养成独立思考的习惯

 学习路径

序号	学习环节	学习步骤	学习活动
1	获取跨境直播推广信息	跨境直播促销推广	获取直播促销活动策划信息
			获取商品促销活动设置信息
2		跨境直播预热推广	获取直播预告信息
			获取短视频预热信息

续表

序号	学习环节	学习步骤	学习活动
3	获取跨境直播推广信息	跨境直播付费推广	获取付费推广信息
			获取付费广告投放信息
			获取广告投放优化信息
4	制定跨境直播推广计划	制定计划	制定跨境直播推广计划
5	做出跨境直播推广方案决策	做出决策	小组讨论计划可行性,确定最优方案
6	实施跨境直播推广任务	跨境直播促销推广	直播促销活动策划
			商品促销活动设置
7		跨境直播预热推广	直播预告
			短视频预热
8		跨境直播付费推广	付费推广分析
			付费广告投放
			广告投放优化
9		跨境直播二次传播	直播内容切片
			直播切片发布
10	跨境直播推广过程控制	工作质量控制	广告投放效果检查及优化
11		工作过程控制	任务清单检查
12	评价反馈	评价与反馈	展示任务成果
			记录意见建议
			书写心得体会
			考核计分

 任务工单

任务名称	跨境直播推广		
任务负责人		任务接收时间	
任务下达者	运营部主管	要求完成时间	1天内
工作任务说明: 在直播前,为美妆店铺策划圣诞节直播促销活动,提前进行直播预热推广;在直播时,设置促销信息,以直播形式投放直播间购物广告(预算5万元)。			

续表

情况记录：					
任务等级	□重要且紧急	□重要但不紧急	□紧急但不重要	□不重要且不紧急
完成时间	□提前完成	□按时完成	□延期完成	□未能完成
完成质量	□优秀	□良好	□一般	□差

任务分组

将学生按每组4～6人分组，明确每组的工作任务。

班级		组号		指导老师	
组长		学号			
组员	姓名		学号	姓名	学号
任务分工					
例如：_____同学，主要负责_____工作。					

获取信息

根据引导问题，从信息页的相关学习任务中获取对应的信息，回答引导问题并在空白处填写答案。

步骤1　跨境直播促销推广

学习活动1　获取直播促销活动策划信息

● 引导问题1：一场成功的促销活动通常包含哪些方面的内容？

_____

_____

● 引导问题2：请列举 TikTok 的活动内容。

_____

_____

● 引导问题3：常见的直播活动站外推广方式有哪些？

_____

_____

学习活动2　获取商品促销活动设置信息

● 引导问题4：单品折扣中的百分比折扣是通过设置_____的方式降价，一口价是通过设置_____的方式降价。

● 引导问题5：简述商家设置秒杀促销活动时 TikTok 平台对秒杀价格的要求。

_____

_____

● 引导问题6：请简要说明创建优惠券的步骤。

_____

_____

步骤 2　跨境直播预热推广

学习活动 1　获取直播预告信息

● 引导问题 1：请列举 TikTok 常见的直播预告形式。

_____

_____

● 引导问题 2：参考其他商家、达人的直播间，常见的直播亮点有哪些？

_____

_____

学习活动 2　获取短视频预热信息

● 引导问题 3：请列举短视频预热形式。

_____

_____

● 引导问题 4：短视频预热可以包含哪些内容？

_____

_____

步骤 3　跨境直播付费推广

学习活动 1　获取付费推广信息

● 引导问题 1：制定传播方案前，需要根据推广产品分析_____，明确推广的_____、_____及威胁，以此来判断本次传播的_____、机会与风险。

● 引导问题 2：分析竞品传播策略需要监测的内容主要有哪些。

_____

_____

● 引导问题3：在制定传播方案之前，如何进行竞争力分析？

● 引导问题4：请根据用户数据指标，完成下图内容的填充。

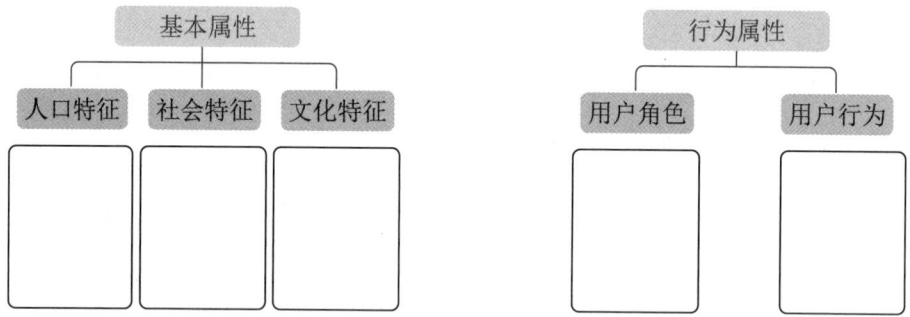

● 引导问题5：请根据SWOT分析的内容，完成图9-1内容的填充。

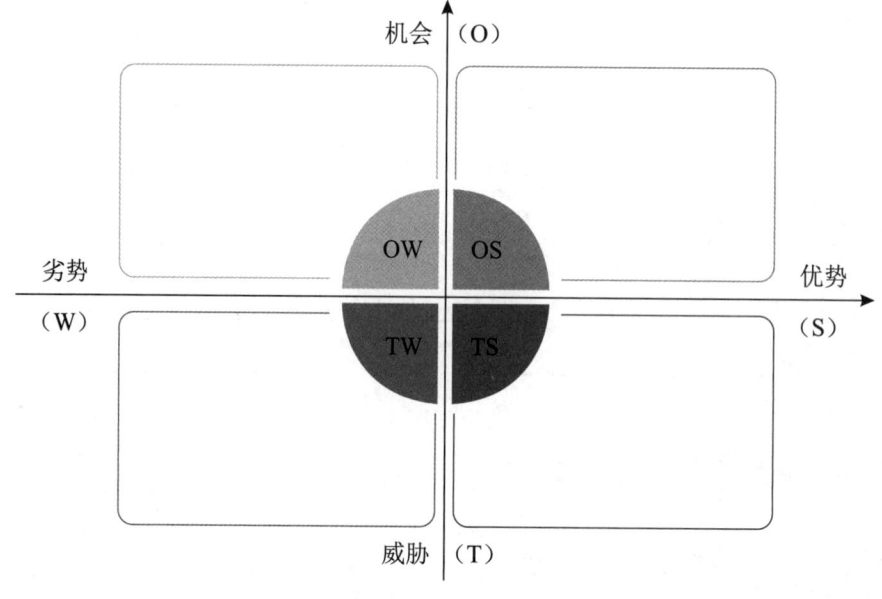

图9-1　SWOT分析

学习活动2　获取付费广告投放信息

● 引导问题6：请归纳直播购物广告投放的步骤。

● 引导问题 7：请将下列推广目标归类，将推广目标和推广目标类别连线匹配。

```
访问量        线索收集        应用推广        视频播放量

      品牌认知        受众意向        行为转化

   商店购物        社区互动        覆盖人数        网站转化量
```

● 引导问题 8：在设置广告组预算及排期时，有哪几种预算类型？分别是什么含义？

_____

_____

学习活动 3　获取广告投放优化信息

● 引导问题 9：影响 CTR（点击率）、CVR（转化率）的因素有哪些？

_____

_____

● 引导问题 10：优化广告视频素材，有哪些注意事项？

_____

_____

● 引导问题 11：请简述优化定向的技巧。

_____

_____

───────── 制定计划 ─────────

确定完成工作的途径、步骤和所需的工具材料，制定任务实施的计划。

● 引导问题 1：根据任务工单中限定的类目（美妆）和直播活动（圣诞活动），策划直播促销活动，填入表 9-1 中。

表 9-1　促销方案

类　目	美妆	直播活动	圣诞活动
直播促销活动方案	活动主题： 活动目的： 活动时间： 活动内容： 活动实施流程： 活动推广方式： 活动预算：		

● 引导问题 2：请策划直播预热推广计划，包括推广排期和推广渠道（推广排期可结合上方活动时间来调整排期）填入表 9-2 中。

表 9-2　直播预热计划

预热推广方式	直播预热推广计划
直播预告	
短视频预热	

● 引导问题 3：请根据直播类目，写出目标人群及人群特点，并针对目标人群特点，策划广告投放计划，包含投放时间段、投放预算、投放区域及投放目标人群，填入表 9-3 中。

表 9-3　类目分析

目标人群	
人群特点	
广告投放计划	

做出决策

组内就实施计划进行深入探讨，确定实施重点和难点并提出解决方案。再根据表 9-4 所列的几方面进行评分，选定分值最高的计划作为最终的任务实施方案。

表 9-4　方案评价表

评价内容	评价细则	评分（1～5 分）
目标和需求	① 计划制定与工单目标需求一致； ② 计划合理有效，能达到任务要求的标准	

续表

评价内容	评价细则	评分（1～5分）
时间和资源	① 能够在工期要求内完成计划； ② 软件工具符合计划实施需求	
技术可行性	有足够的技术能力和专业知识来执行计划	
风险管理	对潜在的技术难题、时间延误等风险做了应对备案	
综合得分		

结论（组内最终决策）：
例：选择＿＿＿＿＿同学提出的方案，同时调整了＿＿＿＿＿处。

实施任务

根据制定的工作计划，按照下方步骤完成任务实施。如果无法独立完成，可以参考配套实训任务书及微课视频。

步骤1　跨境直播促销推广

学习活动1　直播促销活动策划

● 引导问题1：参考同类目店铺圣诞节活动，结合店铺粉丝特征，如表9-5所示，完成圣诞节促销策划，写出具体的活动内容，并将策划内容记录在表9-6中。

表9-5　某美妆店粉丝特征情况

年　龄	20～34岁
性　别	90％女性；10％男性
购买力	中等偏上，大部分粉丝群体月收入在5 000～10 000元之间
消费价格	倾向于购买中高档的美妆产品，平均每次购买的消费价格在200～500元之间

表9-6　促销活动策划

活动内容

学习活动 2　商品促销活动设置

● 引导问题 2：根据"学习活动 1"的活动内容策划，在直播间上架的 7 款商品中选择 1 款商品进行促销活动设置（见表 9-7 商品详情），将设置的步骤整理在表 9-8 中，提交给老师。

表 9-7　商品详情

产品名称	价格 / 美元
大号粉扑干湿两用超软不吃粉	7.8
山脉高光修容一体盘提亮阴影生姜细闪	58
流光四色眼影盘便携细腻	69
瑞典虾青素紧致抗皱弹润细腻精华液【全新升级】	299
双头唇釉不易掉色	28
【直播专享】补水喷雾保湿修护抗老紧致舒缓	99
秋冬护肤防晒霜平价美白乳霜清透	69

表 9-8　促销活动设置

步骤 1	
步骤 2	
步骤 3	
步骤 4	
步骤 5	

步骤 2　跨境直播预热推广

学习活动 1　直播预告

● 引导问题 1：该美妆商家想要在账号简介中预告直播活动，请你根据直播促销活动策划，为商家撰写账户简介（英文）。

● 引导问题 2：请你写出创建直播预告的步骤，并在表 9-9 中填写以下内容。

表 9-9 直播预告步骤

创建步骤	
预告详情	直播名称： 直播开始时间： 描述（200 字符以内）：

学习活动 2　短视频预热

● 引导问题 3：营销推广部门想要制作一条预热短视频，请你进行策划并填写表 9-10。

表 9-10　预热视频策划表

短视频预热内容	短视频预热形式	预告片形式 □　　互动式预热 □ 幕后花絮 □　　倒计时提醒 □
	短视频预热内容	预告时间 □　　产品预告 □ 预告福利 □　　预告直播内容 □
	预热内容描述	

步骤 3　跨境直播付费推广

学习活动 1　付费推广分析

● 引导问题 1：根据实训任务书的实施步骤，进行美妆店铺的付费推广分析，并将分析结果填入表 9-11 中。

表 9-11　付费推广分析

分析维度	分析结果
竞品策略分析	
用户需求分析	
竞争力分析	

学习活动 2　付费广告投放

● 引导问题 2：请根据广告投放计划，进行一系列直播购物广告投放设置，填写表 9-12。

表 9-12　投放设置

广告投放设置	营销目标	覆盖人数 □ 访问量 □ 社区互动 □	应用推广 □ 网站转化量 □ 商店购物 □
	推广形式	Video Shopping □	LIVE Shopping □
	年龄组别		
	目标国家		
	广告预算	总预算 □	每日预算 □
	广告排期	开始时间：	结束时间：
	优化目标	发起付款 □ 商品详情页的点击率 □	观看直播超过 10 秒 □ 点击进入直播 □
	创意详情	直播形式 □	视频形式 □

过程控制

根据以下任务检查清单，小组合作进行必要的最终任务检查，并根据任务实施过程和结果的实际情况，优化改进工作计划。

步骤1　工作过程控制

请进行必要的任务完成情况的最终检查，并填写表 9-13。

表 9-13　任务检查清单

序号	检查事项	检查结果	
1	直播预告描述简洁明了	符合 □	不符合 □
2	预热视频发布时间合理	符合 □	不符合 □
3	预热视频发布渠道多样，符合受众偏好	符合 □	不符合 □
4	付费广告投放设置合理	符合 □	不符合 □

评价反馈

1. 各组派代表上台展示成果,并介绍任务的完成过程。
2. 其他组同学给你们提供了哪些意见或建议?请记录在下面。

_____

_____

_____

3. 本任务的心得体会:

_____

_____

_____

4. 评价方式采用多元化评价,评价主体由学生、小组与教师构成,评价标准、分值及权重如下所示:

(1) 学生进行自我评价,并将结果填入表 9-14 中。

表 9-14　学生自评表

班级:_____　　组名:_____　　日期:_____年___月___日

评价项目	评价标准	分　值	得　分
信息检索	能有效利用网络资源、配套资料查找有效信息	10	
知识掌握	能准确理解学习任务中讲述的知识内容	15	
技能训练	能按任务书要求,按计划完成工作任务	15	
感知工作	认同工作价值,在工作中能获得成就感	10	
团队素养	教师、同学之间相互尊重、理解、平等交流	10	
职业素养	能严格遵守相关工作守则和法律法规	10	
思维状态	能发现问题、分析问题并解决问题	10	
参与状态	能发表个人见解,倾听他人意见和看法	10	
创新意识	能在工作过程中做出创新点	10	
合　计		100	

(2) 学生以小组为单位,对学习任务的实施过程与结果进行互评,将互评结果填入表 9-15 中。

表9-15 小组互评表

班级：_____ 被评组名：_____ 日期：_____年____月____日

评价项目	评价标准	分值	得分
团队素养	该组小组成员间合作紧密，能互帮互助	15	
	该组的工作计划周密，组织有序	15	
	该组态度端正，有较强的吃苦耐劳精神	10	
工作情况	该组的工作效率突出	20	
	该组的工作成果完整且质量达标	30	
	该组严格遵守相关工作守则和法律法规	10	
合　计		100	

（3）教师对学生工作过程与工作结果进行评价，并将评价结果填入表9-16中。

表9-16 教师评价表

班级：_____ 组名：_____ 姓名：_____

评价项目	评价标准	分值	得分
考　勤	无无故迟到、早退、旷课现象	10	
工作过程	能正确回答引导问题并填写答案	20	
	能制定详细的工作计划	10	
	能按任务书要求规范实施工作活动	20	
项目成果	能按时完成任务	10	
	项目实施过程中态度认真、细致、严谨	10	
	任务成果完整且质量达标	20	
合　计		100	
综合评价	自我评价（20%）	小组互评（30%）	教师评价（50%）	综合得分

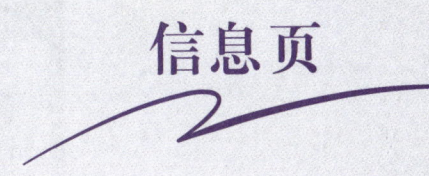

学习任务 1　跨境直播促销推广

跨境直播促销推广可以帮助直播间更好地吸引潜在顾客的注意力，优质的促销信息也能够刺激消费者的购买欲望，帮助店铺增加销售额。

本任务主要从以下两方面展开讲解：
➤ 直播促销活动策划
➤ 商品促销活动设置

活动 1　直播促销活动策划

促销活动策划是在市场目标的导向下，根据店铺营销战略需求，利用多种工具和手段实现有效互动、传播和推广的设计方案。一场成功的促销活动通常包含以下七方面的内容：主题、目的、时间地点、内容、实施、推广方式以及预算。

一、活动主题

活动主题指在集体性活动中，以一个主题为核心，围绕主题展开各类活动与交流。在跨境电商平台上，有许多不同的活动主题，一些主流跨境电商平台还会自行设定一些促销主题。

例： 基于节日的主题活动有"New Year Treats 新年礼遇""Spring Sale 春季大促"等，以平台为主的主题活动则包括英国"黑色星期五"大促、东南亚"99 大促"等，如图 9-2 所示。

285

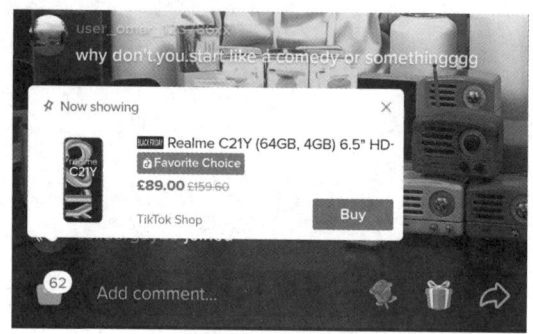

图 9-2　TikTok 直播间 "黑色星期五" 活动产品

二、活动目的

促销活动的目的在于通过有效的资源策划一场活动而迅速提高企业及其品牌知名度、美誉度和影响力，促进产品销售。

例： 英国跨境 "黑五" 大促活动在 TikTok 都是提早预热。TikTok 设置有流量支持、货补、新用户优惠券、定制奖杯等，还有 90 天免佣激励。平台一系列的活动，吸引了不少新卖家入驻。如图 9-3 所示。

图 9-3　TikTok "黑五" 活动

三、活动时间地点

在策划活动时间时，需要考虑到国外的一些重要节日，例如感恩节、圣诞节等。同时也需要考虑到一些已经流行的购物节日。

活动地点视具体情况而定，线上活动通常在店铺内或平台首页展现；而线下活动可以选择跨境贸易活跃的地区，以吸引更多的消费者参与。

四、活动内容

活动内容是指活动的具体方案，某次活动的书面计划，具体行动细则、步骤等。以 TikTok 为例，其为卖家提供了免费的营销活动内容，包括秒杀、单品折扣、运费折扣、优惠券等，有效地利用这些活动内容能够帮助店铺提升销量。

1. 秒杀

商家秒杀是一个限时促销的商家营销工具，商家可对特定商品在特定时间内设置秒杀价，有限时间内用户可享受秒杀价，如图 9-4 所示。

图 9-4 直播间秒杀活动

2. 单品折扣

商家折扣是可以给商品设置折扣促销的商家营销工具，支持设置百分比折扣（如 20% 折扣）和一口价折扣（如一口价 20 美元），具体可由商家在"商家中心—营销中心"进行设置，如图 9-5 所示。

3. 运费折扣

商家自己设置的运费优惠活动促销，需要由商家自己承担运费的全部/部分费用成本。设置有运费折扣的商品如图 9-6 所示。

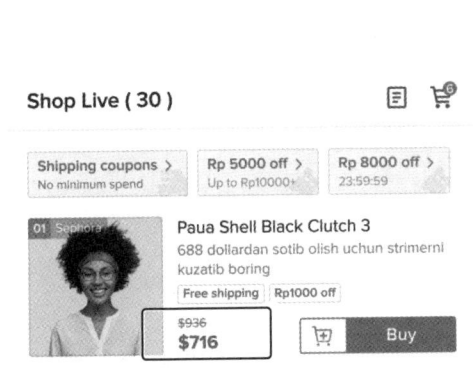

图 9-5 直播间单品折扣促销活动

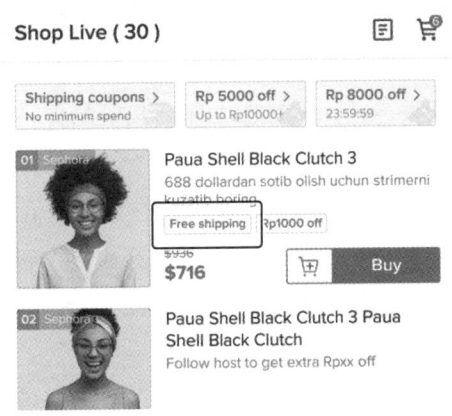

图 9-6 直播间运费折扣促销活动

4. 优惠券

商家优惠券是商家用来促销的营销工具之一，由商家自己承担优惠券费用成本。商品优惠券主要有如图9-7所示两种展现形式。

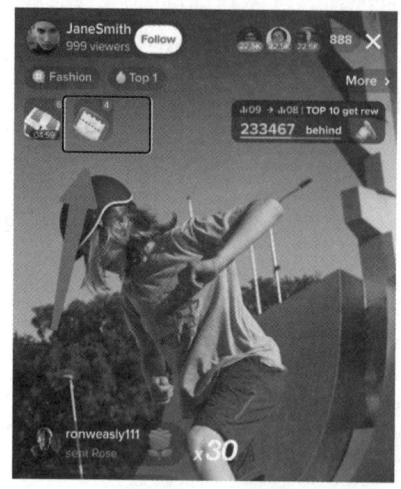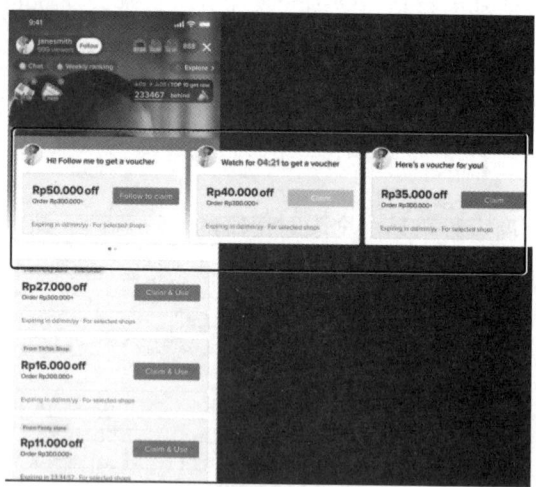

图9-7 直播间不同场景下的商品优惠券形式

五、活动实施流程

一个成功的活动需要做好实施前的充分准备和宣传工作、实施中的注意事项和紧密跟进工作以及实施后的总结和反馈工作。

1. 活动筹备

确定了活动方案，就要根据既定的方案进行各项事务的准备。作为活动的运营人员，筹备阶段的任务大都要在活动开始前一周甚至一个月就确认。在活动筹备阶段，运营的工作有以下两个重点。

（1）活动报名

跨境电商直播平台的活动一般通过内部进行报名，每期活动会基于合适类目的卖家开放招商，在平台活动管理中，可以查看可报名参加的活动，如不符合活动要求，则无法成功报名活动。TikTok平台出资的促销活动有以下几种：

① 商品优惠券

商品优惠券为消费者提供在满足最低购买门槛的情况下享受订单折扣的机会，折扣可以是百分比折扣（×% off）或固定金额折扣（$× off）。消费者可以在使用此优惠券的同时参与卖家的促销活动，如图9-8所示。

② 商品激励

TikTok提供商品直接折扣，该类型折扣通常带有"Hot Deal"标志。TikTok还会针对特定内容设置商品折扣，同时有特殊标签提醒客户存在额外的使用要求。例如：直播专享、新用户优惠等。如果 TikTok 出资的商品激励和商家 Flash Deal 促销活动选中了同一商品，则您设置的 Flash Deal 优先生效，商品仅展示 Flash Deal 价格，如图 9-9 所示。

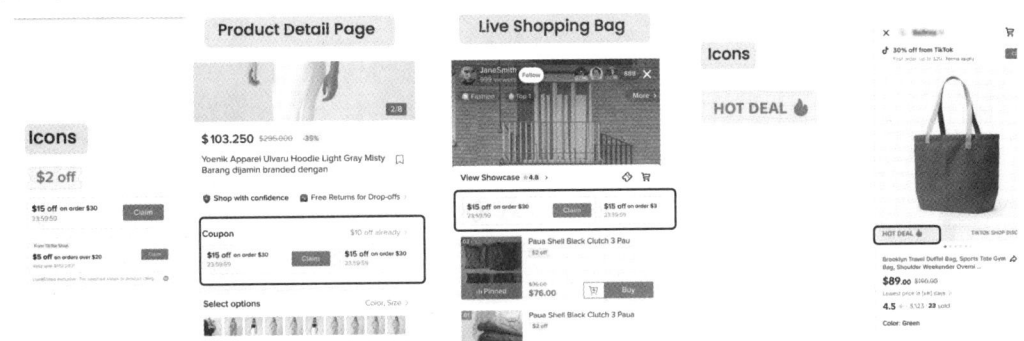

图 9-8　平台商品优惠券促销活动　　　　图 9-9　平台商品激励促销活动

③ 多买多折

多买多折促销活动根据不同的活动条件为客户提供折扣。

例："购买 2 件商品，享受 8 折优惠"或"购买 100 美元商品，减免 20 美元"，以激励在同一订单中进行多买凑单。当条件满足时，此促销活动可以与您的其他促销活动一起使用，如图 9-10 所示。

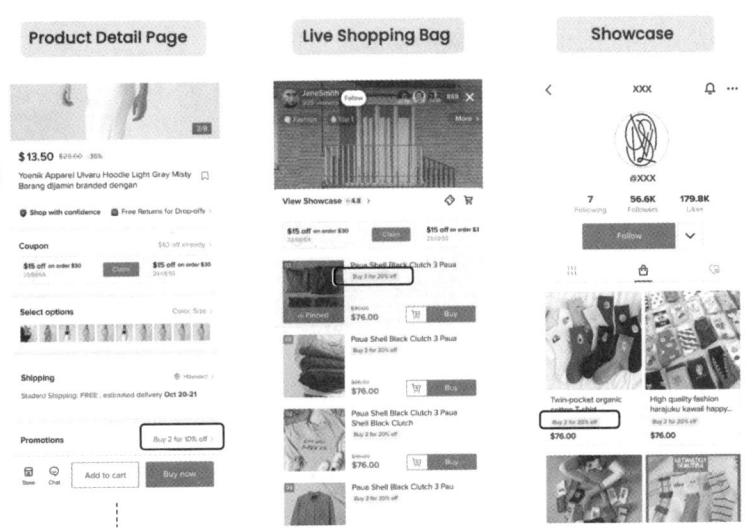

图 9-10　平台多买多折促销活动

④ 运费折扣

TikTok 出资的运费折扣为消费者提供免运费或减免运费的服务。在结账时，符合条件的订单可以享受此优惠。该运费折扣可以与您的所有促销活动一起使用。在计算运费时，TikTok 出资的折扣将首先被扣除，如果在此扣除后仍有运费剩余，则抵扣商家提供的运费折扣。如图 9-11 所示。

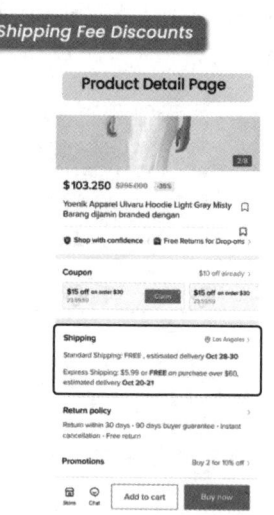

图 9-11　平台运费折扣促销活动

（2）确认资源

无论规模大小，任何一场活动都需要多个部门间的协调配合，并定期确认统筹，沟通在活动执行中是非常关键的。通常来说，确认资源时需要注意外部资源和内部调配。

① 外部资源确认：选择外部资源推广活动时，曝光量越大的渠道就越多人申请。因此可能需要排期，不同的渠道对物料的要求也可能不同。

② 内部资源确认：如果渠道展示形式需要制作，则要将活动物料的需求提交给设计，并督促和跟进设计的完成情况。

 想一想

在确认资源时，小黄觉得很困惑：

（1）在协调外部资源时需要提供什么规格的物料？流程是怎样的？

（2）内部资源确认时需要注意哪些要点？

上面两个问题，你知道怎么回答吗？

2. 活动预热

精心策划一场活动，到最后效果却不尽如人意，很大原因在于活动运营前期未能充分烘托好气氛，直播间的大促活动往往在一个月前就要开始做铺垫。在活动预热阶段，运营主要要关注店铺装修以及活动宣发。

(1)直播预告

如图 9-12 所示,LIVE Events 是 TikTok 自带的直播预告功能,粉丝点开创作者的主页就会看到。

图 9-12　活动预热

(2)店铺装修

店铺展示是很多平台对外营销的重要窗口,活动期间,可以通过充满节日氛围的页面设计来吸引顾客。店铺主图、轮播图等都需要精心设计,最好能与节日相呼应,这样才能调动用户的节日情绪,并激发他们的购买欲望。

 小贴士

大促活动店铺装修必备要素:
(1)店铺头图,展示活动亮点,营造节日气氛,活动优惠信息展示;
(2)店铺海报,通过海报展示店铺的热销品以及大促的信息;
(3)重点产品,选择 3～4 个爆款产品置顶,精选产品,丰富活动品类。

(3)活动宣发

能引来多少流量,直接决定了活动的效果。大促期间,卖家不仅要重新装修店铺,尽可能多地在店铺的各个页面增加进入活动的入口,还需要让更多用户在活动期间关注并进入店铺。活动宣发可以通过以下两种途径。

① 站外社会化营销:站外营销渠道有很多,针对不同的网站,我们可以运用不同的方法,将流量引到设计的促销页面或者专题页面上进行转化。除了广告投放还可以借助与红人合作、发放优惠券、创建预订促销活动等。

② 老客户通知:如果手上有老顾客的联系方式,可以将我们设计好的邮件,在活动预热期通知客户,通过邮件将流量引到我们设计的促销页面或专题页面。

3.活动监控

活动上线后,运营的工作才刚刚开始。在活动运行过程中,运营的主要工作是对整个活动进行整体的监控，分析活动是否有值得优化的地方，并想办法搜集各种活动数据。主要监控数据表现及用户跟进。

（1）数据表现

活动上线后，要了解活动的运营目标是否在一步步接近和完成，运营只能通过对活动的实时关注得知。因此，必须密切监控店铺的数据表现，酌情增加优惠券、包邮力度或加码站外广告力度。需要重点关注的数据如表 9-17 所示。

表 9-17　重点关注数据

推广渠道数据	关注推广链接是否正常，投放内容是否正常引流
优惠券数据	关注优惠券设置的合理性，以及对优惠力度的把控
销售数据	加购与付款是否正常，活动页面、促销力度是否有吸引力
库存数据	关注库存是否充足，推荐位是否需要调整

（2）用户跟进

用营销手段将用户引入，只是营销的开始。用户对一个新品牌或产品的记忆是很短的，我们必须在短时间内让用户尽可能多地了解产品。用户了解产品之后，就存在下单购买的可能。

小贴士

用户跟进可从以下三点入手：
（1）大促期间顾客常见问题回复，可提前制定消息模板；
（2）下单未付款顾客及时跟进，推送优惠券刺激消费；
（3）已购买商品的顾客，推荐相关产品增加客单价。

六、活动推广方式

单靠促销活动，商品想要爆单是很难的，这时候就需要在站内外推广活动，增加商品的曝光率和点击率，只要稳住转化率拉动销量，活动的促销效果就会提高很多。

1. 站内推广

在平台发布短视频直播预告的时候，可以加上相关的热门标签，例如圣诞节和新年期间，可以在发布短视频的时候，加上 #Christmas2023、#2023Looks、#TikTokMadeMeBuyIt 等热门标签，紧跟当下的热门趋势，获得更多的自然曝光量，吸引更多的消费者进入直播间。如图 9-13 所示。

模块九 跨境直播推广·信息页

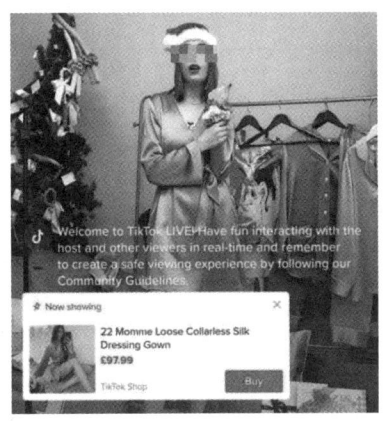

图 9-13 圣诞主题促销活动直播

2. 站外推广

（1）视频平台：视频广告是比较常见的推广方式，如在 YouTube 等视频平台投放开屏广告、视频贴片广告。

（2）Google 搜索引擎广告：搜索意味需求，谷歌广告的流量质量是比较好的。

（3）社交平台：用户质量较高，网红主要活跃地，常见的平台有 Facebook、X、Instagram 等，商家可选择自己运营账号，或与网红合作，也可以直接投放 CPC（cost per click，指按点击付费）广告，如图 9-14 所示。

图 9-14 社交平台推广

七、活动预算

活动预算能够有效帮助卖家明晰此次活动付出的成本，结合活动结束后的复盘计算判断活动举办得成功与否。一场线上促销活动的预算应包含推广费用、物料费用等，通常活动预算以表格的形式呈现，如表 9-18 所示。

表 9-18 活动预算表

项目	详情	预估价格
活动宣传费用	推广渠道投放费用等	
宣传物料费用	活动海报制作、广告制作	

293

续表

项目	详情	预估价格
社交媒体广告费用	TikTok 等	
其他	优惠券、礼品赠送等	

活动 2　商品促销活动设置

TikTok 平台的促销活动设置主要有秒杀、单品折扣、运费折扣、优惠券四种类型，下面分别对四种促销活动的设置方法展开介绍。

一、秒杀

创建秒杀活动有以下几个步骤：

1. 创建秒杀

进入商家中心（TikTok Shop Seller Center），点击"Promotions（促销）—Promotional tools（促销工具）—Flash Deal（闪购）"，点击"Create"（创建），如图 9-15 所示。

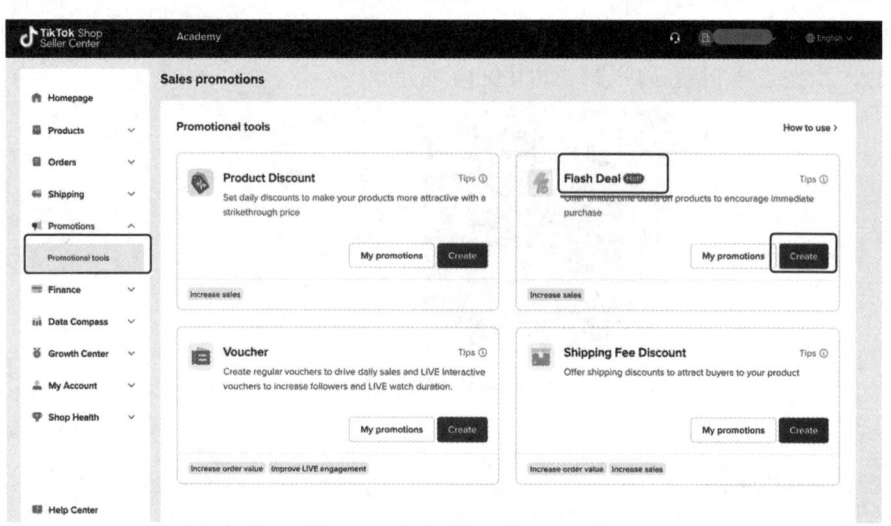

图 9-15　创建秒杀活动

2. 了解秒杀活动规定

点击"查看详情"查看秒杀价格规定和示例，具体要求如下：

（1）价格要求

① 在过去 30 天内有订单记录的商品：秒杀价格必须低于或等于用户在过去 30 天内除秒杀订单之外的所有订单中支付的最低价格（不包括运费、税费或 TikTok 提供的

其他任何折扣）。

② 无订单历史记录：秒杀价必须低于原零售价格。

（2）其他限制

① 一个商品只能在一个秒杀活动中出现。

② 秒杀在所有商家营销活动中有最高优先权。如果一个产品同时设置了秒杀活动和折扣促销，则将只展示秒杀价，如图 9-16 所示。

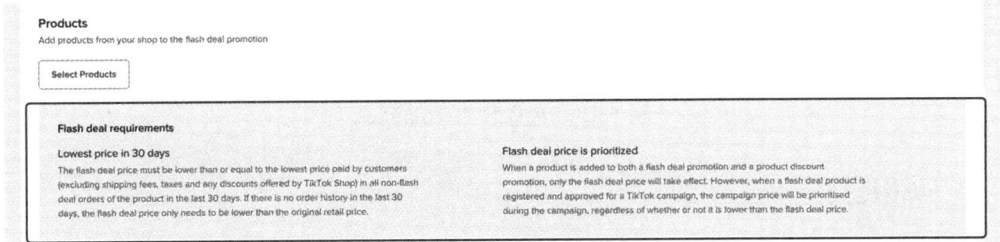

图 9-16　秒杀活动规则

3. 填写基本信息

基本信息包括活动名称、活动时间段（当地时间）、秒杀预热，如图 9-17 所示。注意秒杀的活动持续时间不能超过 72 小时。

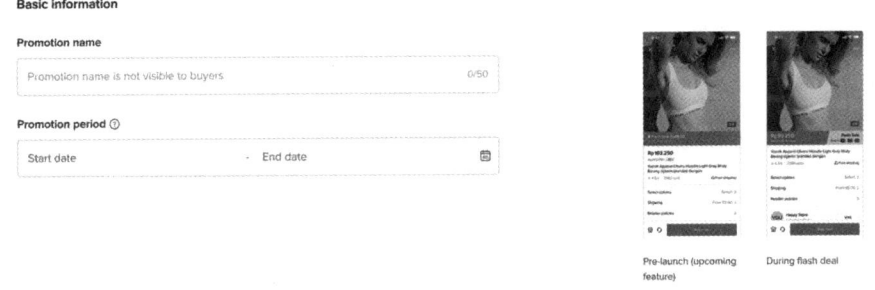

图 9-17　填写秒杀活动信息

4. 选择商品

选择商品，并设置相关信息，如图 9-18 所示，具体步骤如下。

（1）点击"Select Products"（选择商品）来选择需要创建秒杀活动的商品；

（2）选择设置"Deal Price"（交易价格）或"Buyer Purchase Limit"（买家购买限制）两种方式；

（3）秒杀价格的设置必须符合秒杀价格要求。

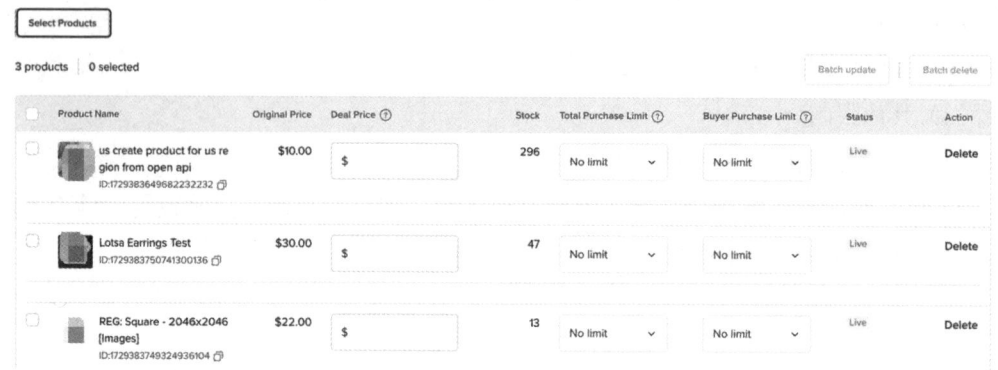

图 9-18　选择秒杀活动商品

5. 点击提交

所有信息填写完毕后，点击"Submit"（提交），如图 9-19 所示。

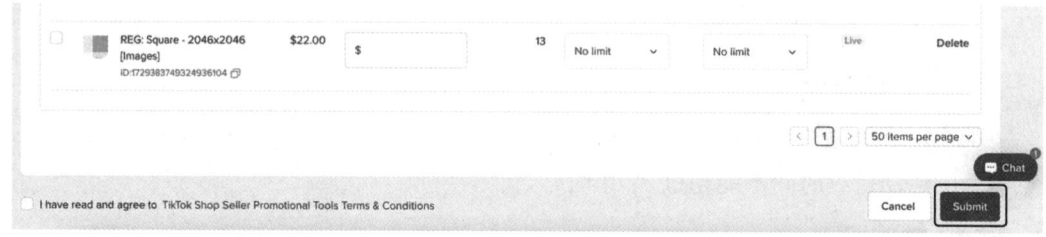

图 9-19　秒杀活动提交

二、单品折扣

单品折扣活动创建步骤如下：

1. 创建活动

进入商家中心（TikTok Shop Seller Center），点击"Promotions（促销）—Promotional tools（促销工具）—Product Discount（单品折扣）"，点击"Create"（创建单品折扣），如图 9-20 所示。

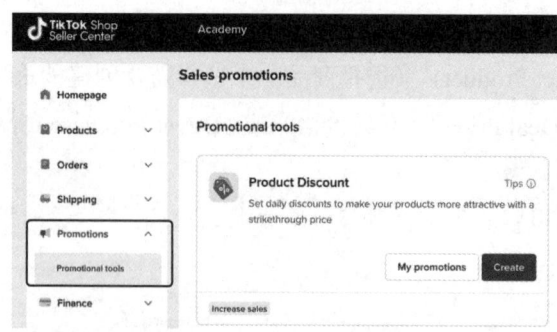

图 9-20　创建单品折扣活动

2. 填写基本信息

基本信息包括活动名称、活动时间段（当地时间）、折扣类型，如图 9-21 所示。

（1）百分比折扣：通过设置折扣的方式进行降价；

（2）一口价：通过设置固定金额的方式进行降价。

图 9-21　填写单品折扣活动信息

单品折扣设置注意事项

若一个多 SKU 商品设置了一口价折扣，那么该价格会应用到所有 SKU 上；百分比折扣优惠力度不能高于 70%。

3. 选择商品

选择商品，并设置相关信息，如图 9-22 所示。具体步骤如下。

（1）点击"Select Products"（选择商品）来选择需要创建单品折扣活动的商品；

（2）选择设置"Discount Details"（折扣详情）或"Purchase Limit"（每人限购件数）两种方式；

（3）在顶部的"Discount Details"和"Purchase Limit"处填写好信息后，勾选全部商品，点击"Update"（更新）按钮进行批量设置。

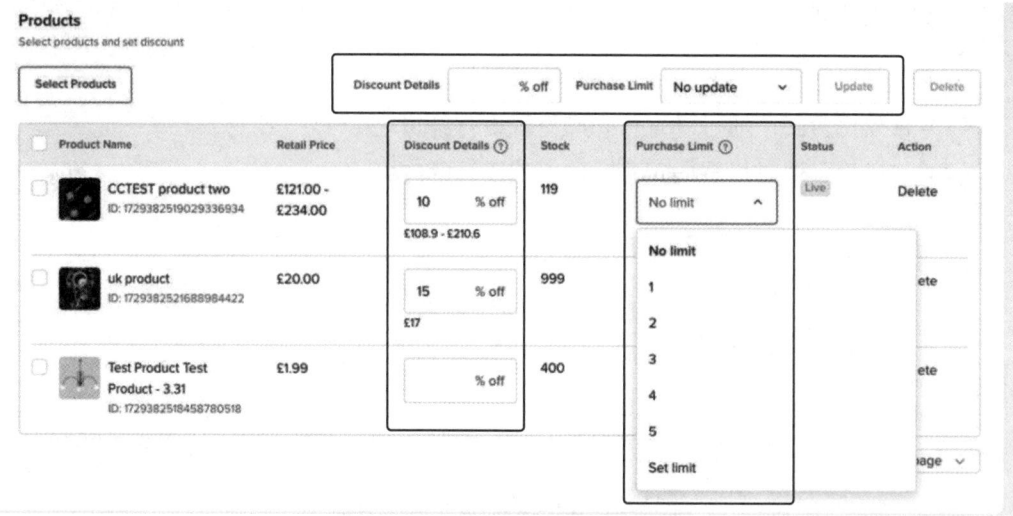

图 9-22 选择商品并设置折扣

4. 点击提交

所有信息填写完毕后，点击"Submit"（提交），如图 9-23 所示。

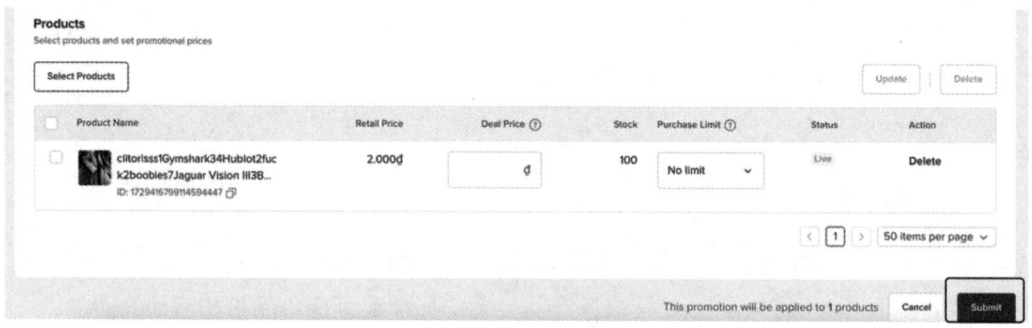

图 9-23 单品折扣活动提交

三、运费折扣

运费折扣活动创建步骤如下：

1. 创建活动

进入商家中心（TikTok Shop Seller Center），点击"Promotions（促销）—Promotional tools（促销工具）—Shipping fee discounts（运费折扣）"，点击"Create"（创建运费折扣），如图 9-24 所示。

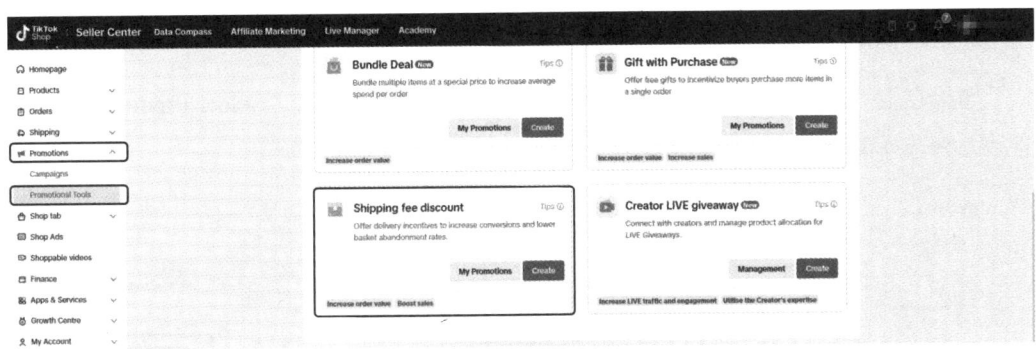

图 9-24　创建运费折扣活动

2. 填写基本信息

填写页面如图 9-25 所示，除活动名称外还需填写以下内容：

（1）活动时间段（Promotion Period，指当地时间）：永久生效（Long term）/指定时间（Specific period）；

（2）使用地区（Shipping Area）：全部地区（All areas）/部分地区（Specific area）；

（3）折扣设置信息（Discount Settings，折扣费用由商家自行承担）：包邮（Free shipping）/部分运费减免（Partial discount）；

（4）活动门槛（Promotion Criteria）：无（None）/订单金额门槛（Order value reaches）/订单商品数量门槛（Item quantity reaches）；

（5）该活动的适用范围（Scope）：全店商品（Entire shop）/部分商品（Specific products）。

 小贴士

运费折扣活动门槛

订单金额门槛：可获取该运费折扣活动的订单金额最小值

订单商品数量门槛：使该运费折扣生效的单个订单 SKU 总数最小值

图 9-25　填写运费折扣活动信息

3. 选择商品

如果在上一步选择了该活动应用到部分商品，则需要点击"Select Products"（选择商品）来选择需要设置包邮的商品，如图 9-26 所示。

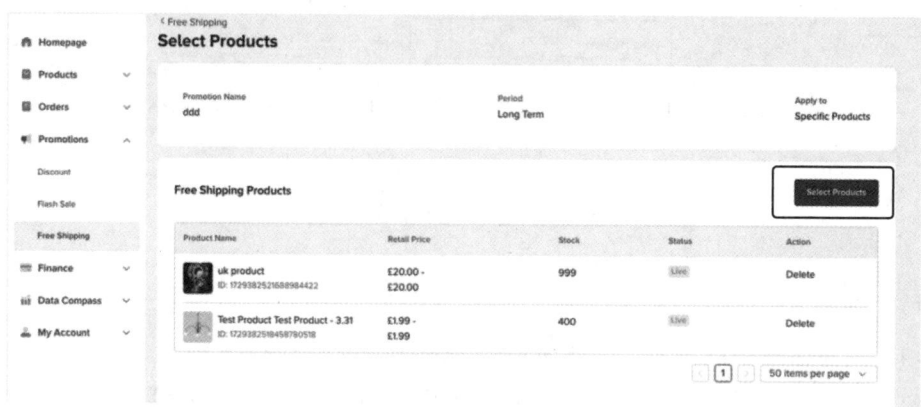

图 9-26　选择商品

4. 提交

填写完所有信息后，点击"Submit"（提交），如图 9-27 所示。

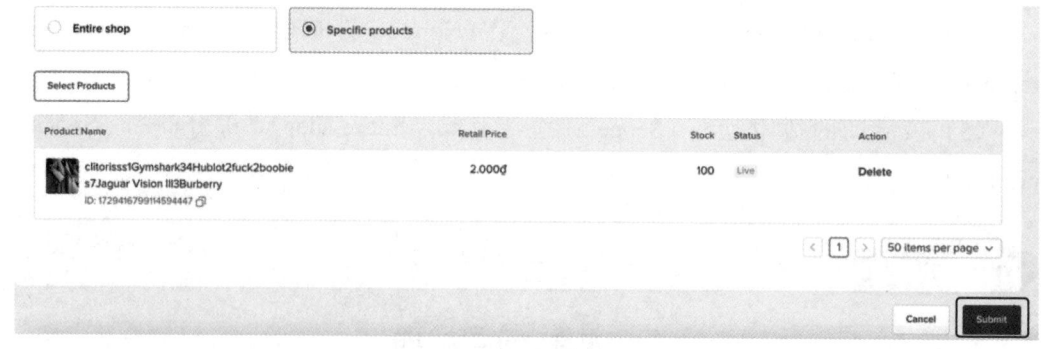

图 9-27　运费折扣活动提交

四、优惠券

优惠券创建步骤如下：

1. 创建优惠券

进入商家中心（TikTok Shop Seller Center），点击"Promotions（促销）—Promotional tools（促销工具）—Voucher（优惠券）"，点击"Create"（创建优惠券），如图 9-28 所示。

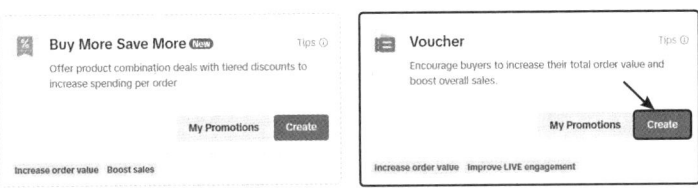

图 9-28　创建优惠券

2. 填写基本信息

填写页面如图 9-29 所示，基本信息主要包括以下内容：

（1）优惠券类型（Voucher type）：常规公开券（Regular voucher）/ 直播互动券（Live interactive voucher）；

（2）优惠券名称（Voucher name）：买家不可见；

（3）可领时间段（Claim period）：当地时间；

（4）优惠券有效期（Voucher validity）：领取后生效 × 天（Valid for × days after date of claim）/ 指定时间段内有效（Specific period，指当地时间）。

优惠券类型

（1）常规公开券：消费者可在所有公开流量渠道领取该券；

（2）直播互动券：直播间观众专享，可绑定多种互动任务。

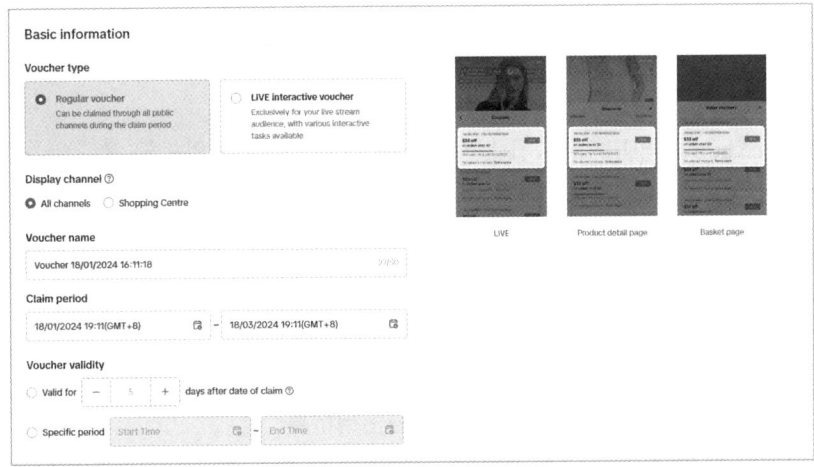

图 9-29　填写优惠券信息

3. 填写优惠券设置信息

主要包括以下内容（如图 9-30 所示）：

（1）优惠券类型：金额扣减有门槛即满减券、金额扣减无门槛即立减券；

（2）订单金额门槛：即用户订单达到此金额后才可使用该优惠券；

（3）折扣金额：即优惠券的价值面额；

（4）可领优惠券总数：即整个活动期间可发放的优惠券总数；

（5）单个用户可领数量：即每个用户最多可领该优惠券的数量，但用户只有核销后才可领取下一张。

图 9-30　优惠券信息设置

4. 填写活动适用范围

活动范围分为以下两种（如图 9-31 所示）：

（1）Entire shop（全店商品），即全店铺商品均可使用该优惠券；

（2）Specific products（指定商品），即仅有指定的商品才可以使用该优惠券。

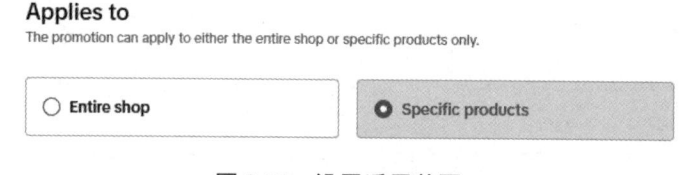

图 9-31　设置适用范围

5. 选择商品

如在上步中选择了该活动应用到部分商品，则需要点击"选择商品"来选择您需要设置优惠券活动的商品。请勾选对应的商品并提交，支持通过商品类目、商品名称和商品 ID 进行筛选，如图 9-32 所示。

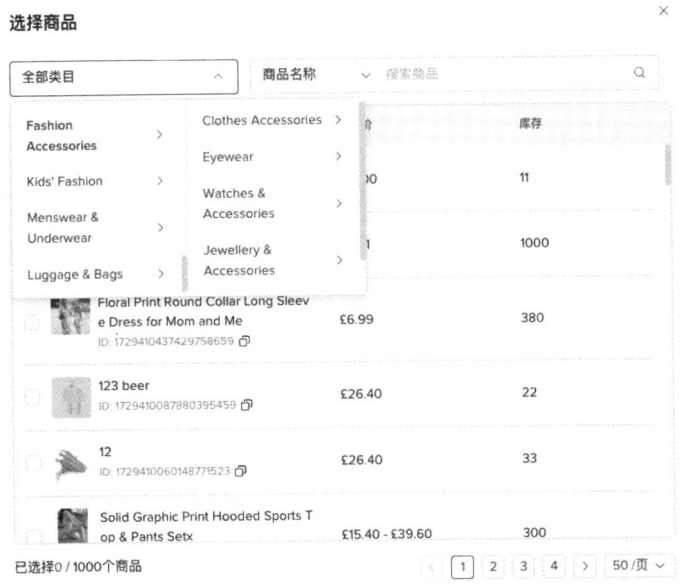

图 9-32　选择商品

6. 提交

填写完所有信息后，点击"Agree & Pubish"（同意并发布），如图 9-33 所示。

图 9-33　提交优惠券活动

学习任务 2　跨境直播预热推广

在进行跨境直播活动之前，需要通过一系列策略和准备工作，提前激发目标受众的兴趣和期待，为实际直播活动做好准备。这个过程旨在建立对直播内容的期待，增加观众的参与度和互动性，以提高整体直播活动的效果。

本任务将从以下两方面展开讲解：

➤ 直播预告

➤ 短视频预热

活动 1　直播预告

直播预告是指在进行直播活动之前，提前宣传和告知观众的一种方式。作为跨境运营人员，必须了解 TikTok 直播预告的形式，并在直播之前，创建直播预告。

一、直播预告形式

通过直播预告，可以提前建立观众的期待和兴趣，增加直播活动的曝光度和参与度，有助于吸引更多观众参与直播，提升直播的观看人数。TikTok 常见的直播预告形式有以下几种：

（1）账号主页预告

商家或运营人员可通过修改账号昵称为"昵称+直播时间"的形式进行预热；或在主页简介介绍内增加开播的时间，如图 9-34 所示，用户可以在进入账号主页时，了解直播时间。

图 9-34　账号主页简介直播预告示例

（2）TikTok-LIVE Events（直播预告）

LIVE Events 是 TikTok 自带的直播预告功能，粉丝点开创作者的主页就会看到，如图 9-35 所示。

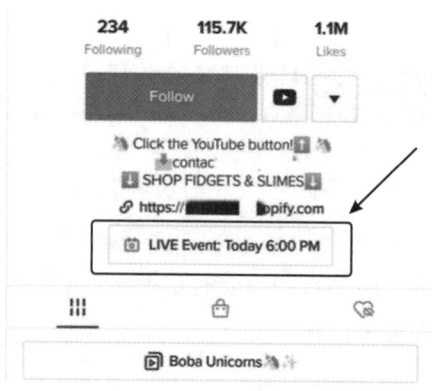

图 9-35　LIVE Events 直播预告示例

二、直播预告内容

1. 预告时间

如图 9-35 所示，直播预告会显示直播时间，通过创建直播预告，粉丝会在直播开始之前收到直播通知，提醒他们参与直播。这有助于确保粉丝不会错过直播活动，提高粉丝的参与度。

2. 直播亮点

如图 9-36 所示，在创建直播预告时，除了要填写直播名称、直播时间，还需要填写直播描述，让观众提前了解直播内容。可以预告直播中的亮点，吸引观众的关注，如福利信息、直播产品，或者有趣的直播环节、明星嘉宾做客等。

图 9-36　创建直播预告

活动 2　短视频预热

每次直播前，跨境卖家可以通过发布预热的短视频，如图 9-37 所示。对于播放效果较好的预热视频，运营人员可以利用 Promote 进行视频加热。（Promote 与国内的抖音 dou+ 功能相似，可以通过付费方式，提升视频播放量与互动量，提升内容的曝光效果。）

图 9-37　短视频直播预告示例

一、短视频预热形式

短视频预热可以采用多种形式和方式，这些形式可以单独使用或结合起来，根据需求和目标受众的特点选择最合适的短视频预热形式。以下是一些常见的短视频预热形式：

（1）预告片形式：预告片形式的预热短视频通过一定程度的"神秘感"或"悬念"吸引潜在客户，从而促进目标受众的参与、关注、分享和讨论。可以展示即将参与直播产品的亮点，如产品的特性、优势、功能等。

（2）幕后花絮：分享直播筹备的幕后故事，比如直播间的布置、直播内容的准备等，这种形式能够增加粉丝对主播的好奇心和亲近感。

（3）互动式预热：主播可以通过短视频向粉丝提出问题，或者邀请粉丝在评论区留言，回答问题或者提出建议，并在直播中予以回应。

（4）倒计时提醒：在直播开始前发布短视频，采用倒计时的方式提醒粉丝直播的开始时间，增加紧迫感。

二、短视频预热内容

制作高质量的预热短视频对于直播活动的成功至关重要。它有助于吸引观众、建立期待感、提前宣传产品或服务，同时与观众建立联系，提高直播效果和互动性。

要想尽可能提高直播的热度，短视频预热必不可少。预热要做的是告知用户关于直播的基本情况，吸引用户前来观看直播。由此，我们可以确定短视频预热的两个关键点：信息完整、信息具有吸引力。围绕这两个关键信息，短视频预热内容主要包含以下几点：

1. 预告时间

这是最基本的信息。预告直播的时间能让用户知道直播什么时候开始，提醒用户及时观看直播。在预告直播时间时，运营者可以同时对直播的预计时长进行预告，这样可以让有观看意愿的用户合理安排时间，避免因为一些原本可以协调的事务而错过直播。

2. 预告福利

免单、免邮、秒杀等福利信息，能够增强直播对用户的吸引力，预告一些优惠活动能大幅度增强用户观看直播的意愿。福利越多，对消费者的吸引度毋庸置疑是越高的。

3. 产品预告

即在预告中告诉用户将在直播中介绍的产品种类、有什么亮点等。这样可以精准吸引有需求的用户前来观看直播，尤其是在和一些知名品牌或商家合作时，提前公布产品能够最大限度地发挥品牌和"网红"产品的影响力，达到更好的预热效果。

4. 预告直播内容

包括预告直播中具有吸引力的亮点，如知识分享类直播可以提前告知用户直播的主题、是否有提问环节、本次的主播是谁、是否有明星嘉宾等。

学习任务 3　跨境直播付费推广

跨境直播付费推广是通过支付费用来获得更多的曝光和观众参与的推广方式，这种推广模式结合了 TikTok 的直播功能和付费推广服务，旨在帮助直播间获得更广泛的受众，并提高店铺曝光度。

本任务主要从以下三方面展开讲解：

▶ 付费推广分析

▶ 付费广告投放

▶ 广告投放优化

活动 1　付费推广分析

跨境卖家在进行付费推广之前，需要根据推广产品分析优劣势，明确推广的目标人群、市场机会及威胁，才能更精准地投放付费广告，提高曝光率和流量，带来更高的转化率。要做好付费推广分析就需要掌握以下三点：

一、竞品策略分析

在付费推广分析中，对标、学习竞品的优质传播策略能够帮助跨境卖家少走弯路，更好地实现营销目标。

分析竞品传播策略，就要求跨境卖家监测竞争对手，需要监测的内容主要有以下两方面：

（1）监测竞品的社交平台传播策略：在社交媒体平台上通过关键词查询找出竞品账号，浏览竞品发布的内容、频率、商品信息、红人推广软文等，这样就能全面了解到竞争对手的社交媒体推广动作。

（2）监测竞品的广告策略：借助第三方数据分析工具，实时监测竞品账号在其直播平台的推广方式。如 bigspy.com 网站就可以监测及跟踪竞品的 TikTok 广告，如图 9-38 所示。另外，也可以登录 TikTok 的广告平台，分析竞争对手的广告策略。

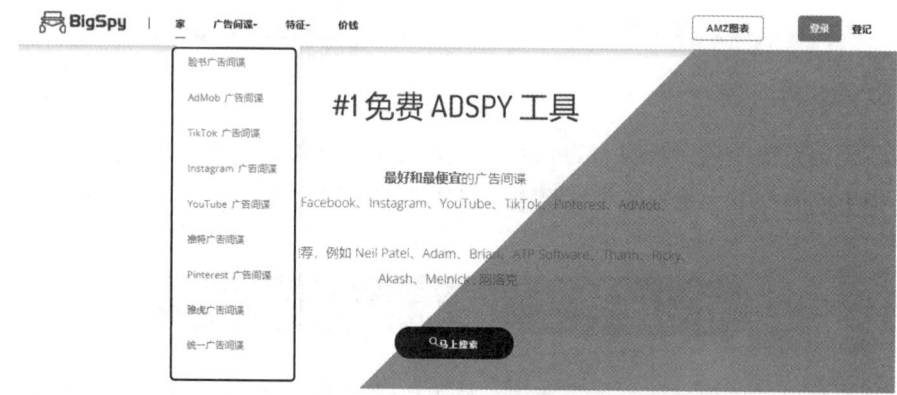

图 9-38　bigspy.com 网站主页

在完成竞品监测之后，就需要对竞品的广告策略、推广节奏等方面进行分析。竞品策略分析思路如下：

（1）竞品的推广创意/策略是怎样的？

（2）效果如何？值得我们借鉴吗？

（3）如果要借鉴，应该采用哪种方式融合竞品策略？

二、用户需求分析

付费推广必须建立在用户需求的基础上，才能吸引到用户的注意力，才能达到相应的传播效果。简单来说，分析用户需求就是要知道用户喜欢什么，我们能提供什么，我们提供的是不是用户需要的。

分析用户需求需要采集的数据主要有以下两类，用户数据指标如图 9-39 所示：

（1）基本属性：是基于客户较为固定、短期内不会发生变化的属性；

（2）行为属性：行为属性体现的是用户的决策、购买、使用、评价等行为，并以此明确用户的角色。

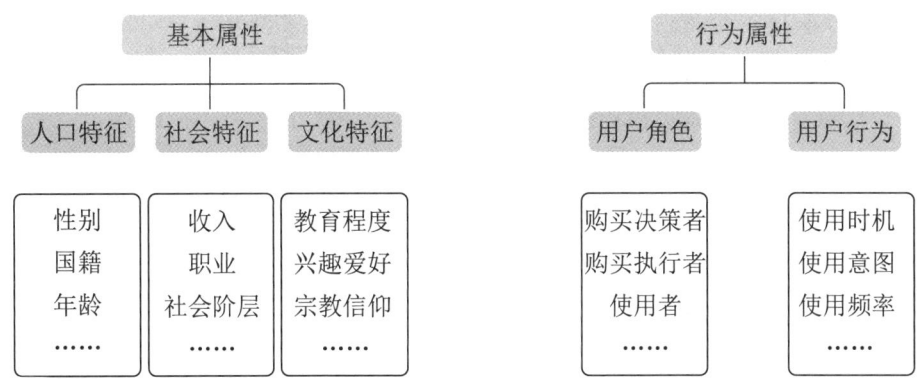

图 9-39 用户数据指标

例： 以取暖设备为例，企业可以根据交易记录了解到客户的基本数据如下：
- 性别：女性为主；
- 地区：欧洲；
- 年龄：25 岁以上为主；
- 社会特征：主要为家庭妇女。

可以结合用户调研与分析交易记录等方式，了解到取暖设备客户如下数据：
- 用户角色：既是购买决策者，又是购买执行者和产品使用者。
- 用户行为：常用于家庭，秋冬季节和早春几乎每天使用。

综合以上分析，可总结出客户的基础画像。有了客户画像，推广方案内容的制定方向就更加精确了——25 岁以上的家庭妇女，主要是家庭日常中使用，使用频率很高。她们既是购买决策者，又是购买执行者和产品使用者。根据客户画像，我们可以做出如下判断：

（1）推广内容可以以家庭为使用场景；

（2）客户使用产品频率高，可以在推广内容中突出产品的使用寿命；

（3）客户是家庭妇女，是购买的执行者，考虑制作这类人群最感兴趣的内容。

在市场调查中，要从竞争对手的角度、从消费者需求的角度思考营销推广策略的创新突破口，培养战略意识和长远眼光。除此之外，在后续的课程学习中和工作实践中，也应当严于律己，重视并开展调研工作，获取市场数据，以此培育实践出真知的良好品质。

三、竞争力分析

竞争力分析，就是在制定传播方案之前，跨境卖家结合品牌、产品、直播间等特性，对传播方案进行一系列的可行性分析。

分析竞争力，落实到具体问题上，主要是以下三方面：

（1）本次直播内容和竞争对手相比有哪些优势？哪些劣势？

（2）在推广本次直播时，卖家有哪些机会是可以利用的？

（3）有哪些潜在的风险和威胁？如产品是新品，用户接受度不明确等。

而这一系列问题的分析，就是运营中常见的 SWOT 分析。

1. 优劣势分析

SWOT 分析中的 S（strength）和 W（weakness）分别表示的是产品/直播间的优势和劣势，代表内部因素。优劣势的分析可以从产品的品质、成本、效率、设计、服务、直播间折扣、装修、主播等方面入手，对比自家产品和竞品的优劣势。

2. 机会分析

O（opportunity）表示机会分析，主要分析当下的市场背景是否具备推广该产品的外部机会。机会分析的内容包括政策法律、经济发展、社会环境、技术水平、气候环境等，需要通过多方渠道来收集足够多的信息，判断是否具备推广该产品的机会。

3. 威胁分析

T（threat）表示威胁分析，主要分析市场上是否存在对产品推广不利的因素。市场上存在的威胁主要包括竞争者、替代品等，对于这些威胁，卖家要紧盯竞争对手的动态，及时调整推广策略。

那么如何利用 SWOT 进行分析呢？一般先要找出影响推广最重要的因素有哪些，并明确本次推广需要解决的核心问题是什么。主要有以下几个步骤：

（1）找出对推广造成重大影响的因素有哪些；

（2）收集与影响因素相关的信息；

（3）通过信息整理，对影响因素的变化进行预测；

（4）对影响推广的正面和负面因素，进行组合分析，如图 9-40 所示；

（5）总结出推广需要应对的关键点。

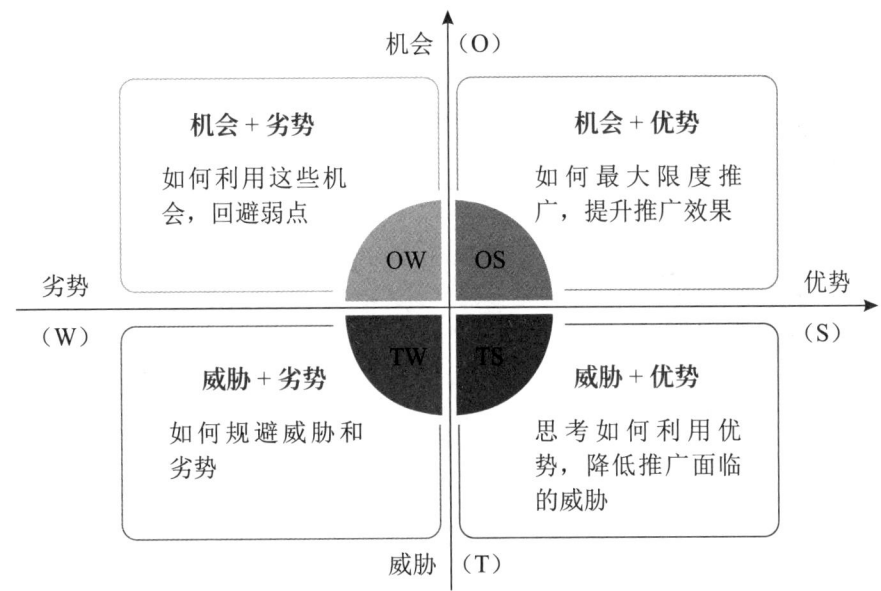

图 9-40 SWOT 组合分析

> **例**： 以如图 9-41 所示的立式取暖器为例，与市场上其他的竞品相比，其 SWOT 分析如下：

优势分析（S）：立式造型，摇头送暖，可全身环抱式取暖；PTC 陶瓷发热，可快速取暖；远距离遥控取暖，智能定时；直播间下单，即可获得小礼品。

劣势分析（W）：该款立式取暖器的价格和同类产品相比略高，发热速度快，消费者对其安全性存在担心。

机会分析（O）：5 年以来，关键词"space heater"在英国谷歌搜索趋势的波动呈现一致性，每年的搜索量在天气逐渐转凉后攀升，升温后即回落。2022 年的搜索热度目前还在攀升，相较于往年，热度峰值涨幅明显；能源危机造成电价疯涨，电暖器、电热毯作为取暖平替，在社交媒体的话题观看量破千万，如图 9-42 所示。

威胁分析（T）：立式取暖器面临的威胁主要是竞争较为激烈，市场各种类型的取暖器繁多，更加节能、安全、便携的小型电暖器是威胁较大的竞品。

综合以上因素，进行组合分析，总结出如下推广关键点：

➢ OS 战略：增加宣传渠道，扩大推广覆盖面；
➢ OW 战略：以节能减排为产品宣传核心；
➢ TW 战略：后续推进产品线的完善，精细化运营；
➢ TS 战略：塑造高端品牌形象，增强用户对品牌的信任感。

图 9-41 立式取暖器

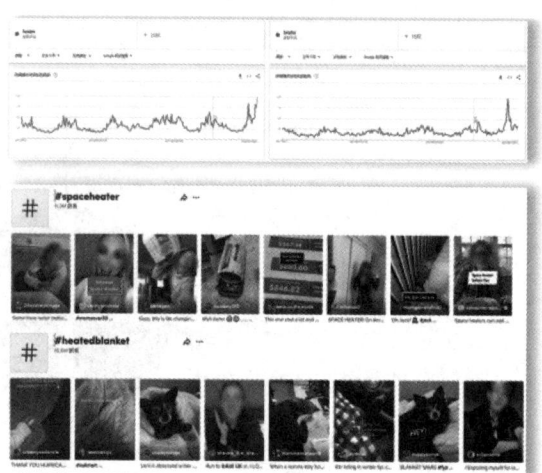

图 9-42 用户数据指标

活动 2　付费广告投放

直播购物广告可以帮助 TikTok 用户发现和观看广告主的直播视频,以及浏览和购买广告主的商品。通过 TikTok 上的直播购物广告,广告主可以为商店和商品吸引更多访问量。

一、设置营销目标

在 TikTok 卖家中心,点击"Ads",创建广告账号,如图 9-43 所示。关联商店和 TikTok 账户,完成设置后,就可以开始创建并发布广告。

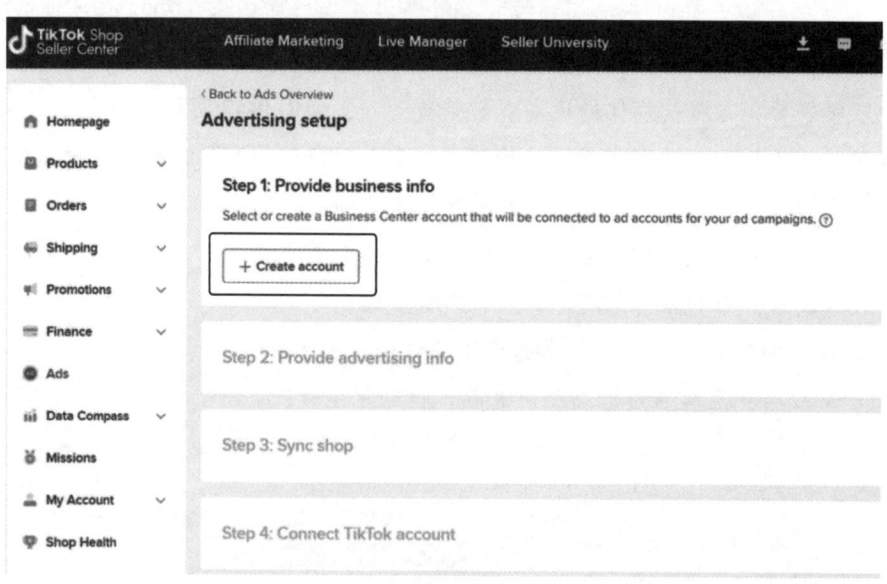

图 9-43 用户数据指标

选择"Shop purchases"作为广告目的,如图 9-44 所示。TikTok 广告有三类推广目标,分为品牌认知、受众意向和行为转化。

1. 品牌认知

覆盖人数:向尽可能多的用户展示广告。

2. 受众意向

(1)访问量:吸引更多的用户访问广告主的目标网站;
(2)视频播放量:让广告主的视频广告获得更多播放量和互动;
(3)线索收集:为业务或品牌开发潜在客户;
(4)社区互动:获得更多账号关注或者主页访问等。

3. 行为转化

(1)应用推广:让更多用户安装并使用广告主的应用;
(2)网站转化量:吸引更多用户到广告主的网站上执行更多有价值的操作;
(3)商店购物:让更多的用户在广告主的 TikTok 店铺中购买商品。

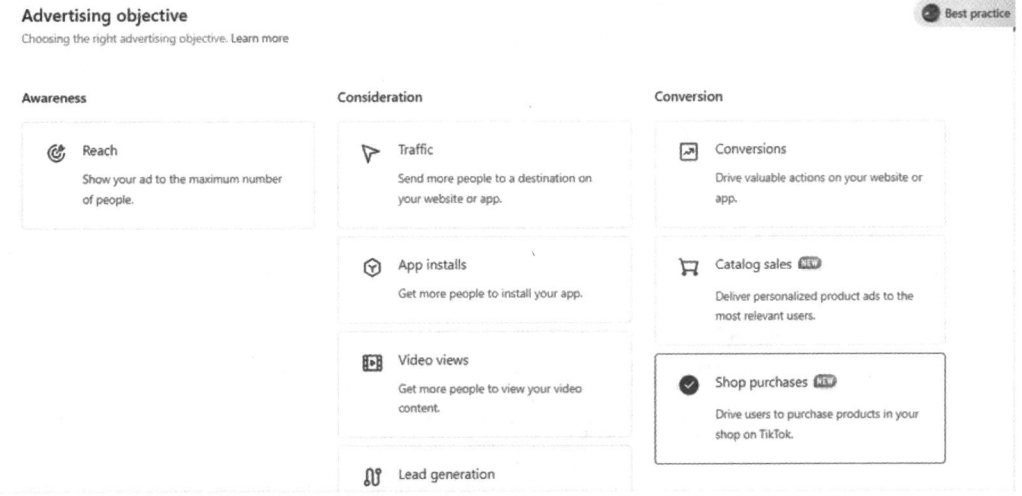

图 9-44　选择营销目标

二、定向设置

首先,选择直播购物的推广形式"LIVE Shopping";其次,选择 Shop 和 TikTok 账户(用于播放直播购物广告的 TikTok 账户);最后,选择正确的年龄组别(18 岁以上)及目标国家,如图 9-45 所示。

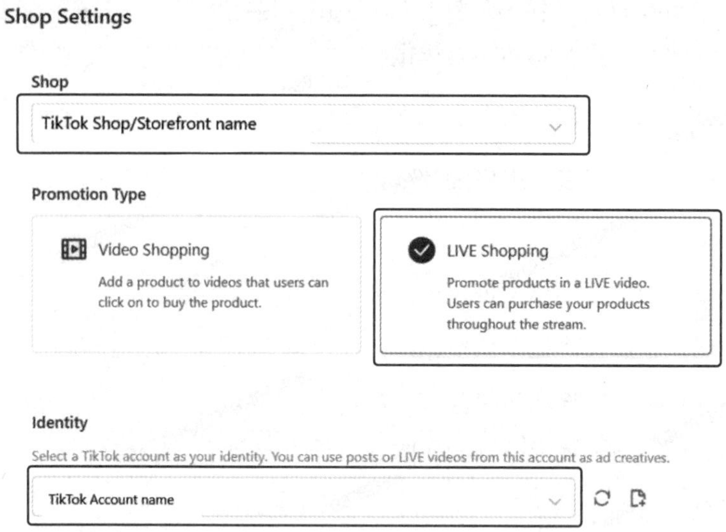

图 9-45　定向设置

三、预算和排期设置

设置广告组预算及排期，选择与直播场次匹配的开始和结束日期、时间。如图 9-46 所示。

无论是选择"日预算"（不低于 20 美元）还是"总预算"（不低于 20 美元），广告组的消耗都不会超出预算范围。广告主可以为广告系列和广告组设置预算（一个广告系列可以包含多个广告组）。预算有两种类型：总预算和每日预算。

（1）总预算：是指在投放广告的整个指定期间内愿意在广告系列或广告组上花费的最高金额。

（2）每日预算：每天愿意在广告系列或广告组上花费的最高金额。

设置总预算和每日预算时需要设定最低预算，以确保广告能持续投放。

（1）广告系列级别最低预算：对于广告系列，每日预算和总预算都必须超过 50 美元。

（2）广告组级最低预算：对于广告组，每日预算必须超过 20 美元。终身预算的计算方式为"最低每日预算（20 美元）× 计划天数"。

例：如果投放时间安排为 31 天，则广告组的最低预算将为 20 美元 ×31 天 = 620 美元。

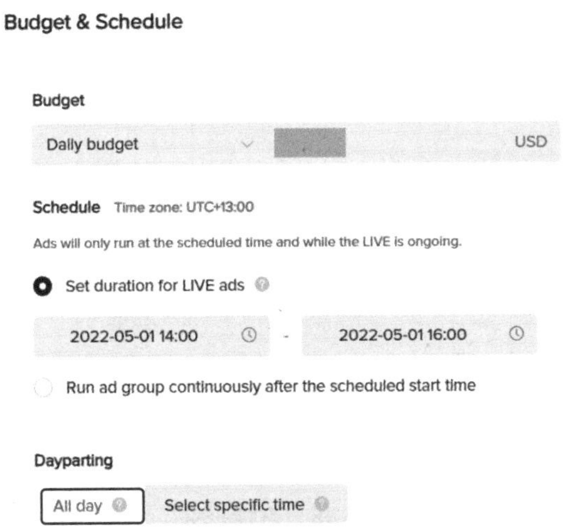

图 9-46　定向设置

四、出价与优化

可以使用以下出价选项：

（1）最高总收入/最低成本；

（2）最低广告支出回报率/成本上限。

完成出价选择后，选择一个优化目标，直播购物广告有以下四类优化目标，建议选择"发起付款"作为优化目标，如图 9-47 所示。

（1）Initiate checkout——发起付款；

（2）Product Click in LIVE——商品详情页的点击率；

（3）Viewer Retention——观看直播超过 10 秒；

（4）Click——点击进入直播。

图 9-47　出价与优化

五、创意详情

选择广告创意形式，直播购物广告分为以下两种广告形式。完成广告设置，然后点击"提交"，发布直播购物广告。

（1）直播形式：如图 9-48 所示。

（2）视频形式：上传视频或使用广告主 TikTok 页面中的 spark 视频。点击此广告，用户将进入广告主的直播，如图 9-49 所示。

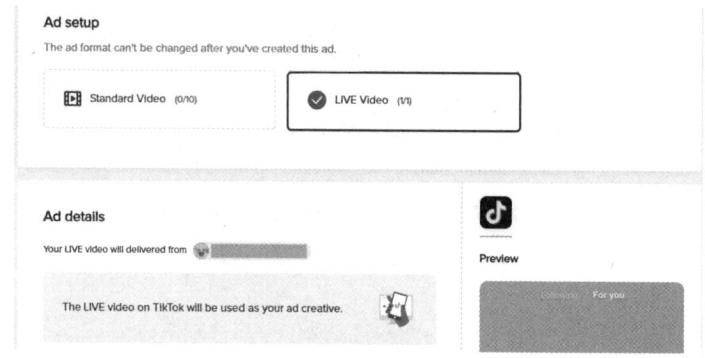

图 9-48　直播形式

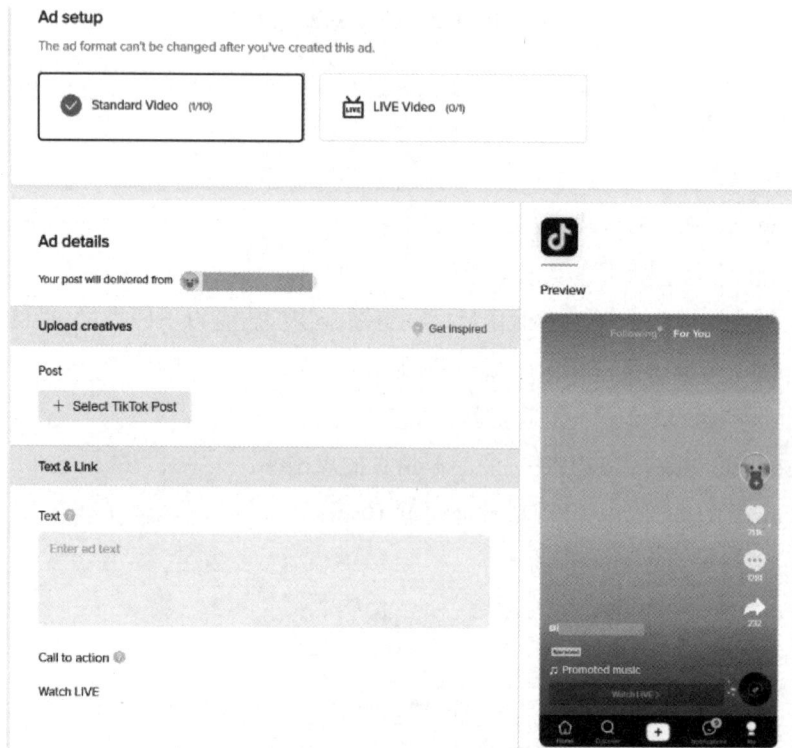

图 9-49　短视频形式

活动 3　广告投放优化

平台竞价是按照广告组的 eCPM 值来排序，eCPM＝预估点击率预估转化率 × 转化出价 ×1 000，所以，出价、创意、受众是广告优化三个最核心的点。广告文案、落地页质量、创意分类、广告素材、投放时段、定向、预算设置也都会成为影响 CTR（点击率）、CVR（转化率）的因素。因此，广告投放优化有以下三个要点。

一、优化创意

优化内容包括：广告风格、视频、行动引导文案、说明文案等，创意素材的优化有以下技巧：

1. 优化背景音乐

不同地区的背景音乐的选取是非常不一样的。比如，印度更适合用的是一些宝莱坞的背景音乐，对于欧美来说适合一些搞怪的音乐，或者说一些动感的音乐。

2. 优化视频素材

由于 TikTok 应用上的文字颜色和 UI 图标是白色的，我们应当避免使用透明或白色背景的创意素材，以防昵称、广告标题和音乐标题显示不清。除此之外，还有以下注意事项：

（1）视频应为高分辨率，不可拉伸或压缩。

（2）视频内容应连贯，不应出现音乐突然中断的情况或使用影响用户体验的视频创意素材。

（3）所有视频创意素材必须配有音乐。

（4）视频应进行本地化。不推荐使用非当地官方语言的创意素材。

（5）不得在创意素材中使用水印（包括 TikTok 水印）。

3. 优化广告标题

最多可显示 4 行。如果超过 4 行，文字将被"更多"字样覆盖。用户点击"更多"后，下方将展示完整文字。建议中文 / 日语 / 韩语的广告标题控制在 50 个字符以内，其他语言的广告标题控制在 100 个字符以内，以免被"更多"字样覆盖。

4. 优化视频时长

广告时长一般 15 秒至 30 秒就足够。注意观众的注意力持续时间，确保广告内容在前 8 秒内吸引观众注意力。

二、优化定向

定向包括广泛定向和精准定向、自定义受众和广告定向、人群属性、兴趣和行为、设备、地域等设置。人群定向可以从以下几点进行调整：

（1）避免过窄：定向选定过少，导致用户覆盖少。

（2）避免重叠：同账户间多个计划选择了相同的定向，导致相互竞争。

（3）避免不精准：去除低转化地域、年龄段、兴趣标签，可有效降低转化成本。

还可以借助以下技巧来优化定向：

（1）分析目标受众：了解目标受众的特征，包括年龄、性别、地理位置、兴趣爱好等。这样可以帮助我们更好地定向广告以吸引潜在客户。

（2）使用精准定向选项：TikTok提供的定向选项包括兴趣、行为、设备类型等。利用这些选项来缩小目标受众范围，确保广告更加精准地投放给感兴趣的用户。

（3）利用Lookalike受众：TikTok的Lookalike受众功能可以帮助我们找到与现有客户类似的潜在客户。通过创建Lookalike受众，TikTok可以根据广告主提供的种子受众信息，找到具有相似特征的用户，从而提升广告的效果。

三、优化出价

要想在TikTok广告中获得较高的投资回报率，就需要根据自己的目标和预算，选择合适的出价方式，进行不断的测试和调整，并参考平均点击单价成本和点击率情况，实时适度更改出价。

为保证广告的正常展现，在设置广告出价时，应当注意以下几点：

（1）了解行业的平均转化价格，高于这个出价，才能抢占流量；

（2）了解行业的投放趋势，展现低的时候及时提高投放价格。

但不是所有的商家都有充足的预算，当预算较低时，应当注意以下几点：

（1）集中预算投放，如果创建太多广告计划，会分散预算，导致广告展现量较低；

（2）预算集中在有效的投放时间及人群定向，若平均投放，则会影响投放效率。

对于不同的广告，需要有不同的出价方式：

（1）新广告组出价：建议新建广告组高出价，当数据走势呈现上扬和稳定趋势，逐步降价；

（2）不同广告样式出价：视频素材出价建议高于大图，9∶16视频出价高于1∶1和16∶9。

调整出价是最直接的广告优化方式。如果无法持续曝光获得转化量，首先要提价，建议每次提价在20%以上，也可以尝试使用加速投放；当天调整出价次数建议不超过2次，不要反复调整；前10个转化为学习阶段，超过10个转化后会逐渐平稳，模型学习相对充分；如果3天后依旧跑不到10个转化，建议更换素材；持续曝光成功后（大概20个转化后），可以慢慢调低价格，但不建议频繁调整；调整后，要等曝光积累数据后，再进行下一次调整。

 **延伸拓展**

扫码阅读以下学习资源，拓展自己的知识和视野：

文章：TikTok直播带货攻略，小白也可以学会

视频：TikTok 直播推流逻辑：即时＋点进＋停留＋转化

文章

视频

 **思政园地**

国产假发走红 TikTok 火爆海外

思政元素：社会责任感、创新意识。

中国目前是世界上最大的假发生产与出口国，2018 年中国发制品出口总额约 36 亿美元。在世界秃顶率榜单中欧洲国家几乎包揽前十，文化和秃顶人群造就了欧美庞大假发的需求量。而美国虽然秃顶率没有那么高，但是美国是世界上最大的发制品消费市场，约占消费市场的 30%。

扫码阅读全文

在众多社交媒体平台的推动及网络红人、好莱坞名人们的引导之下，越来越多的人接受假发，特别是 TikTok 短视频的崛起，也为中国假发供应商打开了全新的窗口。

目前在 TikTok 上，含 #wig 话题的浏览量高达 164 亿次。此外，#wigs 和 #wighair 也拥有极高的播放量，分别突破 75 亿次和 25 亿次，可见假发在 TikTok 上的流量和曝光度是有多夸张。好的产品都是自带流量属性！

无胶假发是 TikTok 用户较为关注的一个话题趋势。无胶假发是一种不需要胶水或黏性的假发产品，通常适用于蕾丝假发或正面全蕾丝假发，优势是容易佩戴，肉眼看起来更加真实。在 TikTok 上，此类视频用户的讨论热度极高，其话题 #GluelessWig 等浏览量已高达 5.6 亿次。

（资料来源：国产假发走红 TikTok 火爆海外 [EB/OL].（2023-05-10）[2024-12-18].https://mp.weixin.qq.com/s/I4CUidpJnVqi9a68iwEvVw）

思考与讨论

1. 以上案例给你带来了什么启示？
2. 假发产业在 TikTok 等社交媒体平台上的推广，如何体现网络传播对产业发展的影响？

Module 10

模块十　跨境直播数据优化

学生工作页

任务描述

【任务情景】

小万是一名跨境电商公司的实习生,主管让他对直播的流量、转化和用户数据进行分析。面对这些任务,小万一开始感到无从下手,于是向主管老张请教。老张解释了每项任务的具体内容:流量数据分析旨在提高转化率;销售数据分析可优化业务流程;客户数据分析能提高客户忠诚度,推动业务增长。

【任务要求】

根据任务的情景描述,通过与班组长沟通,以独立或小组合作的方式,制定工作计划,在规定工期内,按照技术规范,完成跨境直播数据优化相关操作。

【任务资料】

完成上述任务时,可以使用所有的教学资料,如工作页、信息页、实训任务书、个人笔记以及网络资料等。

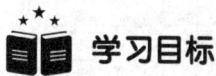

学习目标

序号	学习环节	学时	学习目标
1	获取跨境直播数据优化信息	4	能概述直播数据统计的要点
			能概述直播效果评估的步骤
			能说明直播方案优化的方法
			能说明推广数据统计的要点
			能列举推广效果评估的要点
			能概述推广方案优化的流程

续表

序号	学习环节	学时	学习目标
2	制定跨境直播数据优化计划	1	能准确筛选需要统计的数据指标
			能根据分析目的,制定相应的诊断流程
3	做出跨境直播数据优化方案决策		能讨论已制定的工作计划并做出决策
			能提升处理和分析问题的能力
4	实施跨境直播数据优化任务	6	能完成流量图表绘制
			能完成直播流量分析
			能完成直播转化数据统计
			能完成直播转化数据分析
			能完成直播复盘
			能完成直播优化方案制定
5	跨境直播数据优化过程控制		能判断数据统计与计算是否准确
			能评估诊断结果并优化
6	评价反馈	1	能按分组情况,派代表展示工作成果,正确规范地撰写工作总结
			能够辩证地看待问题,从多角度思考并做出独立的判断,养成独立思考的习惯

学习路径

序号	学习环节	学习步骤	学习活动
1	获取跨境直播数据优化信息	跨境直播流量诊断	流量数据指标
			直播流量分析
2		跨境直播转化诊断	转化数据指标
			直播转化数据分析
3		跨境直播方案诊断	直播复盘
			直播方案优化
4	制定跨境直播数据优化计划	制定计划	分别制定流量来源分析、成交漏斗转化诊断的计划
5	做出跨境直播数据优化方案决策	做出决策	小组讨论计划可行性,确定最优方案

续表

序号	学习环节	学习步骤	学习活动
6	实施跨境直播数据优化任务	跨境直播流量诊断	流量数据统计
			直播流量分析
7		跨境直播转化诊断	转化数据统计
			直播转化数据分析
8		跨境直播方案诊断	直播复盘
			直播方案优化
9	跨境直播数据优化过程控制	工作质量控制	图表质量检查及优化
		工作过程控制	任务清单检查
10	评价反馈	评价与反馈	展示任务成果
			记录意见建议
			书写心得体会
			考核计分

任务工单

任务名称	跨境直播数据优化		
任务负责人		任务接收时间	
任务下达者	运营部主管	要求完成时间	1天内

工作任务说明：
　　在直播结束后，获取当天的直播数据，完成流量数据与转化数据的分析诊断，并制定优化方案。

情况记录：

任务等级	□重要且紧急	□重要但不紧急	□紧急但不重要	□不重要且不紧急
完成时间	□提前完成	□按时完成	□延期完成	□未能完成
完成质量	□优秀	□良好	□一般	□差

 **任务分组**

将学生按每组4～6人分组，明确每组的工作任务。

班 级		组 号		指导老师	
组 长		学 号			
组 员	姓 名		学 号	姓 名	学 号
任务分工					
例如：_____同学，主要负责_____工作。					

获取信息

根据引导问题，从信息页的相关学习任务中获取对应的信息，回答引导问题并在空白处填写答案。

步骤1　跨境直播流量诊断

学习活动1　流量数据指标

● 引导问题1：浏览量（PV）指的是在一定时间内，用户访问_____的次数。浏览量是衡量直播间_____的重要指标之一，可以反映出直播的曝光率和用户的_____。

● 引导问题2：请简述与浏览量相关的数据指标有哪些。

_____

_____

● 引导问题3：互动次数是指观众在直播期间_____的次数，这些互动可以是_____、_____、_____、_____等各种形式，低互动次数可能表明观众对直播内容_____或者没有被吸引到参与互动。

● 引导问题4：观众数据可以帮助企业了解_____、_____、互动情况等，从而优化_____和策略，提高直播的_____。

● 引导问题5：请简述常见的观众数据有哪些。

_____
_____

学习活动2　直播流量分析

● 引导问题6：请简述直播的流量来源有哪些。

_____
_____

● 引导问题7：请根据直播流量来源占比，在下方表格中绘制饼状图。

● 引导问题8：流量峰值分析是用于分析直播间_____的方法，通常会使用_____、_____等工具。

● 引导问题9：通过分析观众在直播中进行的交易，可以了解观众的_____，包括_____、_____等。

● 引导问题10：请简述直播间曝光量低的潜在原因有哪些。

_____
_____

● 引导问题 11：请简述直播间访客数低时可以从哪些角度进行分析。

_____

_____

● 引导问题 12：直播间跳失率高时应当从哪些方向进一步分析？

_____

_____

步骤 2　跨境直播转化诊断

学习活动 1　转化数据指标

● 引导问题 1：直播间的转化数据是衡量观众在直播中进行了_____行为的关键。例如，观众在直播中_____、_____等，这些行为都被称为转化行为。

● 引导问题 2：请根据成交额的分解公式，完成图 10-1 内容的填充。

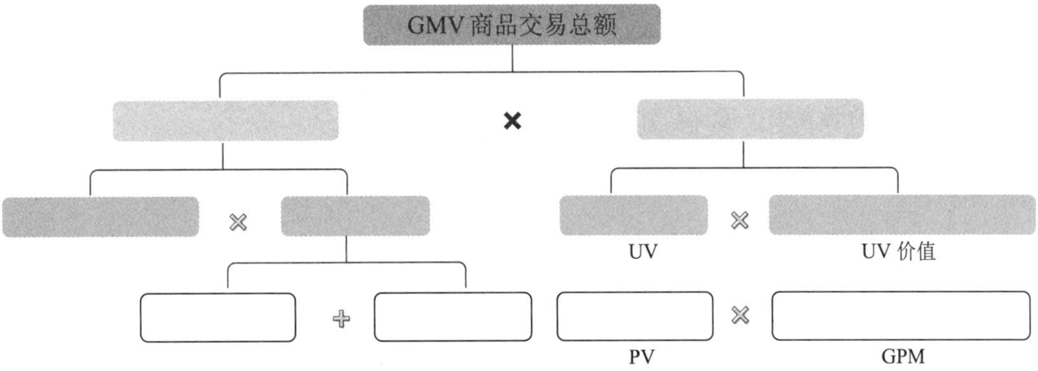

图 10-1　成交额分解公式

● 引导问题 3：请列举几个影响成交额的数据指标。

_____

_____

● 引导问题 4：请简述什么是观看点击率，如何计算观看点击率。

_____

- 引导问题 5：商品曝光量包含_____展示量、_____商品弹窗展示量等。通过数据诊断找出曝光数据异常的商品后，可以加强_____用户点击购物车，或提升后台_____的操作频次。

- 引导问题 6：请简述商品点击率的计算方式，以及优化方式。

_____

_____

学习活动 2　直播转化数据分析

- 引导问题 7：推广效果评估能够帮助运营了解推广的_____，从而衡量广告是否取得了预期的_____，这对于_____和资源至关重要。

- 引导问题 8：请简述什么是广告销售成本比，如何进行计算。

_____

_____

- 引导问题 9：成交转化率表示在一定时间内，完成_____行为的用户数量与该商品或直播间访问量的比例，它衡量着直播间或营销活动在_____中产生销售转化率的大小。成交转化率高意味着_____的比例高。

- 引导问题 10：请分析图 10-2 成交转化漏斗，并记录你得到的信息。

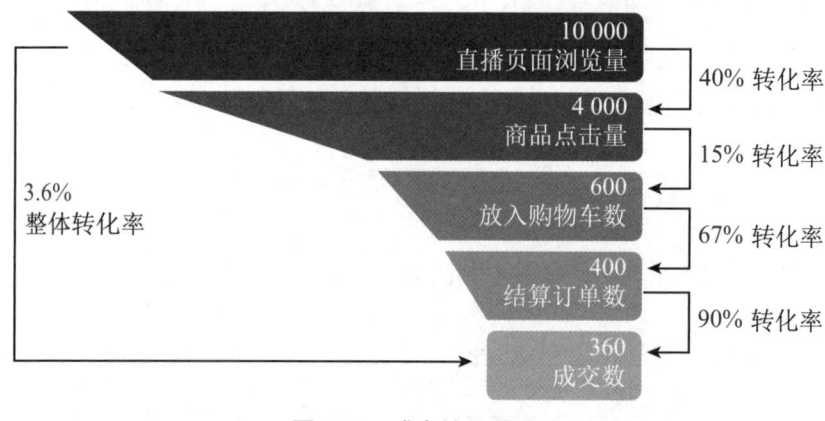

图 10-2　成交转化漏斗

_____

_____

引导问题 11：漏斗分析的作用是_____，找到出问题的业务环节在哪。当出现整体成交转化率下滑时，要发现问题，就要对_____进行诊断，观察哪个转化环节出现了问题，找出原因并对症下药。

引导问题 12：请根据转化路径可能导致低转化率的原因与解决方案总结，完善表10-1，供卖家在诊断转化率时参考。

表 10-1 转化原因分析、解决表

转化环节	转化率低的原因	解决方案
浏览量		
点击量		
加购数		
结算数		
成交数		

引导问题 13：请简述什么是投资回报率，如何进行计算。

_____

_____

步骤 3　跨境直播方案诊断

学习活动 1　直播复盘

引导问题 1：数据统计与分析这个过程，是为了找出在_____中存在的缺陷，并分析导致出现缺陷的原因，最终目的还是为了优化_____，提升推广效果。

引导问题 2：请简述推广方案优化时如何回顾目标。

_____

_____

引导问题 3：请根据回顾目标发现问题的不足，完善表10-2。

表 10-2 问题分析

步　骤	发现问题	排查原因
1	是数据统计与分析整体数据表现不行，还是单个/多个指标	
2	数据统计中直接反映什么问题	

● 引导问题 4：对点击率进行优化需要考虑_____，当_____足够多，而点击率_____平均水平时，则视情况决定是否剔除。

● 引导问题 5：优化转化率需要以足够多的_____作为基础，同时要结合 ACoS，ACoS 高则说明_____较低，需要对低转化的广告进行_____，使用高转化率的广告。

● 引导问题 6：请在下方绘制不同类型的广告优化具体思路图。

学习活动 2　直播方案优化

● 引导问题 7：请简述常见的直播间选品优化策略有哪些。

_____

_____

● 引导问题 8：直播内容的质量对于观众的_____和_____具有直接的影响。优质的内容能够增加_____。

● 引导问题 9：根据直播后的看播用户画像与成交用户画像，可以调整直播内容。通过分析用户的_____、_____、_____等信息，制定出更加精准的直播内容策略。如果数据显示大多数观众是年轻女性，那么我们可以在直播中增加一些时尚、_____、_____等方面的内容，以更好地吸引她们的注意力。

● 引导问题 10：请简述优化直播执行的主要措施有哪些。

_____

_____

制定计划

确定完成工作的途径、步骤和所需的工具材料,制定任务实施的计划。

● 引导问题1:根据分析目的,确定需要统计的数据指标有哪些,将结果填写在表10-3中。

表10-3 数据指标

分析目的	数据指标
分析流量数据	
分析转化数据	

● 引导问题2:分析直播转化环节有哪些,制定转化环节的诊断流程,并记录在表10-4中。

表10-4 直播转化分析

直播转化分析

● 引导问题3:确定直播方案诊断的流程,并记录到表10-5中。

表10-5 直播方案诊断流程

直播方案诊断流程

做出决策

组内就实施计划进行深入探讨,确定实施重点和难点并提出解决方案。再根据表10-6所列的几方面进行评分,选定分值最高的计划作为最终的任务实施方案。

表 10-6　方案评价表

评价内容	评价细则	评分（1～5分）
目标和需求	① 计划制定与工单目标需求一致； ② 分析结果能达到任务要求的标准	
时间和资源	① 能够在工期要求内完成计划； ② 软件工具符合计划实施需求	
技术可行性	有足够的技术能力和专业知识来执行计划	
风险管理	对潜在的技术难题、时间延误等风险做了应对备案	
综合得分		
结论（组内最终决策）： 例：选择＿＿＿＿＿同学提出的方案，同时调整了＿＿＿＿＿处。		

实施任务

根据制定的工作计划，按照下方步骤完成任务实施。如果无法独立完成，可以参考配套实训任务书及微课视频。

步骤1　跨境直播流量诊断

学习活动 1　流量数据统计

● 引导问题 1：根据表 10-7，在表 10-8 中绘制相应的图表。

表 10-7　直播流量数据

流量来源	访客数
系统推荐	46 000
付费流量	23 000
个人主页	1 800
粉丝关注	450
其他来源	3 200

表 10-8　直播流量图表

直播流量图表

学习活动 2　直播流量分析

● 引导问题 2：查看账号 7 天内的诊断结果，并将诊断结果记录到表 10-9 中。

表 10-9　诊断结果

直播流量诊断

步骤 2　跨境直播转化诊断

学习活动 1　转化数据统计

● 引导问题 1：请统计当天的 TikTok 直播转化数据，并记录到表 10-10 中。

表 10-10　直播转化数据

直播转化数据统计

学习活动 2　直播转化数据分析

● 引导问题 2：统计数据，将其填入表 10-11 中。

表 10-11 直播转化数据分析

转化环节	数据	环节转化率	整体转化率
曝光人次			
观看人数			
商品点击			
点击成交			

● 引导问题 3：分析转化环节存在的问题，并将结果记录到表 10-12 中。

表 10-12 问题记录

转化环节	存在问题
曝光人次→观看人数	
观看人数→商品点击	
商品点击→点击成交	
整体转化率	

● 引导问题 4：根据转化环节存在的问题，提出解决方案。

_____

_____

_____

步骤 3　跨境直播方案诊断

学习活动 1　直播复盘

● 引导问题 1：回顾直播目标，数据如表 10-13 所示。

表 10-13 直播目标

流量渠道	目标曝光量	目标销售额/美元
渠道 A	10 000	100 000
渠道 B	12 000	120 000
渠道 C	8 000	80 000

统计本次直播数据，如表 10-14 所示。

表 10-14 直播数据

流量渠道	渠道曝光量	直播间观看人次	商品曝光量	商品点击量	成交量	销售额/美元
渠道 A	9 500	1 000	200	100	80	80 000
渠道 B	15 000	2 600	980	650	480	130 000
渠道 C	6 000	900	180	120	100	49 000

计算直播目标与直播数据的差异,并将结果记录到表 10-15 中。

表 10-15 直播数据

流量渠道	目标曝光量	目标销售额	实际曝光量	实际销售额	曝光差异	销售差异
渠道 A						
渠道 B						
渠道 C						

● 引导问题 2:结合统计的转化数据,以及回顾目标发现的差异值,发现执行中存在的问题,将分析结果记录到表 10-16 中:

表 10-16 分析结果

渠　　道	分析结果
渠道 A	
渠道 B	
渠道 C	

学习活动 2　直播方案优化

● 引导问题 3:根据上一环节给出的直播数据评估结果,对每个问题采取有针对性的优化改进,将优化步骤记录到表 10-17 中。

表 10-17 优化方案

优化方向	优化步骤

过程控制

根据以下任务检查清单,小组合作进行必要的最终任务检查,并根据任务实施过程和结果的实际情况,优化改进工作计划。

步骤1 工作质量控制

观察数据计算是否准确,图表质量是否合格,若发现存在缺陷,请分析原因并提出解决方案,填写在下方表10-18中。最终对问题进行解决,直到图表质量达到标准。

表10-18 图表质量检查清单

直播流量诊断	
检查事项	检查结果
图表绘制是否合理	符合☐ 不符合☐
诊断结果记录是否完整	符合☐ 不符合☐
直播转化诊断	
检查事项	检查结果
转化数据统计是否完整	符合☐ 不符合☐
环节转化率计算是否准确	符合☐ 不符合☐
整体转化率计算是否准确	符合☐ 不符合☐
解决方案制定是否合理	符合☐ 不符合☐
直播方案诊断	
检查事项	检查结果
直播差异率计算是否准确	符合☐ 不符合☐
直播差异问题分析是否合理	符合☐ 不符合☐
直播方案制定是否合理	符合☐ 不符合☐

步骤2 工作过程控制

请进行必要的任务完成情况的最终检查,将结果填写到表10-19中。

表 10-19　任务检查清单

序　号	检查事项	检查结果
1	数据计算准确	符合 □　　不符合 □
2	图表绘制合理	符合 □　　不符合 □
3	分析结论条理清晰	符合 □　　不符合 □
4	优化方案与诊断结论一一对应	符合 □　　不符合 □

评价反馈

1. 各组派代表上台展示成果，并介绍任务的完成过程。
2. 其他组同学给你们提供了哪些意见或建议？请记录在下面。

_____
_____
_____

3. 本任务的心得体会：

_____
_____
_____

4. 评价方式采用多元化评价，评价主体由学生、小组与教师构成，评价标准、分值及权重如下所示：

（1）学生进行自我评价，并将结果填入表 10-20 中。

表 10-20　学生自评表

班级：_____　　组名：_____　　日期：_____年___月___日

评价项目	评价标准	分　值	得　分
信息检索	能有效利用网络资源、配套资料查找有效信息	10	
知识掌握	能准确理解学习任务中讲述的知识内容	15	
技能训练	能按任务书要求，按计划完成工作任务	15	
感知工作	认同工作价值，在工作中能获得成就感	10	
团队素养	教师、同学之间相互尊重、理解，平等交流	10	
职业素养	能严格遵守相关工作守则和法律法规	10	
思维状态	能发现问题、分析问题并解决问题	10	

续表

评价项目	评价标准	分值	得分
参与状态	能发表个人见解，倾听他人意见和看法	10	
创新意识	能在工作过程中做出创新点	10	
合计		100	

（2）学生以小组为单位，对学习任务的实施过程与结果进行互评，将互评结果填入表10-21中。

表10-21　小组互评表

班级：_____　　　被评组名：_____　　　日期：_____年___月___日

评价项目	评价标准	分值	得分
团队素养	该组小组成员间合作紧密，能互帮互助	15	
	该组的工作计划周密，组织有序	15	
	该组态度端正，有较强的吃苦耐劳精神	10	
工作情况	该组的工作效率突出	20	
	该组的工作成果完整且质量达标	30	
	该组严格遵守相关工作守则和法律法规	10	
合计		100	

（3）教师对学生工作过程与工作结果进行评价，并将评价结果填入表10-22中。

表10-22　教师评价表

班级：_____　　　组名：_____　　　姓名：_____

评价项目	评价标准	分值	得分
考勤	无无故迟到、早退、旷课现象	10	
工作过程	能正确回答引导问题并填写答案	20	
	能制定详细的工作计划	10	
	能按任务书要求规范实施工作活动	20	
项目成果	能按时完成任务	10	
	项目实施过程中态度认真、细致、严谨	10	
	任务成果完整且质量达标	20	
合计		100	
综合评价	自我评价（20%）	小组互评（30%）	教师评价（50%）	综合得分

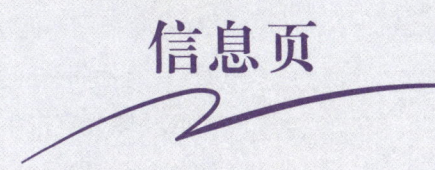

学习任务 1　跨境直播流量诊断

跨境直播流量诊断是对平台或直播间的流量情况进行分析和评估,来了解直播的效果、受众群体、互动情况、转化情况等,从而更好地了解直播的效果和受众需求,优化直播内容和策略,提高直播的质量和影响力。

本任务将从以下两方面展开讲解:
- 流量数据指标
- 直播流量分析

活动 1　流量数据指标

在执行直播数据诊断工作之前,运营人员需要进行数据统计,明确数据分析的指标、采集相应数据并对数据进行处理,以供分析与诊断。本环节主要了解以下数据指标:

一、浏览量

浏览量(PV)指的是在一定时间内,用户访问直播页面的次数。通常,浏览量是指一个视频、推文、账号主页等页面被访问的次数或在线观看人数。浏览量是衡量直播间受欢迎程度的重要指标之一,可以反映出直播的曝光率和用户的兴趣程度。高浏览量通常意味着更多的用户正在关注和参与直播。

图 10-3　直播在线人数

在 TikTok 直播间中,直播间在线人数如图 10-3 所示。

与浏览量相关的数据指标主要有以下几种：

（1）PV：直播间访问次数

（2）UV：直播间访问人数

（3）CTR：曝光点击率

（4）PCU：最高实时在线人数

（5）ACU：平均同时在线人数

二、互动次数

互动次数是指观众在直播期间与主播进行互动的次数，这些互动可以是点赞、评论、分享、送礼物等各种形式，如图10-4所示。高互动次数通常意味着观众对直播内容感兴趣，并积极参与互动。相反，低互动次数可能表明观众对直播内容不感兴趣或者没有被吸引到参与互动。

图10-4　直播间互动

三、看播观众数据

观众数据可以帮助企业了解跨境直播的效果、受众群体、互动情况等，从而优化直播内容和策略，提高直播的质量和影响力。同时，观众数据也可以为企业的营销和推广提供重要的参考，帮助企业更好地了解目标市场和潜在客户，制定更有效的营销策略。

常见的观众数据主要有以下几种：

（1）观看时长：指每个观众观看直播的平均时长；

（2）流量来源：指观众进入直播间的方式，如平台推荐、站外链接、类目推荐等；

（3）观众地理位置：指观众所在的地理位置，如国家、地区等；

（4）观众性别：指观众的性别分布情况，包括男性、女性和其他；

（5）观众年龄：观众年龄分布情况，包括不同年龄段观众数量和比例；

（6）观众兴趣：观众对不同主题、内容或产品的兴趣程度，可以通过分析观众的观看历史、搜索关键词等数据来了解。

> **小贴士**
>
> TikTok Shop 后台的 Data Compass（数据罗盘）模块，为商家提供每场直播的直播实时数据，点击直播卡片上的功能按钮，即可进入直播大屏，如图 10-5 所示。

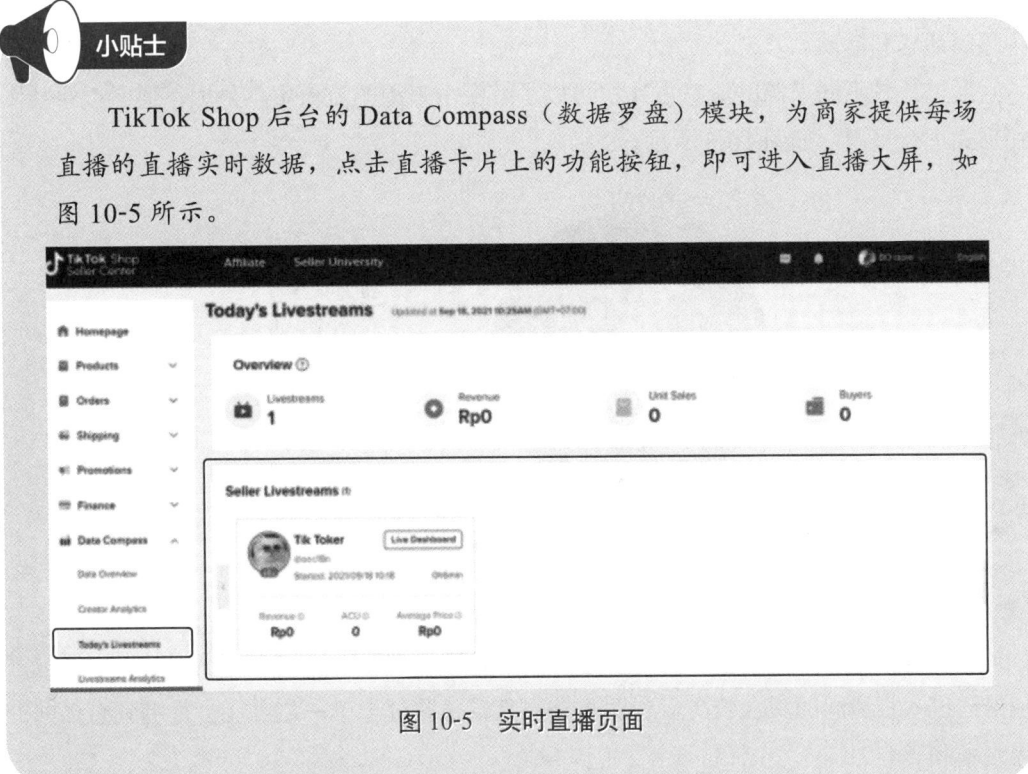

图 10-5　实时直播页面

活动 2　直播流量分析

通过对直播间的流量数据进行分析和诊断，了解直播间的流量情况、观众行为和互动情况等，能够优化直播内容和策略，提高直播效果和转化率。本环节主要了解以下三点：

一、流量来源分析

通过对流量来源的分析，可以了解哪些渠道带来了最多的流量，从而优化直播策略，提高直播间的曝光率和影响力。直播间的流量来源主要有以下几种：

（1）系统推荐：流量占比最大，大约为90%，通过TikTok的算法进行推送，根据用户的兴趣和行为，将直播间推荐给可能感兴趣的用户。

（2）个人主页：用户看了主播的视频，觉得有意思就自然会点击进入该主播的个人主页，浏览其他视频。此时主播若处于开播状态则可以点击头像进入直播间。

（3）粉丝关注：主要指观众通过关注主播，从而在主播开播时收到提醒，进入直播间观看。要想获得更多的粉丝关注流量，需要不断增加观众的黏性和忠诚度。

（4）其他来源：该流量来源包括各种标签、搜索、热门音乐等。要想获得更多的其他来源流量，需要主播注意直播间的标题、标签、封面等元素的设置，同时积极参与各种热门话题和活动。

通过比较不同来源的流量占比，可以了解哪个来源的流量贡献最大，通常以饼状图的形式进行呈现，如图10-6所示：

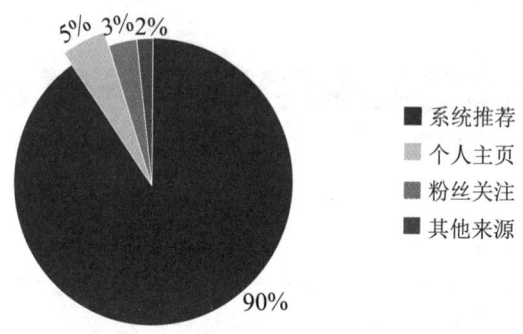

图10-6　TikTok流量来源饼状图示例

通过分析饼状图，运营人员通常可以发现以下问题：

（1）流量来源过于单一：如果大部分观众是通过推荐算法进入直播间的，而通过其他渠道进入直播间的观众较少，说明直播间流量来源过于单一，可能会影响到直播间的曝光率和影响力；

（2）观众兴趣不明确：如果大部分观众是通过广告进入直播间的，而通过自然流量进入直播间的观众较少，说明观众的兴趣不明确，可能需要进一步了解观众的需求和兴趣；

（3）广告效果不佳：如果投放了广告，但通过广告进入直播间的观众较少，说明广告效果不佳，可能需要优化广告投放策略，提升广告效果。

二、流量峰值分析

流量峰值分析是用于分析直播间流量变化趋势的方法（如表10-23所示），通常会使用折线图、柱状图等工具，以此分析直播间在不同时间段的流量变化情况，以及观众的行为特征和兴趣偏好。

表 10-23 流量峰值分析图表

图表类型	图表示例
流量趋势折线图	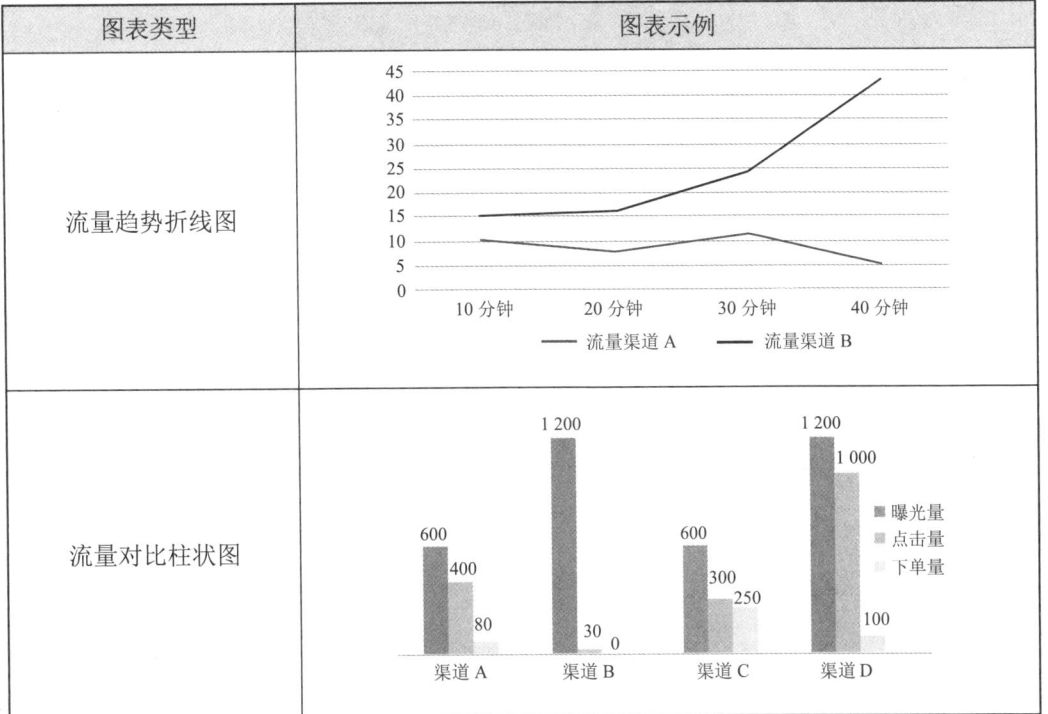
流量对比柱状图	

在进行流量峰值分析时，可以重点关注离开直播间人数、实时在线人数和进入直播间人数的曲线，如图 10-7 所示。

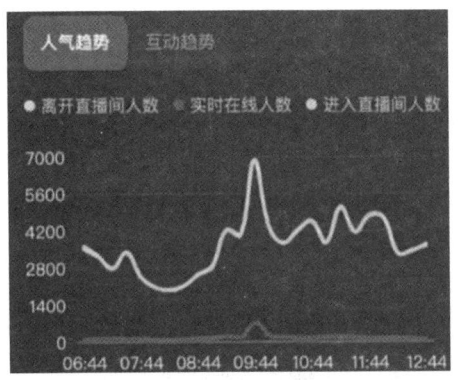

图 10-7 流量趋势

通过分析直播间流量趋势，可以进行排品策略优化，如图 10-8 所示，根据数据趋势可制定的常见策略有以下几种：

（1）流量下滑上引流；

（2）流量上升上爆款；

（3）持续走高可测款。

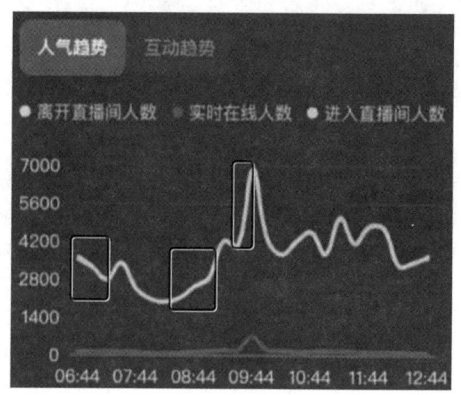

图 10-8　流量趋势策略分析

三、推广流量分析

要对直播间的推广流量数据进行分析,需要了解直播间流量各项指标的诊断方向,从而为制定有效的店铺推广策略提供参考依据。

1. 曝光量

数据统计分析后发现直播间曝光量低,可以通过以下方向进一步分析:

(1) 直播内容质量低,难以吸引用户点进直播间;

(2) 营销推广用户不精准,缺少曝光。

针对浏览量问题,运营人员应尝试新的推广方式,进行有效的广告营销和推广活动,增加直播间的知名度和流量。

2. 访客数

访客数是指访问直播间的唯一用户数量,即每位用户只被计算一次,不论他们访问了多少次直播间。诊断后发现直播间访客数低,可以通过以下方向进一步分析:

(1) 直播内容质量不佳,或与其他卖家同质化;

(2) 销售价格高于市场竞争对手;

(3) 直播间装修不佳,用户无法得到有效信息。

针对访客数问题,可以优化产品和直播页面质量,增加产品的差异性,降低产品的售价,提高客户的购物热情。

3. 跳失率

跳失率是指用户在访问直播间后仅浏览了几秒就离开的比例。也就是说,用户只访问了直播间的单个画面就跳出了该直播间。

例: 诊断后发现直播间跳失率高,可以通过以下方向进一步分析:

> 直播实际情况与推广内容不符。
> 销售价格高于市场竞争对手,或优惠力度不足。
> 用户群体不精准,用户对产品不感兴趣,从而选择离开。

针对跳失率问题,运营人员应精准定位客户群体;直播间推广切勿脱离直播内容;对产品进行合理定价,并进行有效的营销策略,如优化促销、广告内容等。

学习任务 2　跨境直播转化诊断

通过对转化数据进行诊断分析,可以找出转化过程中的问题和瓶颈,并提出相应的优化建议和改进措施,从而适应不断变化的国际市场环境,提高直播的转化率和销售业绩。

本任务将从以下两方面展开讲解:
► 转化数据指标
► 直播转化数据分析

活动 1　转化数据指标

直播间的转化数据是衡量观众在直播中进行了多少次转化行为的关键。例如,观众在直播中购买了商品、关注了主播等,这些行为都被称为转化行为。转化数据指标重点关注以下几点:

一、成交额

评估一场直播带货的首要指标就是 GMV(gross merchandise volume),即商品交易总额,指一定时间段内成交总额。其计算公式如下:

$$成交额(GMV)= 直播间流量规模 \times 直播间变现效率$$

将上述公式进行分解,可以了解到影响直播交易总额的关键指标为直播间流量规模和直播间变现效率,如图 10-9 所示。

跨境电商直播

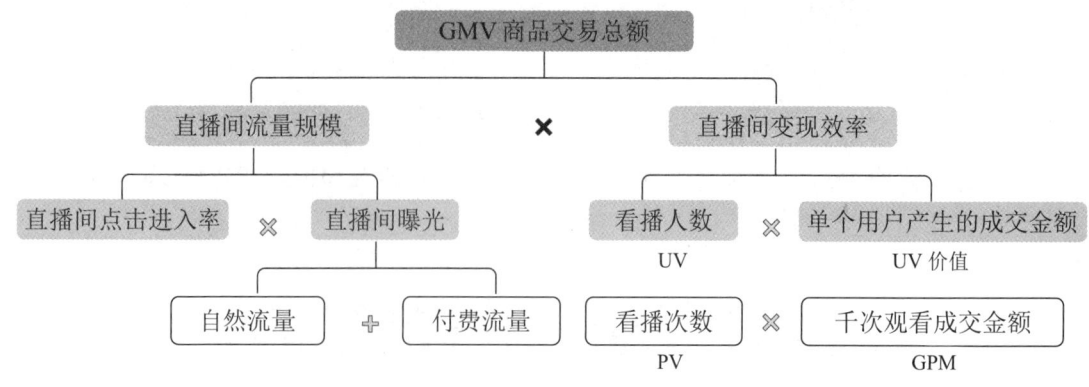

图 10-9　GMV 分解

成交额可以在 TikTok 的数据罗盘进行查看，如图 10-10 所示。

图 10-10　数据概览

成交额是最直接的转化指标，反映了直播对销售的影响，影响成交额的数据有很多，常见的有以下几点：

（1）订单量：直播期间观众购买产品的总订单数，能够分析不同产品及不同渠道的销售贡献；

（2）退款数：直播期间购买后退款的订单数，该指标反映了产品的质量和客户满意度；

（3）客单价：指每个订单的平均金额，能够用来了解观众的购买行为和消费能力，以及产品的定价策略是否有效。

二、观看点击率

观看点击率即开播后，通过各种流量渠道曝光，看到直播间的总人数和到最终进入直播的总人数之比，反映了直播画面对用户的吸引力。其公式如下：

$$观看点击率 = \frac{点击进直播间的人数}{直播间总曝光量} \times 100\%$$

在直播过程中，影响观看点击率的因素有直播间的整体视觉因素、广告投放人群以及引流视频的内容质量。数据诊断过程中，提高观看点击率可以重点关注以下几点：

（1）提升直播间吸引力，关注视听体验，包括场景美观度、主播形象及人声清晰度；

（2）突出展示引流短视频的商品细节展示、优惠力度及用户权益（满减、优惠券、运费险等）；

（3）校验广告投放人群与当前讲解商品目标人群的重合度。

三、商品曝光率

商品曝光率即直播间进人后商品曝光率，反映了主播的话术引导能力，其公式如下：

$$商品曝光率 = \frac{商品曝光人数}{直播间访客数} \times 100\%$$

商品曝光量包含购物车商品展示量、正在讲解商品弹窗展示量等。通过数据诊断，找出曝光数据异常的商品后，主要通过以下两种方式进行优化：

（1）加强主播话术，引导用户点击购物车；

（2）提升后台"正在讲解功能"的操作频次。

四、商品点击率

商品点击率指在直播过程中，观众点击进入商品详情页面的比例，反映了商品吸引力和主播话术引导能力，其公式如下：

$$商品点击率 = \frac{商品点击人数}{商品曝光人数} \times 100\%$$

通过数据诊断找出点击率低的商品后，可以通过以下方式进行优化：

（1）强化主播上身或展示商品的视觉效果，讲解商品生动丰富（商品细节、设计、材质等）；

（2）提升商品主图美观度（看得清、看得美），标题和商品卖点突出特色及利益点（风格、优惠）；

（3）提升商品价格机制竞争力，与其他商家同类商品相比更具有性价比（同样价格更好的质量／同等质量，更低价格）。

活动 2　直播转化数据分析

推广效果评估能够帮助运营了解推广的实际效果，从而衡量广告是否取得了预期的回报，这对于有效分配预算和资源至关重要。掌握推广效果评估主要了解以下三个重点：

一、广告销售成本比分析

广告销售成本比（ACoS）是指广告花费与所产生销售额的比率，是衡量广告投资回报率的重要指标。通过 ACoS 数据反馈，运营人员可以直观地判断广告效果是否理想，从而快速调整广告投放策略。

卖家在任意跨境平台上进行广告投放后，广告报表都会给出广告花费和广告销售总额的具体数据，通过这两个指标计算 ACoS 即可。一般而言，ACoS 值越小，广告投入所产生的效益就越好。

ACoS 的计算公式如下：

$$\text{ACoS} = \frac{\text{广告花费}}{\text{广告销售额度}} \times 100\%$$

例： 假设某直播间在一周内投入了 1 000 美元的广告费用，在同一时间内实现了 6 000 美元的广告销售额，则他的广告销售成本比为：ACoS = 1 000 ÷ 6 000 = 0.166 7（即 16.67%）。

这意味着该卖家每投入 1 美元广告费用，仅能够获得不到 0.84 美元的广告销售收入。如果想提高 ACoS，可以尝试减少广告成本或者增加广告销售额。

ACoS 受到多个因素的影响，包括但不限于：广告预算和出价、同领域竞争程度、关键词选择和质量、目标和受众、产品质量等。降低 ACoS，可采用的有效方法有以下几种：

（1）调整广告出价：根据广告系列的 ACoS 和投放策略，卖家需要不断调整广告出价，使广告投放达到最佳效果和投入产出比，以控制成本，降低 ACoS。

（2）优化关键词匹配度：卖家需要不断优化广告系列的关键词，匹配度更高的关键词有助于提升广告效果和点击率，进而减少广告成本和 ACoS。

（3）提高广告质量得分：广告的质量得分越高，其转化率就越高，ACoS 就越低。卖家可以通过优化广告创意、目标受众、直播页、卖家评分等方面来提高广告质量分数。

（4）优化广告内容：卖家可以通过优化广告内容、文案等元素，吸引更多的用户点击广告，提高转化率，降低 ACoS。

在实际操作中，不同的广告系列问题可能不同。例如，可能存在出价过高造成的费用浪费、无效广告、关键词数量过多等问题导致高 ACoS。总之，卖家需要不断监测和分析广告的投放效果、转化率和成本，找出产生高 ACoS 的主要因素，并采取针对性优化措施。

二、成交转化率分析

成交转化率表示在一定时间内，完成购买行为的用户数量与该商品或直播间访问量的比例。换言之,它衡量着直播间或营销活动在访客数量中产生销售转化率的大小。成交转化率高意味着直播间用户成功交易的比例高。

1. 成交转化漏斗

成交转化漏斗是指通过分析整个购物流程,将可能的客户按照流程分组,并计算每个步骤中的客户比率,以此来描绘出一个整体购物流程的分析模型。

成交转化漏斗通常由浏览、点击、加购物车、结算、成交等环节组成,如图10-11所示。

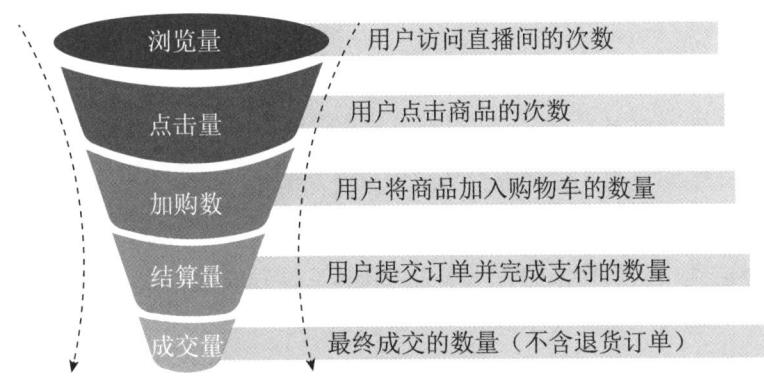

图 10-11　成交转化漏斗

漏斗的每个环节都有可能产生客户流失,尤其是用户触达直播页面的流失率往往过高,其中的因素很多,如用户因为被广告诱导进入,发现直播内容与预期严重不合,造成流失。

2. 成交转化率计算

转化率是一个多层次的概念,转化漏斗的每个层级都能统计转化率。因此,在计算转化率时,要分为整体转化率和环节转化率两部分看待。顾名思义,整体转化率是指整个业务转化流程的总体转化情况;环节转化率是指在转化漏斗路径中,上一路径到下一路径的转化率。

转化率计算公式如下:

$$整体转化率 = \frac{成交数}{访客数} \times 100\%$$

$$环节转化率 = \frac{本环节数据}{上一环节数据} \times 100\%$$

例: 某手机壳直播间的成交转化数据为浏览量10 000、点击量4 000、放入购物车600、进入结算400、成交数360,代入成交转化率公式计算,求得解如图10-12所示:

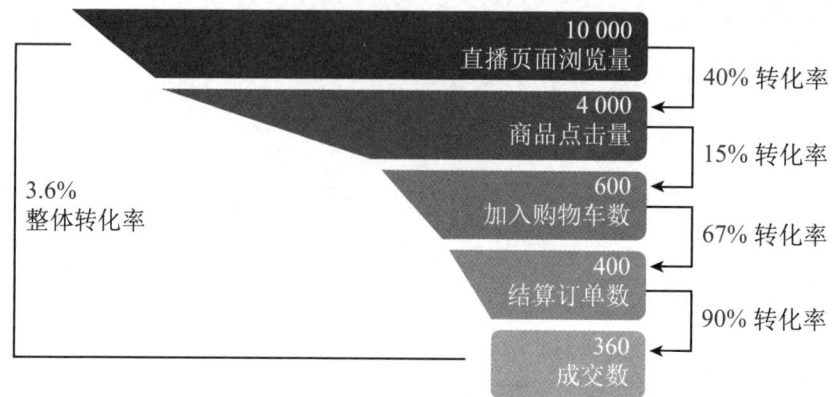

图 10-12　成交转化漏斗

根据图中数据可得：

（1）在这个漏斗中，整体成交转化率只有 3.6%；

（2）浏览到点击的转化率为 40%；

（3）点击到放入购物车的转化率为 15%；

（4）放入购物车到进入结算的转化率为 67%；

（5）进入结算到成功支付的转化率为 90%。

卖家需要重点关注转化率较低的环节，并采取相应的优化策略。

3. 成交转化诊断

漏斗分析的作用是"定位问题节点"，找到出问题的业务环节在哪。当出现整体成交转化率下滑时，要发现问题，就要对整个转化路径进行诊断，观察哪个转化环节出现了问题，找出原因并对症下药。

例： 如图 10-12 所示，"商品点击量—加入购物车数"环节转化率过低，整体转化率在此环节出现大幅度跳水，说明该环节出现问题：

（1）商品详情描述不清晰或卖点不足，导致客户对产品失去兴趣；

（2）同类产品竞争激烈，买家货比三家，决策后放弃。

在电商成交转化漏斗中，每个转化路径可能导致低转化率的原因与解决方案总结如表 10-24 所示，卖家在诊断转化率时可进行参考。

表 10-24　成交转化漏斗分析总结表

转化环节	转化率低的原因	解决方案
浏览量	直播间流量质量差；关键词优化不足；缺少推广或广告内容不合理	优化关键词、广告投放等
点击量	广告不吸引人；广告定位不准确；活动优惠力度不够	优化广告内容、优化广告策略、提高优惠力度

续表

转化环节	转化率低的原因	解决方案
加购数	商品详细信息不清晰；卖点不足；商品价格过高	优化商品详情描述、挖掘商品卖点、优化定价
结算数	价格过高，买家等待优惠；担忧质量	优化关键词、广告投放等
成交数	售后服务差；物流配送慢等	提高售后服务质量、优化物流配送体验等

三、投资回报率（ROI）分析

投资回报率（ROI）是指通过投资而应返回的价值，企业从一项投资性商业活动的投资中得到的经济回报。通俗来说，就是投入产出比。在跨境直播电商的场景中，ROI可以帮助商家了解直播活动的经济效益和投资回报情况。

投资回报率计算公式如下：

$$投资回报率（ROI）= \frac{投资收益-投资成本}{投资成本} \times 100\%$$

其中，投资收益是指投资项目在一定时期内所获得的收益，投资成本是指为实施该项目所做出的总投资，包括直接费用和间接费用。

例： 小万的直播间在4月份花费了10万元用于直播投入，在该月，直播销售带来的收入为100万元。则可求出投资回报率：

ROI =（100万元−10万元）÷ 10万元 × 100% = 900%

这意味着，在该月，小万店铺的广告投资带来了9倍的收益。

投资回报率与风险成比例，投资回报率越高，往往投资风险也越高。当投资一项高风险业务时，但其投资回报率却很低，则建议远离这样的业务。

学习任务 3 跨境直播方案诊断

对推广效果进行评估可以为企业决策提供数据支持，基于实际数据的分析，企业可以制定更明智的决策并不断优化推广策略，从而适应不断变化的国际市场环境。

本任务主要从以下两方面展开讲解：

▶ 直播复盘
▶ 直播方案优化

活动1 直播复盘

数据统计与分析这个过程，是为了找出在推广过程中存在的缺陷，并分析导致出现缺陷的原因，最终目的还是为了优化站外推广方案，提高推广效果。总的来说，推广方案优化流程可以分为三个阶段：

一、回顾目标

为了理清目标达成的现状，找到结果和目标之间的差距，需要思考三个问题：
（1）当时定的目标是什么？
（2）现在做到什么程度？
（3）现在的结果和目标对比处于什么状态？
常用的差异对比公式如下：

$$差异率 = \frac{实际值 - 目标值}{目标值} \times 100\%$$

例： 一次推广计划，最初的目标是预计获得多少曝光，计划产生多少转化，现在是否有达成目标？

二、发现问题

在回顾目标环节中，我们可以知道哪些数据出现了问题，结合这些问题数据，就能分析出原因，该环节的步骤如表10-25所示：

表10-25 数据问题与排查原因

步骤	发现问题	排查原因
1	是某个渠道整体数据表现不行，还是单个/多个指标	如果渠道数据整体不行，则考虑更换渠道；如果是某个指标，进入第2步
2	该指标直接反映什么问题	如TikTok粉丝增长量少，直接反映出的问题是：新增关注少/掉粉严重
3	思考导致该问题出现的原因	如曝光不足、内容没有吸引力、更新频率低、没有引导关注、出现危机事件等等
4	排查原因	看内容的播放量，播放量高，排除曝光不足的因素；看内容互动量，互动量低是内容质量问题；互动量高，再排查其他因素

经过以上环节，基本能找到本阶段推广方案中，存在的缺陷和导致缺陷出现的原因。接下来，就要团队商讨解决方案了。有些指标涉及要素较多，如CTR（点击通过率），那就需要进行多版本测试，不断地去优化。

三、提出解决方案

1. 从点击率的角度

对点击率进行优化需要考虑曝光量，曝光量越大则点击率越接近真实。当曝光量足够多，而点击率低于平均水平时，则视情况决定是否剔除。需要考虑的要点有：

（1）推广内容与直播内容的相关性；

（2）广告是否带来了转化；

（3）ACoS 是否太高。

2. 从转化率的角度

优化转化率需要以足够多的点击量作为基础，点击量越大则转化率越接近真实，同时要结合 ACoS，ACoS 高则说明销售额较低（即转化率较低），需要对低转化的广告进行剔除，使用高转化率的广告。优化方法如下：

（1）高点击、无转化的推广内容：进行剔除。

（2）高点击、高转化的推广内容：考虑投放精准匹配广告，并单独提高竞价，以增加销售出单。

（3）高点击、低转化的推广内容：判断是广告的问题还是直播间的问题，广告的问题则剔除广告内容，直播间的问题则优化直播间；如果无法解决，可以尝试降低竞价。

不同类型的广告优化具体思路如图 10-13 所示：

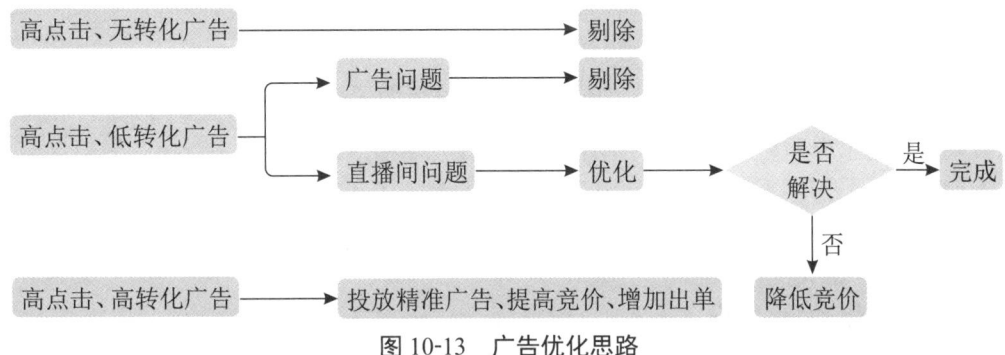

图 10-13　广告优化思路

活动 2　直播方案优化

经过数据分析与诊断工作，基本能找到直播存在的问题，以及问题产生的原因。通常，关键数据指标都会有多个关联因素，因此需要团队商讨，并针对各个环节进行测试，不断优化改进，以达到最优效果。

在优化环节，主要针对以下三点提出优化改进方案：

一、优化直播间选品

商品的质量直接影响到直播营销的效果，只有高品质的商品才能够赢得消费者的信任和忠诚度，从而提高直播营销的效果。常见的优化策略有以下两点：

（1）通过数据增长来识别优质产品，并扩大这些商品的品类。利用销售数据和其他指标来分析哪些产品最受消费者欢迎，然后采取行动来增加这些商品的种类和数量，以满足不断增长的需求。这种策略可以增加销售额和客户满意度，同时提高公司的竞争力。

（2）通过数据下滑和退换货数据来找出低质产品，并进行优化测试或删除此类商品。利用退货率和产品质量反馈等数据来识别哪些产品存在问题或不满足消费者的期望。然后采取行动来改进或删除这些商品，以提高客户满意度和公司的品牌形象。这种策略可以减少退货率和提高客户满意度，同时避免低质量商品对品牌形象造成负面影响。

二、优化直播内容

直播内容的质量对于观众的参与度和留存率具有直接的影响。优质的内容能够吸引观众的眼球，激发他们的兴趣，并让他们保持对直播的关注，从而增加互动和参与度。而低质量的内容则可能导致观众流失，降低参与度和留存率。为了提高直播的质量和吸引力，可以通过以下两点来提出优化解决方案：

（1）根据看播用户画像与成交用户画像，可以调整直播内容。具体而言，通过分析用户的行为特征、兴趣爱好、购买习惯等信息，制定出更加精准的直播内容策略。例如，如果数据显示大多数观众是年轻女性，那么我们可以在直播中增加一些时尚、美妆、穿搭等方面的内容，以更好地吸引她们的注意力。

（2）可以借鉴竞店直播间，看他们在数据增长点做了哪些动作，并复用他们的方式。这意味着我们需要密切关注竞争对手的直播内容、策略和表现，从中汲取经验教训。例如，如果竞争对手在直播中增加了互动环节或者邀请了知名嘉宾助阵，那么我们也可以尝试采用类似的方式，提高直播的吸引力和竞争力。

三、优化直播执行

通过详细的问题自检清单，已经能够清晰地看到在直播执行过程中存在哪些关键节点上的不足。为了提升直播执行效果，可以采取以下两个主要措施：

（1）提高团队的专业度。定期进行内部培训是确保团队成员具备专业知识和技能的重要途径。通过培训，我们可以帮助团队成员掌握最新的直播趋势、技巧和策略，以便他们能够更有效地执行直播任务。同时，我们还可以加强团队协作和沟通，提高团队的综合素质，为直播执行效果的提升奠定坚实的基础。

（2）优化直播脚本并提前进行彩排。优秀的直播执行需要精心策划和准备。优化直播脚本可以帮助我们更好地安排直播内容，确保其具有吸引力和连贯性。同时，通过彩排，

三、提出解决方案

1. 从点击率的角度

对点击率进行优化需要考虑曝光量,曝光量越大则点击率越接近真实。当曝光量足够多,而点击率低于平均水平时,则视情况决定是否剔除。需要考虑的要点有:

(1)推广内容与直播内容的相关性;

(2)广告是否带来了转化;

(3)ACoS是否太高。

2. 从转化率的角度

优化转化率需要以足够多的点击量作为基础,点击量越大则转化率越接近真实,同时要结合ACoS,ACoS高则说明销售额较低(即转化率较低),需要对低转化的广告进行剔除,使用高转化率的广告。优化方法如下:

(1)高点击、无转化的推广内容:进行剔除。

(2)高点击、高转化的推广内容:考虑投放精准匹配广告,并单独提高竞价,以增加销售出单。

(3)高点击、低转化的推广内容:判断是广告的问题还是直播间的问题,广告的问题则剔除广告内容,直播间的问题则优化直播间;如果无法解决,可以尝试降低竞价。

不同类型的广告优化具体思路如图10-13所示:

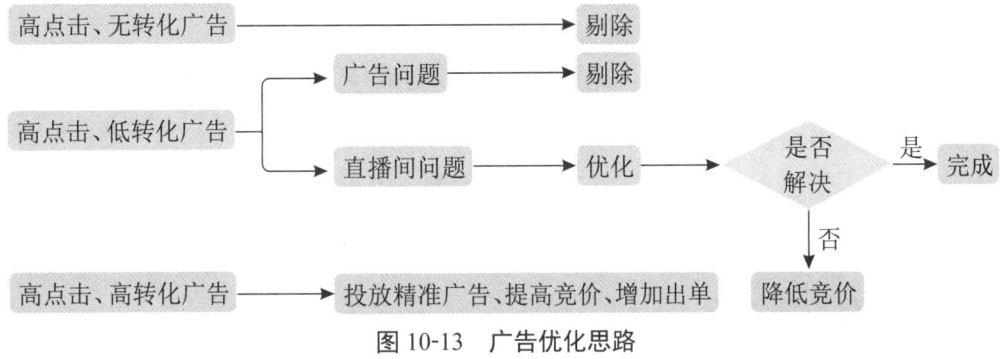

图10-13 广告优化思路

活动2 直播方案优化

经过数据分析与诊断工作,基本能找到直播存在的问题,以及问题产生的原因。通常,关键数据指标都会有多个关联因素,因此需要团队商讨,并针对各个环节进行测试,不断优化改进,以达到最优效果。

在优化环节,主要针对以下三点提出优化改进方案:

一、优化直播间选品

商品的质量直接影响到直播营销的效果,只有高品质的商品才能够赢得消费者的信任和忠诚度,从而提高直播营销的效果。常见的优化策略有以下两点:

(1)通过数据增长来识别优质产品,并扩大这些商品的品类。利用销售数据和其他指标来分析哪些产品最受消费者欢迎,然后采取行动来增加这些商品的种类和数量,以满足不断增长的需求。这种策略可以增加销售额和客户满意度,同时提高公司的竞争力。

(2)通过数据下滑和退换货数据来找出低质产品,并进行优化测试或删除此类商品。利用退货率和产品质量反馈等数据来识别哪些产品存在问题或不满足消费者的期望。然后采取行动来改进或删除这些商品,以提高客户满意度和公司的品牌形象。这种策略可以减少退货率和提高客户满意度,同时避免低质量商品对品牌形象造成负面影响。

二、优化直播内容

直播内容的质量对于观众的参与度和留存率具有直接的影响。优质的内容能够吸引观众的眼球,激发他们的兴趣,并让他们保持对直播的关注,从而增加互动和参与度。而低质量的内容则可能导致观众流失,降低参与度和留存率。为了提高直播的质量和吸引力,可以通过以下两点来提出优化解决方案:

(1)根据看播用户画像与成交用户画像,可以调整直播内容。具体而言,通过分析用户的行为特征、兴趣爱好、购买习惯等信息,制定出更加精准的直播内容策略。例如,如果数据显示大多数观众是年轻女性,那么我们可以在直播中增加一些时尚、美妆、穿搭等方面的内容,以更好地吸引她们的注意力。

(2)可以借鉴竞店直播间,看他们在数据增长点做了哪些动作,并复用他们的方式。这意味着我们需要密切关注竞争对手的直播内容、策略和表现,从中汲取经验教训。例如,如果竞争对手在直播中增加了互动环节或者邀请了知名嘉宾助阵,那么我们也可以尝试采用类似的方式,提高直播的吸引力和竞争力。

三、优化直播执行

通过详细的问题自检清单,已经能够清晰地看到在直播执行过程中存在哪些关键节点上的不足。为了提升直播执行效果,可以采取以下两个主要措施:

(1)提高团队的专业度。定期进行内部培训是确保团队成员具备专业知识和技能的重要途径。通过培训,我们可以帮助团队成员掌握最新的直播趋势、技巧和策略,以便他们能够更有效地执行直播任务。同时,我们还可以加强团队协作和沟通,提高团队的综合素质,为直播执行效果的提升奠定坚实的基础。

(2)优化直播脚本并提前进行彩排。优秀的直播执行需要精心策划和准备。优化直播脚本可以帮助我们更好地安排直播内容,确保其具有吸引力和连贯性。同时,通过彩排,我们可以模拟直播过程并发现潜在问题，从而在实际直播中做到更加流畅和自然。彩排还可以加强团队之间的默契和配合，确保每个成员都能够在直播中发挥出最佳水平。

 **延伸拓展**

扫码阅读以下学习资源，拓展自己的知识和视野：

文章1：如何快速有效提升TikTok直播效果

文章2：如何分析直播数据

文章1　　　　　文章2

 **思政园地**

24岁女孩TikTok英文直播带货，助力中国制造走向世界

思政元素：文化自信、创新意识。

绿色幕布前，晏光桦穿着一件毛茸茸的卡其色外套，用流利的英语介绍着身上的服装，不时靠近镜头展示衣服细节。幕布旁的简易衣架上，还挂着十几件不同款式的羽绒外套，都是她要在这场直播里向外国网友推荐的产品。

扫码阅读全文

晏光桦的直播间位于深圳龙华区一幢普通写字楼里，观看直播的网友们却来自大洋彼岸。通过TikTok，晏光桦正用直播带货方式，将中国制造的服装产品卖向英国、印度尼西亚等地。

（资料来源：24岁女孩TikTok英文直播带货，助力中国制造走向世界[EB/OL].（2021-11-19）[2024-12-18]. http://news.sohu.com/a/502069465_170520）

思考与讨论

1. 以上案例给你带来了什么启示？
2. 晏光桦为什么会选择跨境主播作为自己的职业？